2010
—
2019

我们共同经历了上一个十年，
也希望能够在思考与探索之中，
走过下一个十年。

中国数字营销
十年 风云录

中国商务广告协会数字营销委员会　虎啸奖组委会　组编

陈徐彬　主编

机械工业出版社
CHINA MACHINE PRESS

十年之间，光阴流转，技术跃迁，媒介演变，数字营销的玩法越来越多样。平台更加细分化，技术更加深入化，品牌也越发重视这些新的变化。目前，似乎没有人讨论数字营销本身，但所有的讨论又都基于数字营销。

从 2010 年到 2019 年，中国数字营销发生了哪些演变？如何从数字营销演变史中发现规律？驱动数字营销快速发展的动力是什么？如何利用好不断变迁的营销方式、新技术和新媒介？广告主有哪些新的投放选择？十年间又发生了哪些重要案例和事件让我们铭记于心？本书通过梳理中国数字营销这十年间的风云变幻，以过往敬新生，以历史敬未来，以十年，敬十年！

图书在版编目（CIP）数据

中国数字营销十年风云录 / 陈徐彬主编；中国商务广告协会数字营销委员会委会，虎啸奖组委会编著.
—北京：机械工业出版社，2019.11
ISBN 978-7-111-64173-5

Ⅰ.①中…　Ⅱ.①陈…　②中…　③虎…　Ⅲ.①网络营销-品牌营销-案例-汇编-中国　Ⅳ.①F724.6

中国版本图书馆 CIP 数据核字（2019）第 251958 号

机械工业出版社（北京市百万庄大街 22 号　邮政编码 100037）
策划编辑：朱鹤楼　　责任编辑：朱鹤楼　刘怡丹　坚喜斌
责任校对：李　伟　　版式设计：张文贵
责任印制：张　博
北京铭成印刷有限公司印刷
2019 年 11 月第 1 版第 1 次印刷
170mm×240mm・18 印张・3 插页・326 千字
标准书号：ISBN 978-7-111-64173-5
定价：88.00 元

电话服务　　　　　　　　　网络服务
客服电话：010-88361066　　机　工　官　网：www.cmpbook.com
　　　　　010-88379833　　机　工　官　博：weibo.com/cmp1952
　　　　　010-68326294　　金　书　网：www.golden-book.com
封底无防伪标均为盗版　　　机工教育服务网：www.cmpedu.com

《中国数字营销十年风云录》
编写人员名单

主　编　陈徐彬

副主编　王林娜

参　编　陈天飞　刘照龙　郝　琪
　　　　　张欣茹　符家铁　张　藁
　　　　　吴金凤

序一

十年立本，未来可期

随着数字经济浪潮波澜壮阔地展开，人机交互、万物互联、人工智能等相关技术的迅猛发展、迭代升级，标志着我们已经进入了一个崭新的时代。数字营销作为数字经济的推动者和尖兵，经历了十年的风风雨雨，探索、开拓、创新，闯出了一条具有中国特色的数字营销之路，令世人瞩目。

中国数字营销领域的发展，从最初的朦胧到当前的高速推进，是行业同仁努力的结果，更是国家战略推动和科技发展的必然。《中国数字营销十年风云录》一书全面梳理了十年来中国数字营销领域全方位的变化。通过对这些变化的描述，让我们直观且具体地看到和感受到这十年的风雨历程，以及数字营销人所付出的努力和取得的硕果。

这些年，我也曾参加了行业内的许多会议，这些会议的主题几乎都是围绕数字业务、数字营销、数字经济等问题展开的。每一次参会都能够让我感受到行业的进步与变化，每一次都能够让我看到各个业内同仁为行业的发展而拼搏时所迸发出的激情，在各个创新领域，每一次进步都与突破和挑战相关。

中国数字营销行业能够不断发展并取得今天的成绩实属不易。大家把改变、创新以及为行业发展的转型升级视为己任的精神是值得我们学习的。一个行业只要拥有一群热爱它并为之奉献的人，就有希望。这本书梳理了十年来数字营销行业的理论探索和实践经验，并对未来的发展和趋势做了探索式研判。

《中国数字营销十年风云录》不仅让我们看到了中国数字营销最为闪耀的成果，也让我们看到了中国数字营销行业成长与发展过程中的坎坷历程。

在前行中不断修正自我，在修正中不断创新，这或许就是中国数字营销十年来取得的最大成果和收获。营销是为产业实体服务的，我们期待的是数字营销的创新理念与方法能够为数字经济的发展赋能。数字营销未来十年将是推动我国数字经济大发展的十年。

十年立本，未来可期！

李西沙
中国商务广告协会会长

序二

数字营销行业的"表象"与"规律"

互联网产业发展二十年,截至 2018 年我国的数字经济规模已达 31 万亿元,增长了 20.9%,约占 GDP 的 1/3,已成为世界公认的网络和数字化大国。但是在国际格局当中,数字经济占 GDP 比重最高的德国是 61.36%,同时美国数字经济规模依然保持首位。我国数字经济规模有所增长,同时我们还有更大的空间和目标。

在数字经济的发展中,数字营销是不可忽视的重要组成,是伴随着我国互联网产业同步发展的新兴产业。《中国数字营销十年风云录》是移动互联网诞生以来,我国数字营销行业迅速成长的一个缩影,是一次全面的脉络梳理,也是一次必要的行业审视。

在最热的行业与话题中,这本书让笔者思考数字营销行业的两个主要问题。

第一个问题是关于"表象"的。在中国数字营销的十年发展中,新的概念、新的技术、新的机构、新的人物,层出不穷。但在这十年喧嚣之中,真正沉淀下来的部分并不多。作为营销行业的从业者、旁观者、研究者、参与者,我们理当关注热点,引领潮流,我们也应当理性思考,冷静反思。每一项新科技的问世,我们总会狂热地迷恋它,积极地使用它,互联网产业包容"试错",数字营销行业追求"创新",于是我们也就看到了书中关于营销方式、营销技术、媒体平台、营销理念的演进描述。这份全面细致的梳理,其实也是为了让我们有更深入的思考:中国数字营销风光热闹的"表象"之下,是不是有不变的部分?

第二个问题是关于"规律"的。本书开篇就给我们展现了数字营销行业波澜壮阔的黄金十年。在这十年之中,各方面力量纠结共生、博弈竞合,共同经历了数字化、移动化、智能化对于营销行业颠覆性的变革;共同探索、实践,打开了互联网的下半场,同时也在共同期待全新的时代篇章。笔者一直认为,从规律与效率的角度看,广告营销行业一直存在着这样一个问题,即没有建立起一套可信、可靠并且相容的作业体系,于是各家有各家的工具,各村有各村的高招。这种结果也许是广告营销行业的特性与本质所导致的。若如此,那这个问题将永远无解。然而在技术驱动、数据支撑的智能传播时代,在星光熠熠的数字营销行业之中,我们是否可以建立起一套可信且相容的营销传播作业体系呢?

我们共同经历了上一个十年,也希望能够在思考与探索之中,走过下一个十年。

丁俊杰
中国传媒大学教授
中国商务广告协会副会长
《国际品牌观察》杂志社社长

序三

开拓进取的数字营销黄金十年

得知虎啸奖组委会借今年第十届虎啸奖之际,想对这十年来中国数字营销行业的变化、跃迁进行梳理和总结,我由衷地表示支持和赞赏。20 年间,数字营销行业一直在探索、创新、变化、发展中前行,特别是最近十年数字营销领域的发展和变化速度大大加快。从十年前 2 亿多网民数量到今天已超过 10 亿人,从数字营销整体规模 200 多亿元到今天的 4000 多亿元,行业需要对过去飞速发展的十年数字营销进行回顾和反思,也期待能够从中找到行业未来发展的力量。

本书框架清晰,记述翔实,案例选取精准,不管是业内人士还是业外人士都能从本书中看到那日新月异、开拓进取的数字营销黄金十年。

黄金十年——中国数字营销十年演变史,本质就是移动互联网高速发展的十年。2009 年,中国大陆发放了 3G 运营牌照,十年后的今天,5G 时代即将到来。十年的时间,我们从"上网"还意味着一个特定的举动,进化到如今被移动设备到处所围绕,移动技术和设备的大发展推动了数字营销的演变。

万物生长——中国数字营销十年营销方式进化论,本质是数字应用人群和时长的进化。从社会化营销、移动营销到网络视频营销、微博营销,再到电商、IP 等,核心就是在跟随消费者的注意力和时长。媒体应用起起落落,但营销人只要关注用户人群以及时长这两个维度,就会看到未来具体的方向。

效率赋能——中国数字营销十年技术跃迁路。过去营销的核心一直是媒体和内容,用最好的策略,最好的创意和内容,嫁接到强势的媒体上。不论是纸媒时代还是电视时代,甚至早期互联网的门户时代,只要媒体的覆盖范围够广,就一定可以实现营销的预期效果。但这样的逻辑随着技术的到来而发生颠覆性的改变,今天我们看到的所有广告都是技术和数据在背后推动,使得整个世界变成数字化了。

数字营销的技术发展在过去十年中是由两个层级推动着。第一个层级是数字营销技术公司在推动;第二个层级是媒体在推动。十年间,从几百家的数字技术公司创立到今天我们看到的腾讯在做大量的线上线下结构;阿里巴巴将其内部的数据与营销相结合;今日头条完全是靠技术和数据在推动产品和广告往前发展。过去十年间技术公司的推动已慢慢变成核心媒体在推动,但未来,技术一定还会是数字营销的核心。

从媒介到广告主再到政策与案例,本书全面回顾了过去十年中国数字营销领域的发展,是奉献给业界的一份翔实的行业记录。作为行业从业者,我向虎啸奖组委会为这份工作所付出的努力表示致敬。

郑晓东
利欧数字 CEO、MediaV 总裁

序四

以"后天"视角思考"明天"格局

2019年,是大变局时代关键的一年,与我们甚为紧密的是如何以"后天"视角思考"明天"格局,从而把握"今天"、继承从"昨天"获得的成果和经验。

从超越空间与时间的角度来观察我们的行业是非常有趣的,数字营销作为传统产业经济中的辅助支持性行业,在新型数字经济生产力下的具体形态和实践中,为中国过去二十年(特别是最近十年)的经济转型与社会进步提供了极其重要的载体、工具与手段。它不但发展了广告营销本身,也推动和促进了传统社会与经济的价值链、传播链的进化;它极其明显地赋予了小微主体在商业经营和分配权利中的地位和作用,由此造就了跨越壁垒与垄断的全域全时、全链路的一体化生产——生活——生态格局。

纵观过去十年数字营销的脉络,我们必须再次注意到两个基本事实:如何生产比生产什么将更为重要,这也决定着这个世界的模样;社会资本超越金融与技术等成为更有决定性作用的要素。前者成为技术进步的驱动力,后者成为社会向善的试金石,而制度则保障我们能够不断进步。

今天,回顾中国数字营销十年的探索和实践是有必要的,它通过对既往的洞察去挖掘其中的规律和原理;通过对其中的主体和客体、目标与对象、方向与路径等的总结,让数字营销能够在中国的未来十年、三十年、五十年乃至百年的大变局中发挥独特作用。它包括了:社会治理现代化、产业互联网构建、乡村振兴、老龄社会出现、国家品牌与形象提升、社区营造等。

中国数字营销的历史是观察中国今日与未来的一扇窗户,它向中国和全球呈现着中华文明与世界文明是如何交流、交融和交汇的,并如何保持着自身独特的传统和锐意的创新。

马旗戟
国家广告研究院研究员
中国商务广告协会数字营销研究院院长

序五

受惠时代巨变，行稳方能致远

十年一瞬如沧海。对于身处广告行业数十年的人来说，刚刚过去的十年所经历的变化，不是改革开放后恢复广告业的二十年、三十年时间的变化可比拟的。这十年，技术应用于广告营销的手段日臻成熟，成为推动数字营销行业发展的核心动力。

数字营销行业是一个多元的开放生态，由代理公司、技术公司、大数据公司、第三方机构、数字媒体、平台机构等构成一个完整的产业链条；互联网、物联网、区块链、人工智能等，正成为营销行业趋势演变的主角。

《中国数字营销十年风云录》一书，从时间维度和空间维度阐述了当下中国数字营销的发展，不仅呈现了过往十年的数字营销风貌，也对这种风貌转变之下的动力因素进行了探究，同时对如数家珍的营销方式和营销逻辑的进阶总结，也让这本书的历史价值与研究价值上升到了另一种层面。

伴随互联网的发展进程，围绕各类营销方式延伸的技术手段成为营销传播的重要利器，这对十年前的品牌或企业来说或许还是难以想象的。时空变换，数字时代的品牌建设、营销传播、公关广告、传统理论等，都需要结合中国特色的市场升级发展；过往的策略方法、营销逻辑需要颠覆再造；对于品牌的认知需要认真矫正，对于技术的工具性需要正确把握。行业发展需要自信和定力，喧哗一定会归于平静，违背自然规律的生长，长大也是侏儒。

总结过去是为了面向未来。

不管怎样，时势造英雄，在这场变革中，谁能顺势而为，谁便能在这个时代脱颖而出，数字营销行业的繁荣与火热，无论是对本就有"种"的王侯将相还是后发制人的草莽英雄，都是一股振奋人心的力量。

当然，这是一个实践变化永远领先理论指导的时代，希望在不远的未来，本书的内容与框架也将跟随实践的变化而变化。但愿在数字营销行业未来十年、二十年、五十年甚至百年之时，至少，作为一种历史记载，我们无愧于行业，无愧于时代！

动笔写这篇序的时候恰逢新中国成立70周年之际，全国上下到处洋溢着节日氛围。数字营销行业随着互联网行业的发展在快速精进、迭代，今天也正在成为数字经济蓬勃发展进程中一股强大的助推力量。回望十年历程，潮起潮涌，无论成功还是失败，都有必然也有偶然，我们受惠时代巨变，唯有秉承初心，方能行稳致远。

陈徐彬

虎啸奖创始人

《国际品牌观察》杂志社总编辑

中国商务广告协会数字营销委员会常务副理事长兼秘书长

PREFACE
前言

已是十年踪迹十年心

在中国，从 20 世纪 90 年代末开始萌芽的数字营销，其实在之后的近二十年间一直都处于快速发展的步伐之中。

2000 年左右，中国的第一支展示广告出现，随后搜索引擎也开始售卖广告，然后是富媒体广告以及广告联盟和广告网络快速发展，随后 2010 年左右 PC 端广告业务出现下滑，但移动互联网的迅速崛起又引发一波新高潮，加之 2013 年和 2014 年开始的程序化广告变革，以及这两年火热的人工智能、大数据等技术加持，数字营销的发展几乎没有停过。

从 2019 年开始，数字营销算是进入了一个冷静发展的阶段，互联网红利产生的喧嚣与热闹逐渐消散。喊口号的人越来越少，做实事的人越来越多。数字营销本身并没有打出巨大横幅声明自己进入到了某个阶段，但它归于平静正说明数字营销已经成为品牌传播不可或缺的重要组成部分。

《中国数字营销十年风云录》正是以十年为界，回看中国数字营销产业过往十年每一步的真实发展历程。第 1 章我们回顾了从 2010 年到 2019 年，数字经济的高速前进所催生了诸多新型业态，新的营销手段、内容、方法的出现令人惊喜不断，行业对"术"的探究上升到了新的高度，数字营销显示出不可估量的空间与可能性。

在第 2 章当中，我们把营销方式具体分为了 30 个大类。为了对近年来营销方式的变化有一个全面且充分的感官认知与了解，我们对这 30 种营销方式进行了整体性的梳理，希望能够对其从产生到发展的整个脉络拥有一个更为翔实的解读。

第 3 章梳理了过去十年与数字营销紧密相关的技术发展脉络，分别从移动通信、程序化广告、云计算、人工智能、区块链、物联网等六个角度描述这些技术带来的社会改变，以及这些技术更迭是如何影响数字营销领域发展的。

第 4 章主要展现了在巨大的历史漩涡中，媒介平台是如何一步步沉淀、发展下来，其依附的营销手段又是如何及时升级、随之进步的？在去中心化的信息洪流中，这座媒介之"桥"一直变换着形式，从门户网站到社会化媒体、自媒体、视频媒体、OTT，再到最后的万物皆媒，媒介平台的不断发展也让营销界发生了翻天覆地的变化。

第 5 章广告主篇，重绘了若干不同行业的广告主数年来的投放规模和投放渠道的轨迹，力图从中寻找到行业规律。十年间，数字营销发展的同时，作为行业上游的甲方们也在不断变化，媒介渠道、营销模式、数字技术，这些市场基石的更新给广告投放带来了新的选择。

第 6 章阐述了国家政策对广告产业的扶持，也标志着国家对广告产业的重视，政策的内容涵盖了广告产业的各个环节，并为数字经济的发展指明了方向，国家政策的积极扶持成为我国广告产业的有利推手，通过方向性的指引，推动广告产业结构升级。

第 7 章和第 8 章则更像是一面镜子：内容营销有了新的表现形式与玩法，短视频大战方兴未艾，人工智能技术掀起新一波技术讨论等，均以数字营销领域的丰富案例和大事记呈现。结尾是虎啸网对中国数字营销十年风云榜采访整理而成的实录，这也从另一个角度说明，数字营销正在从对量的追逐进入到对质的思考阶段，这也是数字营销极大繁荣的例证。

当泡沫退去，一切都归于平静时，才是事物发展的最佳时间点。在当下的这个时间节点，数字营销迎来了全面的发展机遇，所有的细分领域都正在冒头，所有的细分领域都需要再进一步被细分，而所有的细分背后也都需要被整合，这是一个裂变的时代，也是一个高度整合的时代。

CONTENTS
目录

序一
序二
序三
序四
序五
前言

第 1 章　黄金十年——中国数字营销十年演变史 // 1

1.1　2010：危机收尾常态复苏，市场回暖曙光渐现 // 2
1.2　2011：移动互联网市场大步开启，风云叠嶂巨变酝酿 // 8
1.3　2012：新媒体的"黄金时代" // 12
1.4　2013：传统与数字的力量交错 // 17
1.5　2014：移动时代，因何而动？ // 21
1.6　2015："互联网+"时代到来，互联网营销各显神通 // 26
1.7　2016："互联网下半场"到来，开源与节流并行 // 31
1.8　2017：深耕内容，短视频带来营销方式的巨变 // 34
1.9　2018：新鲜感，是这个时代一直需要的东西 // 38
1.10　2019：激流勇进后徐行，静水流深中沉淀 // 43

第 2 章　万物生长——中国数字营销十年营销方式进化论 // 49

2.1　社会化营销：品牌触达用户的主流模式 // 50
2.2　原生营销：让品牌于无形中走近消费者 // 52

2.3 移动营销：洞察和穿透用户心理的密钥 // 55
2.4 网络视频营销：赋能新时代 // 58
2.5 微博营销：高低乐章奏鸣曲 // 60
2.6 电商营销：从线下到线上的飞跃 // 62
2.7 事件营销：品牌声量"制造机" // 66
2.8 借势营销：如何去"借"也是一门学问 // 68
2.9 跨界营销：你想不到的样子我都有 // 70
2.10 病毒营销：口碑传播的裂变效应 // 73
2.11 IP 营销：价值最大化的营销新方式 // 75
2.12 KOL 营销：从韩寒到李佳琦，风风雨雨二十年 // 78
2.13 种草营销：从 KOL 到熟人口碑 // 81
2.14 游戏营销：润物细无声 // 84
2.15 电竞营销：赋予品牌更加多元化的价值 // 88
2.16 短视频营销：从野蛮生长到精耕细作 // 90
2.17 直播营销：狂欢、裂变、挣扎和沉寂 // 93
2.18 H5 营销：绚烂却短暂的 3 年进化史 // 95
2.19 小程序营销：多维度增加黏性，触达"沉睡"用户 // 98
2.20 自媒体营销：全民自媒体 // 101
2.21 大屏营销："华丽回归"的全息媒介 // 104
2.22 AI 营销：广告营销行业内一股不可逆的趋势 // 106
2.23 程序化营销：从粗放—精细—大数据运营的历史蜕变 // 109
2.24 大数据营销：被重塑的价值与思维 // 111
2.25 精准营销：1.0 时代跃向 2.0 时代 // 113
2.26 场景营销：互联网＋零售下的新业态 // 116
2.27 内容营销：增强用户对于品牌的情感共鸣 // 118
2.28 情感营销：无情竞争中的有情营销 // 120
2.29 节日营销：源自古代，延续至今 // 123
2.30 公益营销："善良"的企业"运气"不会差 // 125

第 3 章　效率赋能——中国数字营销十年技术跃迁路 // 129

3.1　移动通信：普及与刺激 // 130
3.2　程序化广告：精细与整合 // 135
3.3　云计算：平台与共享 // 139
3.4　人工智能：优化与效率 // 144
3.5　区块链：透明与信任 // 149
3.6　物联网：触媒与精准 // 154

第 4 章　重塑视野——中国数字营销十年媒介沉浮透视 // 159

4.1　门户网站：在式微的路上，永不放弃探索 // 160
4.2　社会化媒体：倾斜的广告投放天平 // 163
4.3　自媒体：一个时代的大步迈进 // 166
4.4　视频媒体：此消彼长的"守业" // 170
4.5　短视频：生逢其时的井喷式发展 // 174
4.6　OTT 大屏：下一站蓝海 // 178
4.7　万物皆媒：润物无声，破土而出 // 182

第 5 章　随波不逐流——中国数字营销十年广告主变化轨迹 // 187

5.1　交通汽车：传统品牌与新兴平台并进，品效合一成新追求 // 188
5.2　房地产：跟随经济和政策周期性波动 // 190
5.3　化妆品/浴室用品：巨头发力，引领增长 // 191
5.4　金融行业：带着镣铐跳舞 // 193
5.5　邮电通信：差异性媒体成主要投放渠道 // 196
5.6　食品饮料："有钱任性"，持续增长 // 197
5.7　药品：逆势增长，回归理性 // 199

第 6 章 未有穷期——中国数字营销十年政策解读 // 203

  6.1 广告产业规划：行业建设积极推进，广告法治不断加强 // 204
  6.2 数字经济：数字化进程加速，推动实体经济融合发展 // 205
  6.3 大数据：坚持创新驱动发展，深化大数据应用 // 206
  6.4 工业互联网：加快部署工业互联网力度，推动制造业转型升级 // 207
  6.5 视听传播：推动媒体融合发展，构建全媒体传播格局 // 208

第 7 章 浓墨重彩——中国数字营销十年案例集锦 // 211

  7.1 给消费者一个选择你的理由 // 212
  7.2 让消费者和品牌一起活跃起来 // 219

第 8 章 颗粒组合——中国数字营销十年大事记 // 231

  8.1 不同个体的数字营销价值产出 // 232
  8.2 提效是永不过时的话题 // 240

附　录　虎啸实录——中国数字营销十年风云榜 // 249

后　记 // 265

第 1 章

黄金十年
——中国数字营销十年演变史

"如果以十年为界，回看中国的数字营销产业，其实并没有想象中那般复杂。起源于 20 世纪 90 年代末的数字营销产业前半程，从业者们用无数的辛勤与汗水，沉淀了 PC 数字商业化的经验和思考，而在后半程，移动互联网红利期开启，人们则发现原已常态化的数字营销进一步涅槃进化。"

这是虎啸传媒集团 CEO 兼虎啸数字商学院合伙人、CEO 袁俊老师在 2019 年 7 月刊《数字营销》杂志中，对近十年中国数字营销产业从加速到全速发展的璀璨历程的高度总结。随着上述描述的继续展开，我们此次要做的正是通过文字穿越十年时光，从 2010 年到 2019 年，回看整个中国数字营销后半程的变迁起伏。

1.1 2010：危机收尾常态复苏，市场回暖曙光渐现

2010 年是中国营销界具有强烈承上启下和新旧更替特征的一年。

一方面，金融危机旧的影响尚未完全消除，国内外众多的不确定性因素使得企业仍旧延续以实效为主基调的营销传播观念，但 2010 年中国经济的总体运行环境已呈现"回暖"状态，经济环境的好转，也进一步刺激着广告市场的迅速复苏。

另一方面，如火如荼的 3G 网络建设仍在继续，2010 年网络优化成为几大运营商网络建设的重点。2010 年 2 月 8 日，工业和信息化部部长李毅中表示，通信业要把调整产业结构、转变发展方式作为 2010 年经济工作的主线，增强 2010 年工作的前瞻性，加快推进 3G 的发展，加强 TD–LTE 和 4G 技术的研发和产业化。

与此同时，中国互联网络信息中心（China Internet Network Information Center，CNNIC）发布了第 26 次《中国互联网络发展状况统计报告》，截至 2010 年 6 月，我国网民规模达 4.2 亿人，其中手机网络用户达 2.77 亿人，较 2009 年年底增加了 4334 万人，手机网民成为拉动中国网民规模攀升的动力，也进一步印证着移动互联网的巨大发展潜力。

以上这些场景、状态、数据的来源都和我们每天的生活息息相关，源于实践又助推着实践。就这样在不知不觉间，2010 年很多新的观念、策略、模式已然在实践中悄然成型。

1.1.1 微博,让我们重新认识社会化营销

说起2010年,绕也绕不过、避也避不开的便是以微博营销为代表的社会化营销元年的到来。先来看一组数据,如图1-1所示。

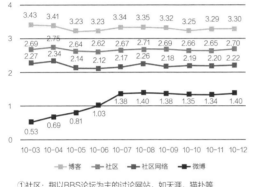

图1-1 艾瑞咨询集团《2010年中国微博发展现状及用户研究报告》

据上图显示,2010年3月~12月,微博用户数量10个月内增加近2倍,同比于2009年微博用户规模增长率达到435.4%,应该说,微博的瞬间走红,的确出乎意料但又在情理之中。

如今,我们都清楚地知道,微博即微博客(Microblog)的简称,是一个基于用户关系的信息分享、传播以及获取平台,用户可以通过WEB、WAP以及各种客户端组建个人社区,以140字以内的文字更新信息,并实现即时分享。

但在2010年微博迅速蹿红的当时,作为一种全新的社会化媒体形式,微博对传统媒体的内容组织方式产生了强烈的冲击,微博开启了社会化媒体的窗口,让人们充分体会到了社会化媒体的方便。似乎一夜之间,人们就陆续从新闻网站、门户网站转移出来,开始在电脑前或手机上用微博来表达自己的想法。

而当时的微博混战也尤为激烈,在2010年中国用户使用过的微博中,新

浪微博、腾讯微博、网易微博等得益于门户网站巨大的用户量和知名度，在微博领域发展一枝独秀，百度、奇虎360、饭否、推特等也纷纷加入中国微博市场争夺战，想分一杯羹，但从如今的结果回看当初的市场竞争也不免感慨，时间是最大的敌人，新浪微博如今已经在微博市场取得了独一无二的领先地位。

事实上，在传统营销时代及互联网营销时代，营销基本上都是单向的推送，即由商家推送至消费者。而在微博出现后的社会化媒体时代，这种情况发生了改变，商家和终端消费者之间产生了互动，而消费者之间的互动也更为频繁。社会化媒体时代的营销漏斗同传统营销时代相比，与社会化媒体相关的口碑传播在移动互联网时代发挥了更加重要的作用，在这一点上，微博的出现具有划时代的意义。

1.1.2 以互联网为中心的视频营销引爆模式形成

网络视频广告市场也一直是一个波谲云诡之地。这里竞争激烈、热门消息不断，技术、内容与营销创意层出不穷，同时还是国家监管的重点领域。CNNIC发布的第26次《中国互联网络发展状况统计报告》显示，2010年上半年网络视频用户规模达到2.65亿，新增用户2500万，增幅达10.4%，使用率从2009年年末的62.6%上升到63.2%。虽增幅不大，但却结束了2009年的下滑趋势。

这一局面的产生也离不开多方市场环境的影响：

2010年2月，随着国家三网融合政策的部署和实施，网络视频迎来了新的发展机遇：视频传输速率的提高，接入渠道的增多，为网络视频产业的发展提供了更广阔的市场空间。

在全球经济回暖的背景下，2010年互联网成为企业营销的重要渠道，广告主将更多的广告预算投入从线下媒体向线上媒体转移。网络视频覆盖人群范围更加广泛，网络视频的表达方式更具丰富性，网络视频的广告价值大幅提升。

国内网络视频厂商纷纷上市，也促使其在互联网行业地位凸显。2010年8

月12日,乐视网在深圳证券交易所成功上市,8月18日酷6传媒在纳斯达克上市,12月8日优酷网在纽约证券交易所挂牌上市,11月10日土豆网向美国证券交易委员会提交IPO文件。

一片向好的大环境下,2010年网络视频行业本身也在积极调整战略举措,产业发展走向规范有序,市场环境不断优化成熟。

创新节目拉动视频广告收入

2010年上海世博会和南非世界杯足球赛相继开幕,吸引了众多目光,其中与热点活动、比赛赛事相关的视频网站流量大幅上升,所以世界杯足球赛期间视频媒体纷纷创新节目形式。新浪的"黄加李泡"视频谈话说球节目受到市场普遍欢迎,酷6网制作的"疯狂24小时球迷真人秀"是国内网络媒体第一档大型真人直播节目,优酷网"非球勿扰"以名人访谈的形式探讨世界杯话题。多样创新节目的产生对2010年视频网站广告收入与营销方式形成了有力拉动。

网络视频行业掀起正版化风暴

网络视频发展初期多以用户原创内容(UGC)为主要内容来源。随着网络视频的版权保护和版权竞争对视频网站提出越来越严峻的挑战,使得网络视频营销一度陷于困境,传播价值迟迟不能转化为商业价值。在此基础上,由搜狐、激动网、有朋普乐3家公司共同发起,联合国内110家版权方、影视机构、第三方平台等参与的中国网络视频反盗版联盟成立,广告主开始重新审视视频网站的商业价值,尝试对网络视频营销投入更多资源。

视频网站自身营销力度加大

以前多数视频分享网站几乎没有设置专门的销售部门,2010年左右,各大视频网站普遍加大营销力度,增强营销能力,提升媒体形象,广纳优秀的广告策划和销售人员,为广告主提供从创意策划到执行的全方位服务,促使广告主加深对网络视频的营销价值与效果评估的认知,对网络视频市场发展形成强有力的推动作用。

视频网站用户体验优化

随着视频全面进入高清数字化时代，用户对网络视频的清晰度也提出了更高的要求。土豆网的高清品牌"黑豆"，酷6的高清影院频道，搜狐的高清影视剧栏目，迅雷看看的720P全高清频道等都在2010年陆续推出，再加上网络宽带技术和视频压缩技术的不断发展，更加清晰流畅的网络视频使用户体验得到进一步优化。

1.1.3 生生死死、起起落落：团购O2O商业模式序幕拉开

回顾2010年广告营销圈的历史脉络，"团购"为当年的市场发展着实画上了浓墨重彩的一笔。在2010年，中国网络团购经历了从无到有、从小到大、从弱到强的一个发展过程，自第一家团购网站建立到"千团大战"，自单纯模仿到发展出中国特色，自无序混战到有序竞争，2010年中国团购行业经历了太多太多。

伴随着2009年美国Groupon企业的快速发展，团购模式受到国内各方的普遍关注，由此中国开始陆续出现一批团购网站。

2010年1月16日，国内首家团购网站"满座网"上线；

3月王兴创办的"美团网"上线，立刻引起广泛关注；

3月18日"拉手网"成立，将Groupon模式和Foursquare相结合；

3月21日，淘宝推出团购频道"聚划算"，发展迅猛；

5月团购导航网应运而生；

6月搜狐爱家团上线，此后腾讯、新浪的团购频道陆续上线，各大门户社区、新闻媒介集团、电信运营商、银行等纷纷开展团购业务，热闹非凡。

从《2010—2015中国团购行业分析报告》中整理的数据可以看出，2010年中国团购平台数量达2000家，如表1-1所示。团购行业的迅速发展让对市场有着敏锐触觉的风投很快洞察到背后的商机，各路风险资金相继涌入团购

网站，2010年5月24日阿丫团北京上线运营，6月10日获得110万元投资，6月18日获得山西财团1.8亿元高额投资，成为行业内拥有单笔投资最大的团购网站，此后各路风投资金的进入极大地推动了中国团购市场的迅猛发展。

表1-1 2010-2015中国团购市场规模及平台数量

年份	平台数量	市场规模（亿元）	市场增长率
2010	2000	20	/
2011	3897	110	450%
2012	2857	214	185%
2013	213	359	68%
2014	10	748	108%
2015	10	1700	127%

作为2010年度的热词，"团购"成为网民的搜索热点。百度数据显示，2010年以来，团购搜索指数出现猛增的态势，2010年上半年，日均检索量88150次，2010年下半年，日均检索量高达911005次，猛增了10倍多。

团购营销的如火如荼，拉开了O2O商业模式的序幕。团购作为O2O模式中的初级商业方法，最吸引商家的地方在于其能够吸引更多新客户到店消费，获得更多的宣传展示机会，但早期的团购网站一般采用低价策略吸引顾客，导致商家利润大大降低，为获得利润商家便会压低成本，导致服务质量下降，并且短期内过多人流导致老用户满意度下降。

所以，团购网站的兴起虽然培养了市场，使商家知道了可以通过网络宣传让消费者获得更优质低价的消费，但在此基础上，进一步帮助商家建设完善的网上O2O平台，是当时团购网站转型的机遇所在。不过从团购模式后来的发展路径来看，可以明确的一点是，做平台如果没有一点先发优势，没有一点情怀，没有一点差异化，靠价格、靠资本是没有未来的。

格局变动中求发展，新旧交替中探规则，是2010年营销市场的主旋律。面对2010年的经济恢复和广告市场的变局，整个数字营销市场都热切期盼经济的回暖和内需的逐步拉动将带给中国广告业长足发展的空间和持续的高速增长动力。社会化营销元年的到来、网络视频营销全面发力以及团购O2O商业模式的开启是一个共性趋势，趋势的背后是以受众为主体、以互动为目标、以变革为手段的新的营销方式即将大行其道。

1.2 2011：移动互联网市场大步开启，风云叠嶂巨变酝酿

2011年被外界称为"移动互联网爆发元年"，这一年移动互联网进一步发展，根据中国互联网络信息中心发布的第27次《中国互联网络发展状况统计报告》，截至2010年12月底，我国网民规模达到4.57亿，手机网民规模达3.03亿，是拉动中国网民规模攀升的主要动力。

更为重要的是，这一年智能手机加快发展和普及，移动网络也逐渐成熟，智能手机开始正式成为手机市场的主力产品，人们花费在手机上的时间越来越多，这逐渐改变了人们的生活习惯，也让广告营销逐渐发生着转变。同时，与手机息息相关的系统也发生巨变，后起之秀安卓系统正逐渐代替塞班成为手机操作系统的老大，苹果引以为傲的iOS系统不甘示弱、直追其后。

2011年，中国仍处于3G时代，但随着智能手机的发展，对数据传输的需求越来越高，国内的通信运营商开始布局4G。2011年第一季度，经工业和信息化部正式批复同意，中国移动正式启动在上海、杭州、南京、广州、深圳、厦门6个城市的TD-LTE规模技术试验。随后，中国电信和中国联通也加紧部署，渴望在新的一轮技术变革中抢得先机。

2011年的一系列事件开启了移动互联网的高速发展，苹果手机成为标志，而一系列热门手机应用工具更是成了那一年互联网的真实写照，微信、米聊、飞信……其中有的早已远去，有的成为霸主，带来了更为深刻的变化和影响。

1.2.1 新兴平台展现能量,传统门户欲求变革

在今天,若问2011年有哪些事件对于当年而言是大事件,同时对于后世产生深刻影响的,我想微信的诞生是不得不提的。

2011年1月21日,腾讯公司推出了微信,该产品由张小龙所带领的腾讯广州研发中心产品团队打造,支持跨通信运营商、跨操作系统平台,通过网络免费发送语音短信、视频、图片和文字。同时,还能使用来自共享流媒体内容的资料和基于位置的社交插件"摇一摇""漂流瓶""朋友圈"等,一经推出便大受欢迎,再加上QQ的推波助澜,截至2011年年底,微信的用户数已经达到5000万,2012年3月便突破了1亿大关,增速之迅猛,可想而知。

同时微博也在2011年爆发,用户数量急速增长,社会影响力不断扩大。2011年发生的许多社会热点事件都在微博上得以迅速传播,微博成了舆论的中心场。再者,这一年人人网、凤凰新媒体等先后在纽交所上市,这一系列新兴平台对传统互联网媒体模式产生了巨大的冲击。

面对这些新兴媒体的崛起,国内的互联网公司反应迅速,纷纷拓展相关业务领域,推出属于自己的微博、网络视频等相关业务,在门户广告营销之外挖掘微博营销、SNS营销等更多的盈利模式。

这些新兴平台的雄起,让我们看到了移动互联网更多的可能及其变化的速度之快,这些变化比以往任何时候都更剧烈,也更彻底。那些不变的企业,最后的命运也只有消失或被淘汰。

1.2.2 移动终端入口争夺激烈,得用户者得营销

2011年,智能终端成了互联网竞争的高地,各大品牌纷纷推出自己的移动互联网手机,这也是那一年手机市场最为有趣的现象之一,定制机种类众多,

手机市场的蓝海波浪拍打在每个人的脑袋上,谁都想进去分一杯羹。

2011年,小米科技推出小米手机,除此之外,当时的BAT［B＝百度、A＝阿里巴巴、T＝腾讯,是中国互联网公司百度公司（Baidu）、阿里巴巴集团（Alibaba）、腾讯公司（Tencent）三大互联公司首字母的缩写］也纷纷推出合作款手机,阿里巴巴与天语合作推出云手机、百度推出"易平台",并联合戴尔生产"易手机",以及腾讯与HTC、天语合作推出定制机。一时间,手机市场热闹异常,也能够让人真切感到移动互联网的大潮。这是一种实实在在的巨变,这种变化是方方面面的,因为一部手机改变了整个商业生态,也因为一部手机,所有的竞争格局都发生了改变。所有的企业都意识到,用户规模是未来企业能够获得移动互联网市场先机的关键因素,因此,用户接触移动互联网的渠道成为厂商竞相争夺的焦点所在,而手机无疑成了最重要的载体,也成了许多企业争夺的目标。

移动互联网时代初期,用户体验尚无从谈起,所有的企业都在想方设法地争夺用户,因为用户就是商业化和变现的资本,就是品牌在数字营销过程中的先决条件及优势,至今依然如此。

于是乎,2011年的手机市场就像一阵猛烈的波浪席卷沙滩,你去办理网络宽带或手机入网的时候,商家就有可能免费送你一部手机,这除了商业模式的考虑之外,还有一个原因是想让你成为它的用户。

据《2011年中国手机市场研究年度报告》显示,2011年中国手机市场中智能手机进一步普及,全年的整体关注比例达到了81.8%,较2010年提高了14.7%,成为消费者换机/购机时的首选,也成为中国手机市场销量增长的新动力。

2011年,智能手机开始席卷大街小巷,仿佛一夜之间每个人的按键式手机都变成了触屏手机,而所有的大公司也竞相争夺这一用户入口,成了当年"另类有趣"的现象之一。

1.2.3 小米手机横空出世,饥饿营销成为话题点

2011年8月16日,小米科技在北京发布国内首款双核1.5GHz主频手

机——小米手机，2011年9月5日小米手机正式开放网络预订，从9月5日13时到6日晚上11时40分两天内预订数量超过30万台，小米网站便立刻宣布停止预订并关闭了购买通道。由于首批预订人数过多，预计前10万名用户将在10月份收到小米手机，排在10万至20万名的用户则需要等到11月份，20万名以后的用户则可能要在12月份才能得到小米手机。小米手机也由此开启了自己的手机饥饿营销玩法。

2011年小米发售手机的时候中国正处在从功能手机转换到智能手机的阶段，巨大的需求也为小米的饥饿营销创造了空间。再者，当时中国的品牌还没有成长为足够强大的品牌，这为新品牌的成长提供了足够的空间，小米的饥渴营销才得以施行。最为关键的也在于，小米是初创公司，没有足够的资金建设自有工厂生产手机，这迫使小米采用轻资产的运作模式，而饥饿营销可以有效减少产业链占用的资金量，高效的产业链运作为按需生产提供了可能。

虽然饥饿营销并不是小米首创，在此之前，苹果手机在国内的营销就被奉为饥饿式营销的典型，但是两者的运作可能不尽相同。小米运作得更自如，更有引爆点，这一营销方式也在当年激起了大量的讨论，得以让小米这一品牌扩散到了大街小巷，同时这在一定程度上也助推了一系列围绕品牌的营销玩法。

2011年中国的移动互联网开始爆发。那时候智能手机的竞争异常激烈，除了各大品牌之外，"山寨"货也成了市场分割的"超级战队"。每个人都期待拥有一部属于自己的智能手机，每个人都以拥有一部苹果手机而自豪，许多当时关于智能手机方面的新闻现在看来都觉得有一丝可笑。

智能手机的迅速普及给我们打开了一个全新的世界，移动互联网的中心磁场开始发挥出前所未有的力量，各种互联网公司、平台、手机应用、营销方式等也在这样的背景之下百花齐放。此刻就好像世界是全新的，每个人的眼睛里都满是迷茫和好奇。

1.3 2012：新媒体的"黄金时代"

2012 年，新媒体开始蓬勃生长和发展，一切似乎都即将发生翻天覆地的改变。随着新媒体的"黄金时代"到来，无可争议的是，"媒介转型"和新旧媒体的纷争是绕不开的话题。这波洪流裹挟的包括与之息息相关的"数字营销"行业。

新媒体、搜索引擎、广告平台、多元化、关系链、多屏时代、O2O 黄金期……这些关键词，在当下或许早已是陈词滥调，不足为奇。可在 2012 年，微信正异军突起，微博一方面迎来了它的鼎盛期，同时也即将错过红利期，在这样的大背景下，回溯过去，有谁抓住了机遇？有谁错过了发展的势头？就变得极其值得深究了。

1.3.1 微信的"异军突起"，微博"职业生涯"的瓶颈期

2012 年不得不提的是微信的异军突起。在其步入 2013 年之际，这一移动聊天/社交网络应用程序在推出区区两年间已跨过 3 亿活跃用户的大关。

网络世界巨头腾讯公司，通过微信，似乎已找到了如脸书和谷歌等其他国际科技巨匠所不知的手机移动终端开发方式。这一年，微信已经推出一系列新功能，如官方账户和第三方应用程序，使微信进一步发展成为社交网络，在此基础上掌握更大比例的用户线上活动。

2012 年下半年，微信开始为品牌开放平台。第一批勇于试水的有耐克（利

用微信来协助其在 2012 年 8 月开展的"运动汇"活动）和凯迪拉克（"66 号公路"的推广活动）。紧随其后许多品牌争相效仿，包括蔻驰、杜蕾斯和星巴克。微信和各品牌商家都趋于采取阶段性、实验性的方式。然而，微信的高渗透力和灵活性无疑使它成为拥有巨大潜能的品牌推广渠道，让品牌在不建立其自主平台的条件下，依旧可以触及大规模的移动受众。

在这其中，星巴克借势微信平台的营销，成功激起了"大水花"。品牌应如何利用微信这一高度私人化的渠道，而避免被视为骚扰呢？ 星巴克的答案很简单：给拥护者他们所想要的。

在 2012 年 8 月下旬，咖啡连锁品牌星巴克（其移动营销的天赋已通过其与地理位置服务的社交性网络街旁网的合作崭露头角）推出了其官方微信账号，从而建立与其顾客更客观且人性化的联系。客户可通过扫描陈列在星巴克店内醒目处及所有数字平台上的二维码，将星巴克添加为联系人。

星巴克对于内容质量的关注获得了巨大的成功：在短短几个月中星巴克不仅积累了超过 13 万微信粉丝，销量也明显增加。此外，星巴克新浪微博的关注人数也增加了 9%。

而与此同时，被捆绑在一起的"两微一端"中的新浪微博，正面临"职业生涯"的瓶颈。他们一方面忙于设法使其服务货币化；另一方面又要兼顾（品牌和终端用户方面）高质量的用户体验。 除此之外，还要管理向移动客户端的过渡。

2012 年新浪微博推出了许多新的功能和服务，例如付费会员账户，一个 LinkedIn 类型的专业性社交网络，以及改进的支付平台。但这些却没有一个真正受到用户的青睐。投资人开始提出刁钻的问题，质疑这一平台未来的发展。

新浪微博也感受到了来自竞争对手的压力，包括直接竞争对手，如已然积累了 3.5 亿用户的腾讯微博，或是间接竞争对手，如豆瓣（森马和古驰等品牌在该平台上进行有趣的实践），此外还有微信，其最新的社交功能给新浪微博带来了直接的威胁。

总而言之，社交媒体的红利正在转向其他平台，营销经费则将紧随其后。

1.3.2 "关系链价值"出现电子商务聚力

伴随着 2012 年中国社交生态系统的更迭和风起云涌的社交平台"神仙打架",国民的社交习惯在潜移默化中也发生了改变,微博的"弱关系"网络社交,正逐渐移步微信朋友圈的"强关系"社交网络。

"关系链价值"的概念出现了,网民关系的建立正在经历着从线下到线上的迁徙,他们乐于在网络中表达自己,也喜欢在社会化媒体里结交、维系朋友,原本线下的小圈子变成了互联网上庞大的、开放的关系链。

在第十九届中国国际广告节上,获得中国广告长城奖"双料"金奖的英特尔"世界没有陌生人"案例正是对"关系链"营销的最好诠释。该案例通过"140 元回家"这个核心故事,以腾讯微博为平台,充分发挥社会化媒体中群体智慧的力量,在各种陌生人关系的互助下走完回家路,借此让品牌精神深入人心,同时也体现了企业的社会责任。

2012 年见证了网上购物和社交媒体间更为深入的融合。类 Pinterest 网站"美丽说"和"蘑菇街"的兴起,则最好地体现了社交和网购的更深融合。如今,"蘑菇街"依旧是年轻女性购物的参考平台之一,其深植社交属性的电商购买形式,可谓独树一帜。

电子商务的极速发展也见证了 2012 年数字营销发展的势头。2012 年电子商务总销售额超过 1.2 万亿元。仅阿里巴巴集团旗下的淘宝网和天猫(Tmall)所公布的年销售额就超过了 1 万亿元。

电子商务市场虽仍主要依靠分散的独立卖家以及淘宝的 C2C 平台,但随着 B2C 网站的增加,B2C 的市场占有率正在增长。许多品牌也意识到了电子商务对其消费者的重要性,由此决定采取主动,开放品牌自己的电子商务网站,或者与诸如天猫等第三方平台合作(有时也会结合这两种方式)。

2012 年还向我们揭示,电子商务之于中国广大消费者,并不仅仅被当作一个实惠商品的来源,还被视为提供引人入胜的、令人愉悦的购物体验的可信渠道，在大多数的产品类别中，它都能与传统零售直接竞争。麦肯锡的数据显示，85%的中国网购消费者认为电子商务与传统零售平分秋色，甚至较后者更胜一筹。这点在中国的三四线城市中显得尤为突出，相关数据指出电子商务的大部分增长正来源于此。

与此同时，O2O的黄金时期到了。无线技术飞速发展和智能手机用户数量的爆发式增长，为线上线下的融合奠定了基础。据中国电子商务研究中心监测数据显示，2011年中国O2O市场规模为562.3亿元，2012年为900亿元左右，增幅近7成。

腾讯在为用户提供丰富的O2O服务上也做了重要的布局。如腾讯微信在不断强化扫二维码功能，未来希望把扫二维码变为老百姓非常普及的概念，打破传统的"线上"和"线下"的概念，实现了线上线下的无缝连接。

1.3.3 在线视频火爆"社交奥运"是看点

2012年，网络视频的持续快速增长毋庸置疑。数据显示，在中国，网络视频服务已经在月度覆盖人数及阅读浏览时长方面双双占据第一的位置，成为网民日常的首要应用。2012年当年，优酷土豆合并，搜狐、爱奇艺等公司对视频业务的重视度不断升级。腾讯视频也从之前的潜心修炼转变为高调发声，并展示出厚积薄发的力量。

根据艾瑞iUserTracker在2012年当年发布的关于视频网站9月综合服务监测数据（PC网站端＋PC客户端）显示，腾讯视频月度覆盖用户2.755亿，以领先优酷近1000万的优势成为月度覆盖用户单平台第一。随着月度覆盖用户超过优酷，腾讯视频已经实现了覆盖第一、成长第一、专业第一，书写了全新的行业格局。

视频媒体快速发展也带来了视频广告的迅速增长。中国视频贴片广告收入在2010年仅为13亿元人民币，在展示广告营收中的比重仅为7.4%，在2015年，视频贴片广告收入占比则高达95.0%。

可见，视频营销已经成为品牌战略规划的重要组成部分，英特尔、联想、宝洁、联合利华等很多大品牌广告主与腾讯视频已经合作多年，并打造了很多成功的案例。

2012年最重要的社会事件之一就是伦敦奥运会。盘点此次奥运会，社交媒体的全面加入，为奥运营销注入了新的生命力。粉丝和关系链的价值模式，使奥运营销得到了无限延展泛化。通过粉丝的转播和推送，信息得以在社交媒体中快速传播，大大提高了赛事和媒体的影响力。

2012年伦敦奥运会中，腾讯与宝洁的合作很好地演绎了这个趋势。在2012年宝洁"为母亲喝彩"的奥运战略背景下，宝洁独家冠名腾讯视频原创节目《奥运父母汇》，让远在伦敦的奥运健儿实现了在异地与家人团聚、第一时间和家人分享成功喜悦的愿望。

差异化的营销诉求引发了网友的情感共鸣，感染了千万网友在线签名支持。以原创视频节目为触发点，腾讯整合了腾讯网、腾讯微博、QQ空间、腾讯无线等跨媒体平台进行无缝式、立体化传播，有效助力了宝洁奥运战略的实施。

耐克在伦敦奥运会期间的表现也可圈可点。他们针对中国运动员的表现，在赛事后几小时内即发表高度本土化的传播材料，所有文本都强调"伟大"这一中心思想，并在社交媒体上被广泛转发。

在女子十米气步枪射击比赛中，中国选手于丹获得铜牌。随后，耐克支持运动员表示"他们也许没记住你的名字，但记住了你的伟大"。通过建立品牌与其客户群之间直接沟通的渠道，利用社交媒体为品牌提供机会，能够根据时下重要话题发起迅速的回应与传播，从而提升品牌相关性。

2012年注定是承前启后、新旧交替的一年，它是中国广告业发展的一个新拐点，传统广告业务萎缩、行业并购加快、生存危机加剧，一度成为广告业发展的主色调；同时，寒流中的期待，期待中的坚守，坚守中的变革、创新也成为2012年广告业发展的另一道独特风景。

1.4 2013：传统与数字的力量交错

2013年，是传统媒体与新媒体交错的一年，是移动互联网大爆发的一年，是大数据合理运用的一年，多屏互动在这一年得到了长足的发展，亦是原生广告高速发展的一年。

这一年，对于营销人来说似乎波澜不惊，却会载入史册。中国的营销历史也在这一年拐了一个弯，进入了营销的新轨道。

尤其是移动互联网时代的到来，海洋一般浩瀚的网络数据已成为一种战略资源。每天，新浪微博用户发博量超过1亿条，百度要处理数十亿次搜索请求，淘宝网站的交易达数千万笔，联通的用户上网记录一天达到10TB……

1.4.1 大数据时代，互联网成为最了解消费者的人

2013年，大数据很火。到底火到什么程度？

有人称这一年为"大数据"元年。也就是在这一年，几乎所有的互联网巨头都将业务触角延伸到了大数据领域。

让人意想不到的是，大数据越来越成为我们生活中的一部分。随着互联网、移动互联网及信息化的发展，消费者的行为轨迹逐渐以大数据的方式映射在网络之中，电商、视频、游戏、广告等都投其所好地出现在消费者眼前。

首先，我们来解释一下何谓"大数据"。

"大数据"就是通过对大数据的渗透,结合云计算技术,让数据的有效价值渐渐浮出水面。这也让越来越多的企业搭上大数据营销的"旗舰"。

2013年发生了很多事,都与大数据息息相关。金融机构卖基金、证监会抓老鼠仓、电商投放广告、物流调度运力、民航节约成本、农民破解猪周期、制片人拍电影……看似毫不相关的事儿,背后都有大数据在发力。尤其是移动互联网时代的到来,大数据渗透越来越深,从个体到群体,从企业到政府,数据的积累与日俱增,也对每个环节起到了作用。

2013年,阿里小贷更是得益于大数据。它依托阿里巴巴(B2B)、淘宝、支付宝等平台数据,不仅有助于识别和分散风险,提供更有针对性、多样化的服务,而且批量化、流水化的作业使得交易成本大幅下降。

当然,在2013年被大数据带火的还有《纸牌屋》。《纸牌屋》不仅在全美热播,还红到了太平洋彼岸的中国。这部影视作品开启了大数据在影视产业应用的成功之路。大数据最重要的特点就是数据成为一种资源和生产要素,这就要求影视产业必须适应这种新的信息生产方式,生产、分析、解读数据,探索一条为用户(观众)提供分众化服务和体验的发展之路,这将成为未来影视产业竞争的核心要素。

对大数据技术的成功运用,将改变日常生活、企业决策和国家治理的面貌,带来惊人的经济和社会效益。

1.4.2 "泛在"时代,用户获取流量向多终端延伸

从传统媒体的"内容为王"、网络媒体的"终端为王"到如今多屏互动时代的"发现为王",人们进入了一个信息"泛在"的时代。

由于多屏时代的"多屏互动""多屏转移""多屏共享"等特质,受众传授合一的特性更为突出,变得更具娱乐性和分享性。

快播科技CEO王欣在"2012广东互联网大会"上表示,多屏互动将呈现爆发式增长的趋势,因此多屏互动将在2013年开始成为普及化应用,由此带

来移动互联网领域新的发展商机。

基于此，快播正式推出了多屏互动技术研发的"快播大屏幕"，可通过WiFi无线网络连接的方式，将手机、平板电脑中的多媒体内容传输到电视、投影仪等终端设备上显示，同时支持安卓及iOS操作系统，支持目前市面上大部分主流第三方多屏互动应用。

2013年，对于视频而言，意义非比寻常。不仅承载着2012"三网融合""OTT""CDN""互联网新媒体"的余温，还燃烧着"4K""大数据""云计算""FTTH"的炙热。

同时在"多屏时代"下，人们在技术的驱动下改变了信息的接收和传递方式，不同屏幕之间的信息传播渠道界限日益模糊，受众的行为也随之发生改变。在多屏互动时代中，由于信息的传播能够实现互动共享，而且集多媒体于一身，因而受众的注意力从表面的碎片化转为实质性的聚合化。

2013年，乐视网云平台的大数据体系下，电脑、平板、手机和乐视TV超级电视四大终端平台都能够通过统一的账号，实现实时转换和互动，满足用户在不同场景下的视频观看需求，最终实现多屏联动的效果。

据工信部发布的数据显示，2013年1月~5月，我国IPTV业务用户净增310.8万户，同比增长46.4%，达到2485.1万户。3G业务和技术的逐步推广带动手机电视业务快速普及，手机电视用户同比增长11.1%，达到5590.7万户。物联网终端、手机支付用户分别达到2660.1万户、277.7万户。融合业务用户规模的不断扩大带来了业务收入的快速增长，同期，IPTV业务收入同比增长42.9%，达到15.8亿元，手机电视业务收入同比增长30%，达到10.3亿元。

互联网的快速升级和智能终端的发展，用户获取内容的渠道不再局限于电视，向电脑、手机等多终端延伸；多屏互动技术兴起，整合并优化了现代家庭、商务、教育、娱乐等各环境中的电子设备之间的联系，使其互联互通，实现了资源最大化的分享利用。

1.4.3 无缝嵌入，移动广告平台新的突破口

原生广告意味着与原本的内容高度融合，是一种让广告作为内容的一部分植入到实际页面设计中的广告形式，是以不打扰用户体验为前提，与展现环境高度融合的推广内容。

2013年，凤凰网将原生广告引入中国，延伸为"原生营销"，如图1-2所示。在这一年，中国市场的原生广告以蓬勃之势迅速崛起，其主要以信息流原生广告为主，兼有部分视频类、特效类原生广告。

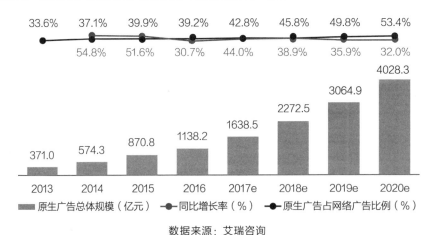

数据来源：艾瑞咨询

图1-2 2013~2020年中国原生广告市场规模

2013年，亚特兰大原生广告研讨会上，美国雅虎的销售副总裁Patrick Albano认为原生广告形式更多元，可能是图片、影音或是文字，只要是消费者体验的一种，都可以被称为是原生广告的形式之一。

原生广告概念的提出和流行，迫使广告主和广告平台加速思考和建立广告与用户的友好互动。Banner和插屏广告已经不再能让用户和广告主满意，此时原生广告就成了移动广告平台新的突破口。

2013年年底，凤凰网在网站首页为恒大冰泉做了一次原生广告，将恒大冰泉的卖点转变成了三条新闻内容，另外再配合一个页面互动小游戏，让恒大冰

泉无缝嵌入，影响消费者。

随着人们对原生广告理解的不断加深，将进一步挖掘精准数据、体现互动价值，提升营销体系的整体效益，社交网络/媒体的核心营销价值才刚被挖掘、大数据有了发挥空间，媒体的流量变现模式转向内容变现模式。

原生广告利用其后台的数据挖掘和前台展现的创意和内容相关性，使它可以为用户提供价值，激励用户参与并提升广告主营销效果，带动媒体营销价值的升级并增强媒体变现能力，各移动广告平台则可在此过程中发挥创造性价值，帮助广告主完成营销计划。

随着移动互联网领域的不断拓展，移动广告将不仅仅局限于手机、平板电脑广告，可穿戴设备如智能手表、运动腕带等都将成为移动广告的媒介，移动广告的大潮再加上原生广告的助力，定会带来一场新的营销革命。

1.5 2014：移动时代，因何而动？

科技的快速发展，让我们获得了高效能的劳动力，让我们获得了酣畅淋漓的娱乐体验，也拉近了我们彼此的距离。2013年年底，4G牌照的发放，对于2014年的通信行业而言，无疑是一件大事。

4G时代的到来，将彻底改变人们的移动生活，并重塑移动互联网格局。营销将会走向润物细无声的境界。这一年，微商、微店、O2O、众筹、自媒体、互联网金融、移动支付、社会化营销等成为最大的移动互联网风口。

1.5.1 迅速崛起的移动互联网营销

据CNNIC发布的第33次《中国互联网络发展状况统计报告》，2013年微博、社交网站、论坛等互联网应用的使用率下降。截至 2013 年 12 月，我国微博用户规模为 2.81 亿，较 2012 年年底减少 2783 万，降低 9.8%；网民的微博使用率为 45.5%，较上年年底降低 9.2%。与此同时，在移动端的推动下，整体即时通信用户规模比上年提高 13.8% 至 5.32 亿。

相比于社交类网站活跃度的下降，我国 2013 年即时通信网民规模达 5.32 亿，比 2012 年年底增长了 6440 万，年增长率为 12.1%。即时通信使用率为 86.2%，较 2012 年年底增长了 3.3%，使用率位居第一。即时通信服务一直是网民最基础的应用之一，其直接创造商业价值的能力有限，更多的是增值服务的开发。

1.5.2 移动新媒体进入发展年

2013 年是移动新媒体元年，中国的移动互联网用户规模已经超过 8 亿。2014 年，移动新媒体进入发展年。个人电脑用户加速向移动互联网环境下的"智能移动终端 App"的移动新媒体模式迁移，几大门户网站纷纷发力，布局移动互联，其中搜狐、网易、腾讯三家新闻客户端先后宣布用户数破亿。

2014 年，各家移动新闻客户端将进入全面深度整合期，与自有微博、微信和视频平台等打通互联，构建全媒体发展战略；同时，深度挖掘用户个性化需求、打造自身特色，实现差异化竞争。跨过元年，移动新媒体的商业化闸门必将全面快速打开。

1.5.3 传统媒体进入深刻转型期

十八届三中全会为传统媒体深刻变革指出方向，2014 年将迎来传统媒体发展新媒体的深刻转型机遇期。

近几年来，新媒体强势倒逼传统媒体变革。以智能移动终端为特征的移动新媒体元年，更为困顿中的传统媒体再次提供了一个变革与重生的机会。传统媒体尤其是市场化运作的媒体再不抓住移动化、数字化和网络化的大趋势，必将丧失最后的优势和资源，面临生死存亡的大问题。

由于内容同质、经营亏损，很多纸媒已经停刊。更多传统媒体应引以为戒，坚定擎起移动化、数字化和网络化的大旗，以受众为中心做足用户体验，通过个性化的内容和定制化的服务，在移动互联网时代巩固自己的"一亩三分地"，重获新生，更好地发挥其自身价值。

1.5.4 移动入口争夺战愈演愈烈

2013年，各大互联网巨头上演移动互联网入口争夺战。百度收购91无线，加强布局应用商店；腾讯坐拥6亿用户的微信，又战略入股搜狗，加码移动搜索；阿里巴巴投资新浪微博、高德地图，高调推出来往，开启移动扩张之旅。

移动互联网入口卡位战远未结束，2014年，中国的移动互联网船票之争仍愈演愈烈，除去即时通讯、应用商店、客户端应用、移动搜索，浏览器、安全软件及手机厂商、操作系统等也都存在变数，互联网巨头依然会强势出击，互联网草根也能独占先机。

1.5.5 视频和手游迎4G东风

国内4G牌照刚一发放，三大运营商的4G品牌大战烽烟即浓，率先出鞘的中国移动，更是放出豪言："600亿元打造全球最大网络"。4G时代来临，受惠更多的无疑是移动视频与手机游戏。

3G时代，各家视频网站对移动端用户的争夺已经日益激烈：截至2013年

9月，爱奇艺在移动端的流量已经超过PC端；而优酷土豆移动端的日均视频播放量超过3亿，三个季度增长200%。4G牌照的正式发放，必然会为移动视频市场新一轮的爆发注入充足能量，"钱景"一片光明。近几年来，手游一直是投资界关注的重点。随着4G的发展，移动终端进一步普及，基于云计算的云游戏概念将落地，全民手游时代不再只是设想。4G发展势必也会给虚拟运营商带来商机。随着工信部对11家中资民营企业虚拟运营商牌照的发放，民营资本如何融入4G大潮逐浪电信领域也值得期待。

1.5.6 自媒体"钱景"可期

2014年自媒体生态形成，基于微博微信的个人自媒体、企业自媒体以及专业自媒体等各种形态将涌现。

微博、微信、网络视频等新媒体技术与平台的发展，加快了自媒体时代全面到来的步伐。技术大牛反攻内容，传统媒体人突围新渠道，人人都想借助社交网络自产自销，争做颠覆传媒业生态的一支新兴力量。

经过一轮野蛮生长，互联网巨头的全面介入或将使自媒体的商业前景日趋明朗。搜狐新闻客户端的自媒体平台已现端倪，网易云阅读开放了自媒体入口，腾讯也推出全平台推广资源吸引百位"自媒体精品"入驻，新媒体联盟打造了自媒体超市，而百度百家更是意图打造完整的自媒体生态链。

1.5.7 程序化购买迎来前所未有的发展机遇

在移动互联网迅速发展的今天，鉴于广告主的多元化需求，基于大数据和技术驱动的程序化购买，一个前所未有的发展机遇已然到来。

"程序化购买"是广告行业发展速度最快的概念之一，它不仅能提高广告主的投资回报率，还可以帮助发布商提高收入与利润。艾瑞咨询发布的《2014

年移动程序化购买行业报告》指出,自 2013 年下半年开始,行业各环节的参与者开始快速涌现,市场竞争程度日趋激烈,规模开始快速壮大。

2014 年中国程序化购买加速发展,产业链的各方,从品牌主、广告代理、DSP 广告需求方平台、广告交易平台到媒体都对程序化购买有了更加深刻的实践,并从各自的角度推动网络广告的程序化步伐。

1.5.8 大广告主效应

2014 年,很多大广告主加入了程序化购买的阵营。其中,宝洁公司就大幅提高了程序化购买的预算,整体达到 75%。美国运通公司也宣布所有广告花费都进行程序化购买。在国内方面,海尔从 2012 年起便开始尝试使用程序化精准广告投放,京东则已将 20%~30% 的预算用于程序化购买。

另外,广告主开始使用私有程序化购买模式,简单来说,就是广告主和广告公司买好媒体位置,然后用程序化的技术进行优化,提高购买的流量的总体效率。买方和卖方之间直接谈判,将流量和定价协商议定。

可以看到,广告主层面的尝试,正在为程序化购买提供更多的实践机会,而大广告主的积极态度,也将带来示范效应,带来更多企业的关注。

1.5.9 媒体的程序化浪潮

在程序化购买的另一端,媒体也已经更加开放,淘宝开放了近四倍的程序化购买资源,到 2014 年已经有 50% 的资源支持程序化购买。

就连备受关注的视频端,也有着巨大的潜力。无论是阿里巴巴开放的视频推广资源,还是优酷土豆推出的"倚天广告系统",都是包括智能预留、优先交易、实时竞价三种模式在内的程序化售卖体系。

多种类型媒体的集中发力让视频甚至传统媒体程序化购买初现曙光,一个更加广阔的程序化购买蓝图正在展开。

能够对接多种媒体形式已成为程序化媒体交易平台（Trading Desk）的硬实力，以 Chinapex 创略为例，其国内独有的程序化媒体交易平台已对接国内外众多优质媒体资源，在优化的精准广告投放同时为广告主提供更好的服务。

不得不说，移动互联网的迅猛发展也带动了程序化购买的崛起。

2014年，4G 的推出加速移动互联网营销，一些新的依托于 4G 的广告展现形式和技术等都成为下一波移动互联网营销的发力点。

1.6 2015："互联网＋"时代到来，互联网营销各显神通

2015年是风云变幻的一年。这一年，有许多影响未来的趋势初现端倪，一棵棵小树苗被栽下，最终长成了不能忽视的参天大树。

据 CNNIC 发布的《2015 年第 35 次中国互联网络发展状况统计报告》显示，截至 2014 年 12 月，我国网民规模达 6.49 亿，互联网普及率为 47.9%；而到了 2015 年 12 月，我国网民规模达 6.88 亿，互联网普及率为 50.3%，首次超过半数的比例。

有行业机构在分析 2015 年时提到了"诺维格定律"，即当一家公司在某个领域的市场占有率超过 50% 以后，将无法再使市场占有率翻番，就必须要寻找新的市场。企业通常可以将自己的优势延伸到其他邻近市场。对于移动互联网来说，其确实处于一个这样的临界点上，吸引新入网用户的速度减缓，同时互联网产业格局初见规模。

也正是在这一年，"互联网＋"的概念被列入政策中。庞大的互联网用户群体基数，国家政策的扶持，经济环境的影响，让 2015 年的商业模式和营销

环境再度更新升级，通过多种途径触达消费者。

1.6.1 细分领域重新洗牌，"互联网+"萌芽发展

2015年中国经济进入新常态，经济新常态的一个主要特征，就是告别高速增长，转向中高速增长。在适应国内调整的同时，外部经济环境也刮来了阵阵寒风。中国概念股在美国集体遇冷，阿里巴巴的股价一度跌破发行价。国内A股暴跌，IPO甚至一度关闭。在一系列效应之下，企业融资也被泼上一盆冷水，如何在寒冬期维持生存和内部资金的正向循环，成了难题之一。抱团取暖，强强联合，无疑成了一个不错的选择。

在此影响之下，合并成了2015年的关键词之一，快的和滴滴、58同城和赶集网、美团和大众点评、携程和去哪儿，还有阿里巴巴收购合一集团（即优酷土豆）。互联网细分领域的头部企业，经历了一次重新洗牌。

此时，"互联网+"政策的提出，似乎为互联网平台发展找到了另一条出路，也为我国经济发展带来了新的撬动支点。当然，最关键的还是，它让传统企业通过数字化的形式，更好地服务于人们的生活，更好地触达消费者。

2015年3月，全国在"两会"上，全国人大代表马化腾提交了题为《关于以"互联网+"为驱动，推进我国经济社会创新发展的建议》的议案，为"互联网+"时代的到来做出了预告。这一年，李克强总理在政府工作报告中首次提出"互联网+"行动计划，提出"制定'互联网+'行动计划，要求推动移动互联网、云计算、大数据、物联网等与现代制造业结合，促进电子商务、工业互联网和互联网金融（ITFIN）健康发展，引导互联网企业拓展国际市场。"

此后，国务院正式印发了《关于积极推进"互联网+"行动的指导意见》，同年在第二届世界互联网大会"互联网+"的论坛上，中国互联网发展基金会联合百度、阿里巴巴、腾讯共同发起倡议，成立"中国互联网+联盟"。

互联网用户的基数增长和互联网产业的发展，终于从量变阶段进入了质变阶段。"互联网+"利用信息通信技术以及互联网平台，让互联网与传统行业进行深度融合，创造新的发展生态。

如果说"互联网+"的概念和价值还需要未来数年才能被充分厘清和挖掘，但是"互联网+服务"其实早已渗透人们的生活，旅游、租车、约车、餐饮外卖等服务业，基于O2O模式的产品种类和服务形态日益丰富。美团点评、饿了么、携程、途牛、滴滴，甚至上门保洁等，这些服务产业借助"互联网+"，在新时代焕发了新生，让人们充分享受到了美好生活。

"互联网+"的成长，为数字营销行业打开了一扇大门，重构了传统意义上用户和品牌商家的联结关系，同时也让传统行业在完成生产革新的同时，寻求新的营销方式，向数字化不断迈进。

1.6.2　内容为王，IP营销不断发力

"内容为王"是2015年经常被提起的一个词，娱乐行业在这一年成绩可喜，娱乐内容也成了连接品牌与消费者的桥梁。

2013年流行的IP热，在2015年走向了一个小高峰，尽情散发着光辉。这一点在电影市场尤其明显，《万万没想到》《滚蛋吧，肿瘤君》《寻龙诀》《战狼》《大圣归来》《夏洛特烦恼》，不论你是否喜欢这些电影，都不能否认它们在这一年成了爆款，给国产电影市场打了一剂强心针。据时光网统计，2015年中国内地市场总票房被定格在440.69亿元，较2014年的296亿元有48.89%的大幅上涨。

由IP衍生的电视剧，也在这一年出现了百花齐放的景象，《花千骨》《琅琊榜》《伪装者》《何以笙箫默》等或在流量或口碑上成了黑马之作。同属于娱乐行业的综艺节目也不遑多让，据《2015年腾讯娱乐白皮书》显示，这一年共有215档综艺节目面世，《奔跑吧兄弟第三季》《中国好声音4》《爸爸去哪儿3》持续霸屏。

娱乐营销是借助娱乐元素或形式在产品与客户之间建立情感联系，从而实现销售产品，留住忠诚客户的营销方式。娱乐行业的持续升温，为娱乐营销打下了坚实的基础。与大 IP 联合，娱乐营销的玩法在不断更新中。而微博、微信等各大社交平台的发展，移动互联网用户的增长，为娱乐营销提供了更大的操作空间。所有行业都是娱乐业，而娱乐业是最容易"用脚投票"的行业，一方面，自身的内容越好，娱乐营销的效果越好；另一方面，营销的玩法也要与原内容相契合，不损害用户体验。

于是 IP 捆绑植入就成了首选，其中典型的例子即为奥迪植入《复仇者联盟2》，《复仇者联盟2》登陆中国后，票房火爆，影片中出现了全新一代奥迪 TTS Coupe 也受到大众关注。荧幕之外，一汽大众根据电影中的角色深度定制了五款全新奥迪 TT，并在奥迪天猫官方旗舰店首发。

反过来，综艺节目也作为 IP 本身，带火了一个个冠名品牌，综艺节目冠名营销正式跨入了"亿元时代"。《爸爸去哪儿3》中伊利冠名耗资5亿元，《非诚勿扰》的冠名商韩束也给出了5亿元的高价，这样的案例不在少数。由于综艺节目拥有强大的曝光量，这种通过冠名营销刷屏的方式被很多品牌所青睐，强势综艺节目 IP 在输出节目内容的同时输出品牌信息，让受众在观看节目时潜移默化地提高了对品牌的认知度和认可度。

1.6.3 原生广告广泛应用，信息流广告成品牌新宠

回顾 2015 年，同样从重视用户体验的角度出发，"原生广告"和"信息流"开始崭露头角。

据网络资料显示，原生广告是一种从网站和 App 用户体验出发的盈利模式，由广告内容所驱动，并整合了网站和 App 本身的可视化设计。

2015 年，微信开始上线信息流广告，"宝马""可口可乐"和"vivo"品牌信息流广告登陆受众的微信朋友圈，它们与平常能够看到的朋友圈原创内容形式相似，由文字、图片信息共同构成，用户可以点赞或者评论，能够看到朋

友们给出的评论，并形成互动。

与其他广告形式相比，原生广告能够为受众提供的是有价值、有意义的内容，而不是单纯的广告信息，且其内容的植入和呈现不破坏页面本身的和谐，不会为了抢占消费者的注意力而突兀呈现，画面更加和谐，在口碑上和用户接受程度上具有天然优势，也更易于用户分享。

此前，新浪微博和腾讯 QQ 空间已经采用过信息流的形式，也取得了一定的曝光量。微信的试水显然给了国内互联网平台更多信心。2015 年 3 月，百度联盟推出"原生广告"。6 月，百度宣布收购日本原生广告公司 popIn。8 月，微信官方网站公布广告合作流程，越来越多的品牌开始入局。同时，腾讯 QQ 空间开始推出原生信息流视频广告。作为首家引入国内原生广告的平台，凤凰网宣布将其原生营销升级为 4.0，原生营销再造生活场景，以原生品牌新闻、视频、栏目、专题、频道五大类原生广告，为品牌定制生活场景，让媒体、品牌、人、社会趋势自然融合。

芒果移动数据显示，仅在 2015 年 3—8 月期间，国内信息流原生广告媒体流量增长趋势就超过 100 倍。

在具体的案例层面，2015 年年初，网易新闻频道推出了以"在一起"为主题的年终内容策划，选取了 2014 年度新闻中最动人的六个瞬间，用文字和画面内容传递品牌理念。

2015 年 8 月，网剧《暗黑者 2》推出了全新的原生广告形式，以剧内演员扮演剧中剧的形式，将品牌和产品植入，既不干涉原剧的播出节奏，又在保留原剧氛围的情况下传递品牌商业信息，一时间广受好评。虽然《暗黑者 2》的原生广告拍摄较为粗糙，但它为后续其他网剧创造了一个全新玩法，掀起了一股原生广告的热潮。

2015 年，是"诺维格定律"应验的一年，也是我国互联网产业的重要转折点，无论是 IP 营销、原生广告，还是对未来影响极大"互联网 +"都在这一年重点发力，带领企业和品牌用更好的方式触达消费者。

1.7 2016："互联网下半场"到来，开源与节流并行

2016 年 7 月，美团创始人兼 CEO 王兴在某次分享中提出了"互联网下半场"的概念。自此，"互联网下半场"成为互联网发展的一种新论点、新趋势、新方法与新共识。许多人认为，以"互联网＋"的出现为分隔点，中国互联网产业野蛮生长的日子已经过去了。

根据 CNNIC 发布的报告，截至 2016 年 12 月，我国网民规模达 7.31 亿，互联网普及率为 53.2%，其中手机网民规模达 6.95 亿，占比达到 95.1%。显而易见，移动互联网用户占比逐渐走向天花板。报告里也同样指出了一个问题，我国网民规模经历近 10 年的快速增长后，人口红利逐渐消失，网民规模增长率趋于稳定。

2016 年，在互联网红利呈现告罄之势的情况下，为争夺流量，各大平台和品牌一方面开源——挖掘更多的渠道；另一方面节流——在技术的支持下精耕细作，开拓了新的营销空间和营销方式。

1.7.1 技术赋能，场景化、程序化购买助力数字营销发展

场景营销是"互联网＋"在营销领域的表现之一，是指基于对用户数据的挖掘、追踪和分析，在由时间、地点、用户和关系构成的特定场景下，连接用户线上和线下行为，理解并判断用户情感、态度和需求，为用户提供实时、定向、创意的信息和内容服务，通过与用户的互动沟通，树立品牌形象或提高转

化率，实现精准营销的营销行为。

场景、数据、算法、体验是场景营销的核心要素。2016年，场景营销蓬勃发展，正是场景、数据、算法、天时地利人和的结果，其最终指向了用户体验。AR/VR和LBS技术的支持，打造出了多个经典案例。

令人印象深刻的案例，包括支付宝AR实景红包，用户会看到附近的红包位置场景，到达该位置后，会弹出一张线索图领红包。这个案例不仅能让用户抢红包，还可以藏红包让别人找。而在里约奥运期间，奥迪与腾讯体育联合，进行的《跑向里约》场景营销也是其中之一。这些案例的特别之处是采用了微信运动社交数据，同时推出了线上运动里程系统场景，将大数据、AR、LBS多项新技术进行综合应用。

同样，2016年，国内互联网广告业务飞速发展，程序化购买全年同比增长71.7%，数字展示广告花费占比首次超过50%。品友互动推出全透明的程序化系统Optimus Prime，引入第三方安全公司；智子云推出透明化DSP平台BrandMax；TalkingData呼吁构建透明化数据生态。

程序化购买的发展离不开相关企业的技术进步，当然也需要数据大环境的支持。2016年4月1日，上海数据交易中心成立，其承担着促进商业数据流通、跨区域的机构合作和数据互联、公共数据与商业数据融合应用等工作职能，为程序化购买提供了有力的数据保障。

1.7.2 风口来临？短视频、直播、知识付费成流量新渠道

前文曾说到，在互联网人口红利告罄的情况下，更多平台转向了新的获客方式，直播便是其中的典型方式，直播的发展壮大在某种程度上象征着视频内容有了更多变现的可能。同样具有内容价值，且性质更偏向于社交的短视频，成了新的风口之一。

从2016年年初开始，秒拍、快手、美拍等短视频发展迅速。一下科技旗下短视频平台推出的《2016年短视频内容生态白皮书》中显示，秒拍视频日均播放量由2016年年初的3.4亿增长至20.4亿，涨幅达到5倍。秒拍上入驻超过

3000位明星，超过10000名网红、媒体、垂直大V等，日覆盖用户规模超过7000万。

2016年3月，通过短视频走红的papi酱获得1200万元人民币的融资，由真格基金、罗辑思维、光源资本和星图资本联合投资。在2016年9月的世界网红大会上，秒拍正式启动了"创作者平台"，向数据支持、视频制作工具、流量导入、商业收入等几个方面进行资源倾斜，今日头条也宣布拿出10亿元，扶持短视频内容创业者；腾讯QQ也在腾讯全球开发者大会上宣布拿出10亿元扶持短视频内容创业者。

一时间，短视频创业成了热点，也为各大互联网平台所重视。就像艾瑞咨询在《2016年短视频行业发展研究报告》中提到的那样，短视频不是视频网站的缩小版，而是社交的延续。用户通过短视频这个不受时间、空间限制的方式尽情释放表达欲，并与其他个体建立联系。

同时，作为流量开源的渠道，直播和知识付费不可不提。

克劳锐（Topklout）发布的《2016直播行业报告》显示，2016年，市场出现了200家以上的直播平台，行业规模达到400亿元，平台用户规模达到3.25亿元。随着行业巨头的纷纷入局以及资本市场的持续加持，市场规模实现了爆发式增长。

这一年，在市场的巨大潜力的诱惑下，微博、陌陌、网易、腾讯等巨头先后加入了"直播"战局，一度出现"直播百团大战"的局面，"全民直播"逐渐成了一种趋势和现象，明星们也主动或被动地加入了战场。花椒直播邀请了范冰冰、张继科、王祖蓝、邓萃雯等众多娱乐界、体育界一线明星站台；全民直播的PGC内容"全民奥运翼起约"获得了吴敏霞、何姿、秦凯、陈若琳、丁宁、吴静钰等多位奥运明星的专访直播权；映客与"洪荒少女"傅园慧合作，她的首秀直播观看人数超1000万。

但繁荣的资本泡沫之下，直播行业盈利模式尚未明朗，主要的营收来源还是用户打赏，商业模式仍然在探索中。到了下半年，资本趋于冷静，加之相关监管政策尚未建立，多数直播平台依靠融资为生，很容易就因资金链断裂而倒闭。市场规律的自动纠偏，让直播行业在迷茫中扩张又收缩。

也同样是在2016年，知识付费时代正式开启，由果壳在行团队开发的分答上线，凭借着"偷听""分成"等创新性的产品机制以及众多明星的入驻，在朋友圈走红，上线仅 42 天便拥有超过 1000 万授权用户，付费用户数超过 100 万。数据的火爆显示出这里是一片亟待开发的蓝海。

渠道带来流量、技术赋能营销、流量为营销提供基础，开源与精耕细作齐头并进，移动互动网营销在波动中前进。

1.8　2017：深耕内容，短视频带来营销方式的巨变

2017 年，互联网人口红利正在逐步消失，人口结构也在悄然变化。

截至 2017 年 12 月，中国移动网民规模达到 9.7 亿，环比增长 7.7%。按照中国 13.9 亿的人口总量，用户覆盖率达到 70%，并基本实现了对中青年（24～41 岁）核心消费群体的覆盖。预计 2019 年，中国网民增速将首次低于 2%。

人口结构的变化带来消费生活的变化，数字营销一直在迎头赶上，适者生存，挑战也意味着机遇。

2017 年，移动互联网的下半场该怎么打？营销圈对此争论不休。此时，对于一些垂直领域的大中型媒体来说，一方面，要深挖平台本身的价值（功能价值、内容价值、娱乐价值等）；另一方面，又要想如何快速地进行流量广告变现。对于品牌主来说，形成一种持久性的商业化模式并非易事，他们也正在不断摸索着如何去延续自己的生命值。

1.8.1　内容，无法估量的巨大变现

1. 内容成为电商平台最重要的流量入口

2017 年是我国电子商务发展迅速的一年，也是完成从单纯的卖货向"营销

平台"转变的一年。

2015年,我国服务网上零售额增速达到42.4%,2016年达到51.4%。到了2017年1~9月,增速一跃达到78.5%,服务网上零售额占全部零售额的24.52%。

电子商务平台在互联网市场扮演着越来越重要的角色,汇聚了海量生产信息、交易信息与消费者信息,无论是对消费者的行为、还是企业形态,都带来了翻天覆地的改变。

除了增长迅速以外,2017年的电商开始做一件大事情。电商联手品牌用"内容"带货的模式开启,内容变现效果显著,不断搅动着电商平台的布局,逐渐完成从卖货向集品牌传播、用户沟通、卖货与售后于一体的营销平台的功能延伸。依托用户UGC快速崛起的小红书,就是一个经典案例,展现了内容作为流量入口的巨大威力。

小红书在启动电商模式的五个月时间里,销售额已达到2亿多元人民币。截至2017年5月,小红书营收近100亿元。小红书的社区中积累了大量的消费类评论,几千万用户在这个平台上发现、分享全世界的好东西。此外,用户的浏览、点赞和收藏等行为,会产生大量底层数据。通过这些数据,小红书可以精准地分析出用户的需求,保证采购的商品是深受用户推崇的。

谈及小红书,不得不说网红经济、KOL营销也是"电商内容化"的重要助力因素。

据AdMaster联合微播易发布的《2017KOL营销白皮书》调查显示,在AdMaster访问的93个品牌主中,72%的品牌主表示会在2017年增加社会化营销投入,而其中有63%的品牌主表示重点将在网红、KOL推广上。

在品牌选择营销方式时,大品牌都希望能够以最快的速度和最低的成本来建立忠诚的客户群。相对于大品牌,选择性价比高的品牌对于营销手段的限制要求要少一些,因此与KOL合作的可能性将变得更大。在这个过程中,一切相关的网络达人、信息流、视频等如若想加入这个大阵营,也必须将自身的内容变得精细化,才能吸引消费者注意力,达到带货目的。因此电商的内容化也带来了一切相关形式的内容化。

2. IP 的流行，植入不如融入

不知是偶然还是必然，当营销人的眼光从"互联网人口红利"上移开以后，似乎找到了正确发展方向，除了电商的内容化是一个值得关注的趋势外，IP 的流行，也朝着一种非常正能量的方向发展——只要你能挖掘出好的内容，就有人买单。付费人群的高速增长，付费习惯的逐步养成，是 2017 年一大显著特征。

2017 年，IP 热逐渐从文娱领域扩散到营销圈，IP 不仅仅是品牌传播的绝佳素材，它在争夺粉丝注意力和打造品牌效应上也极具优势。IP 即知识产权，是 Intellectual Property 的缩写，其表现方式包括小说、漫画、音乐和游戏等。我们可以将 IP 归结为一种具有商业价值和长期生命力的跨媒介内容运营方式。

尽管品牌也能挖掘自身 IP 价值，创造内容，但不可否认，无论是当时还是现下，绝大部分的品牌仍走在寻找热门 IP 和借势 IP 的路上。小说、电影，IP 剧集，均是品牌不愿错过的注意力焦点。

IP 热也说明了内容对于营销的重要性。

在找到了一个好的 IP 后，如何利用好内容也是一门大学问。我们发现，品牌的植入不再强调 Logo 够不够大，出现的次数多不多，而是转变为如何让品牌更有创意、更无痕地融入内容，品牌开始懂得要与消费者站在同一阵营，避免引起消费者反感。在与泛娱乐 IP 的合作中，品牌的心态也越来越开放，努力融入年轻人的话语谈资中。这种现象是一种正确的营销方向，也是市场浮躁后的一种反思。

1.8.2 生活场景类媒体，你注意到它了吗

2017 年 3 月，网易云音乐将 App 上点赞数最高的数百条乐评铺满了杭州地铁 1 号线和整个江陵路地铁站，红底白字十分抢眼。这些乐评句句扎心，引得无数人驻足观看。网友立刻在网上掀起了对这波走心文案的讨论热潮。网易

云音乐这次的地铁广告给人留下了深刻的印象,在 UGC 营销历史上一战成名。大获成功的网易乐评专列,让原本并不起眼的地铁广告开始成了营销战役中的必备媒介之一。

2017 年的中国营销传播正经历着转型,电视报纸等传统媒体遭受冲击并在寻求自我革新的机会,新媒体的内涵和外延正在不断地迭代和突破。在这样一个杂乱的背景下,一个有趣的现象就是,那些深入人们工作和娱乐休闲的生活场景类媒体(地铁、电梯、影院等)依然保持着稳定且高速的增长。

这一年,中国的一家电梯媒体——分众传媒开始获得全球的关注。它在美国、欧洲、亚洲的三个广告节上,均代表中国媒体首次斩获大奖。

在信息爆炸时代,人们的注意力分散严重,移动媒体让人们的接收信息模式基本上变成轰炸式的,人们通常只会选择性地接收信息,在这样不稳定的信息接收频率中投放广告,也带来了很多不确定性。因此,那些处于固定、密闭空间中的信息传递反而显得更加有效,因为人们的选择性少,选择是否接收的权利也不在人们手中。这就是为什么在媒体转型一片混乱中,电梯媒体、影院等生活场景媒体仍旧保持着高速增长的原因之一。

对比当下与过去,在新旧媒体交替的时代,生活场景类媒体早已崭露头角,只是市场将更多的注意力放在了新兴事物上。由于生活场景类媒体在市场上的稳扎稳打而占有了一席之地,甚至在 2019 年出现了一些颇有争议的电梯广告,市场才重新审视生活场景类媒体的不可替代性,以及对于消费者的吸引力和影响力。

1.8.3　短视频,开始改变营销方式

2016 年开始,短视频开始呈现"井喷"趋势。

2017 年,各大自媒体平台纷纷往短视频项目里砸钱。

短视频自媒体平台"快手"宣布完成了新一轮由腾讯领投的 3.5 亿美元融资。

腾讯的芒种计划2.0把对内容创作者的扶持金额从2016年的2亿元提高到12亿元。

百度、今日头条各自投资10亿元成立了内容基金。

一下科技（旗下拥有"秒拍""小咖秀""一直播"三款移动视频产品）投入10亿元专门做短视频。

如此迅速扩张的布局背后，反映出大众对短视频沉迷的程度。在社交网络，越短小的信息传播得越快，人们也越容易接受"短"，它符合了这个时代想要"快"的节奏。

结合人口结构变化的大背景，我们可以知道，当消费观念截然不同的"90后"、"00后"已成为消费主力，如果品牌不想"变老"，就要拥抱年轻人。与图文形式的传播方式相比，短视频的代入感、传播效果更强，用户在一个特定的娱乐时间接受信息的态度也更宽容。

如今快手、抖音是短视频平台的两大巨头，快手一开始走的是农村包围城市的路线，而抖音一出生则是城市中心的宠儿。以抖音为代表的一系列短视频App逐渐成为现代人生活中不可分割的一部分，日渐取代图文的地位，变成人们上下班途中、睡觉前等碎片化时间的主要消遣方式。QuestMobile发布的数据显示，2017年12月，短视频App用户平均单日使用时长达65.8分钟，占用户平均单日使用时长的1/4，同时还涌现出许多优秀的创作者和内容平台，正在改变着传统的营销方式，如抖音出世以来的诸多现象级口碑传播事件就是最好的证明。

纵观营销方式的变迁史，其实可以清楚地看出营销方式的变迁与信息载体的进化方向基本一致。当短视频逐渐成为年轻人的信息载体以后，以快手、抖音为代表的一系列短视频平台不断更新品牌和大众对营销的新型推广思维，自然也完美地突破了图文形式的限制。

数字营销在2017年，面临着内容与渠道、技术与数据等角度更为复杂的要求，制造话题性事件不再单纯依靠低劣的炒作，背后技术的支撑，受众群体的选择，传播渠道的覆盖范围，以及传播效果的评估和二次反馈，都起着至关重要的作用。

随着移动互联网的普及，在这一年里多种传播形态和媒介形式的出现，不免令人眼花缭乱，但我们仍然能看出广告商开始倾向"以内容制胜"，深耕内容后再选择更合适的渠道，为品牌摸索出了不少可借鉴的道路。

1.9 2018：新鲜感，是这个时代一直需要的东西

2018年，短视频还在继续发酵，直播行业重新洗牌，技术让"精准"成了大热词；

2018年，品牌不再端着架子，艺术不再守着冰冷，一场又一场的跨界营销让人目不暇接；

2018年，共享经济的概念还在，但资本却从疯狂中抽身，湖面重归平静。

这一年，中国的市场环境和营销方式发生了哪些变化呢？显而易见，前几年高度关注的消费驱动、消费升级等话题如今已经成为事实。数字环境下的大量营销手段，也提供了更多殊途同归的成功可能性。一些行业还在狂欢，一些行业出现起伏，而受众对广告的免疫、对营销花样的免疫，是所有行业需要一起想办法解决的问题。

1.9.1 更精准的数字营销，来了

1. 大数据技术与人工智能，数字世界的更新

消费者在成长，品牌也在成长。随着"90后""00后"升级成为消费主力，个性化消费已经不是什么新鲜的词汇，"千人千面"或者"一人千面"需要底层技术的支撑才能被发现。

在这样一个高速发展的数字化时代，围绕着数据的不断深度挖掘与新技术

的不断突破，品牌的需求也会因为底层技术的改变而出现创新与颠覆。备受期待的5G技术也一直在铺路，VR/AR等新技术视频形式的迭代，以可穿戴设备和智能家居设备为新的传播设备载体，以机器算法、场景识别等技术实现更加精准的信息分发机制，都将是5G时代的精彩瞬间。

以抖音为首的短视频不断爆发出更大的能量，因抖音而迅速蹿红的网红不计其数。互联网与新媒体的崛起，赋予了每个人创造与分析内容的力量，但这也只是大数据技术改变人类生活的一小部分。

大数据技术与人工智能的融合，很有可能重新定义数字世界。"人工智能"作为年度热词是有源头的，国内外各大巨头，如脸书、谷歌、亚马逊和BAT们都在大力加码人工智能领域，在包括机器学习、图像识别、语音识别等多个层面都有突出成果。除此之外，巨头们还致力于人工智能技术与商业应用的结合，以期能够充分挖掘人工智能技术带来的红利。

2. 直播行业的重新洗牌，带来营销新尝试

媒介的发展让品牌有了更多与消费者近距离交流的机会，直播平台就是其中之一。但是对于2018年的直播行业来说，年初的热闹和年尾的萧条，简直是冰火两重天。

2018年1月3日，直播答题突然火爆。王思聪的一条微博"我撒币，我乐意"，将直播答题"冲顶大会"推到了大众面前。紧接着花椒直播、西瓜视频、一直播纷纷跟进，一度让人以为直播将迎来第二春。

但是春天还没到来，监管就介入了，热闹戛然而止。

号称"史上最严"的监管政策从头条、微博、快手、斗鱼等开始整治，接着就轮到了直播平台，使得靠"擦边球"、三俗等为卖点的直播平台逐步消失，促使直播行业发展回到良性轨道。随之而来的消息就是熊猫直播资金链断裂、一直播卖身微博、斗鱼被曝裁员、全民直播倒闭、薄荷直播和土豆泥直播在同一天宣布停止服务。

这场"直播寒冬论"愈演愈烈，一轮大洗牌使直播行业头部效应凸显，中部平台开始抱团取暖，尾部平台则被淘汰。而那些已经上市的直播平台，如天

鸽互动、YY、陌陌、虎牙、映客等，直播依然是其最赚钱的业务，贡献了75%以上的营收，YY、虎牙、映客的这一数据更是超过90%，付费用户数也在稳步增长。

经过一轮大洗牌后，直播营销也开始思考更多的可能性，进行产业链上下游合作升级，打通购物渠道。

1.9.2 跨界营销，品牌必学

1. 品牌跨界，营销界玩不厌的梗

在这个时代，谁抓住了消费者的注意力，谁就是王者。品牌主们挖空心思组 CP，放出他们的大招。谈及跨界营销，2018 年似乎一刻也没有停歇过。

一个品牌的力量有限，两个品牌的产品横空出世，给人惊喜。比如，以"天猫国潮行动"为首的六神鸡尾酒、老干妈卫衣、周黑鸭唇膏、旺仔潮服均上线秒无；另外，还有大白兔唇膏、卫龙辣条味粽子、AD 钙奶味的月饼、营养快线彩妆盘等，几乎每隔不久就会有一个品牌来问你刺不刺激。众多国货老字号重新走进大众视野，也让跨界玩法"深入人心"。

新鲜是这个时代一直需要的东西，在网友大呼好玩时，品牌乘胜追击。更多、更大的跨界案例还有网易云音乐把乐评搬进酒店里，顺丰联名耐克出了一件炫酷的工作服，可口可乐携手太平鸟登上纽约时装周，又与 The Face Shop 联名出彩妆，喜茶和 emoji 联名出周边产品，乐事和 PUMA 联手打造了一款高颜值礼盒等让人目不暇接。品牌跨界绝对是 2018 年营销圈的热门主题之一。

2. 故宫，文化感与新鲜感都有的超级 IP

谈及跨界，还有"网红"故宫博物院，凭借无数个文创周边产品，火了一把又一把，玩文创不输给任何品牌。

截至 2018 年 12 月底，故宫文创产品达 11936 种。无论你去没去过故宫，都能感受到近年来故宫文创的风生水起。如今的故宫已然成长为一个超级 IP，源源不断地给自己的文创周边产品提供文化后盾。

故宫文创于 2014 年开始建立，重刷路人缘。一组"剪刀手雍正"刷爆全网，完全打破电视剧中掌握生杀大权、不苟言笑的四爷高冷形象。但是其符合流行的"反差萌"，刷足了路人缘。

2018 年 11 月，以故宫为主题的综艺节目《上新了·故宫》上线，联动设计师推出的故宫睡衣在淘宝众筹。那个气势恢宏的故宫摇身一变，变成了一个卖睡衣和口红的年轻网红。"故宫淘宝"引发的火热一波未平一波又起，故宫还联合彩妆界，推出多款彩妆产品；2018 年 12 月，故宫角楼咖啡正式营业；故宫珠宝也频频出现合作款，并极力邀请明星参与商品设计；故宫还和明星、品牌做起了朋友：故宫×鹿晗、故宫×卡地亚、故宫×黎贝卡等，集结更广泛的力量提升传统文化在青年人中的影响力。

"故宫淘宝"引发的火热，除了让故宫看到了自身这个大 IP 作为授权方拥有更多的可能性，也拓展了品牌们与之合作的领域。不管是故宫博物院本身，还是其衍生产业故宫文化珠宝、故宫书店、故宫文化都大受品牌们欢迎。这显然是一件性价比很高的事，强强联合之路更有利于故宫文创品牌的建立，也节约了故宫在产业链底层探索的成本。

故宫文创的发展经历了砍产业、刷路人缘、爆火、公关危机，以及再次突破的全过程。从默默无闻到超级 IP，故宫的这场逆袭，并非无迹可寻。

这是营销时代一个新的风口，也是一个需要耐心和长期投入的伟大 IP，兼顾中国文化传承、保护、传播以及商业化不断精进成熟的复杂过程。

1.9.3 共享经济的路还长，未曾看过的风景最新鲜

2018 年有些行业仿佛过山车一般。这一年的共享经济落得一地鸡毛，网约车和共享单车纷纷从"神坛"跌落，让人不胜唏嘘。

2017 年年底，滴滴还在一路高歌猛进，然而到了 2018 年画风急转直下。2018 年可谓是滴滴求生欲极强的一年，滴滴被全国各地监管部门约谈。2018

年9月10日,交通运输部、公安部联合发布紧急通知,要求加强网约车和顺风车司机的背景核查,12月31日前全面清退不符合条件的车辆和驾驶员,实现网约车平台、车辆和驾驶员合规化。滴滴作为行业领头,是重点治理对象。

此时此刻,或许谁都不知道,网约车这一共享经济模式路在何方?

除了网约车,还有备受瞩目的共享单车行业。不知是资本的寂寞,还是行业的疯狂,从2016年的八九月份的B轮融资开始,ofo和摩拜二者的融资步伐几乎是前脚进后脚跟的节奏。但在2017年,悟空单车打响共享单车倒闭第一枪;紧接着3Vbike发布公告称,由于大量单车被盗,3Vbike共享单车从2017年6月21日起停运;8月初,町町单车宣告死亡,成为第三个破产品牌。2017年9月酷骑单车、小鸣单车、小蓝单车被曝押金难退,拖欠员工工资;11月开始,酷骑、小鸣、小蓝几家企业相继倒闭。潮起潮又落,到了2018年,"摩拜单车"更名"美团单车",ofo也遭到千万用户退押金的挤兑。

这一系列事件,共同谱写了共享单车大败局的休止符。

网约车与共享单车的行进艰难不代表共享经济的没落,未来的经济一定是共享型的。共享单车的需求仍然还存在,共享雨伞、共享充电宝等其他形式也还在继续发展,找对需求和商业模式,就可以期待好消息的到来。共享经济作为未来主要的商业模式之一,虽暂时无法想象其对传统营销模式的巨大冲击,但数字营销与经济模式息息相关,更好地了解它、预测它之后才能在第一时间抓住趋势,这也是每一个营销人都应该具备的嗅觉。

1.10 2019:激流勇进后徐行,静水流深中沉淀

纷纷扰扰的2018年就此别过,但余韵依旧,互联网的寒冬宛如一张巨网,笼罩着许多行业。

尽管如此，2019年也没有沉寂下去，一切都如同在大雪覆盖下，孕育着勃勃生机。

1.10.1 大势之下，技术先行

2019年无疑是各种技术迸发的一年，5G、区块链、云计算、数字中台等技术不断发展普及，同时数据保护、数字资产运营等意识不断崛起与加强，让2019年的数字营销有了看得见的希望。

1. 5G，商用可期

2019年6月6日，工业和信息化部向中国电信、中国移动、中国联通、中国广电颁发5G商用牌照。此举标志中国电信产业正式进入5G时代，也意味着未来的数字营销将借助5G的东风扶摇而上。

5G对于数字营销行业的意义在于：首先，短视频信息流广告形式可能成为主流；因为5G数据传输速率的跃进，更高质量的视频与观看体验将成为基础，而视频社交网络也会愈发强大。其次，沉浸式营销更加普遍；AR/VR/3D等对数据传输高速率、低时延要求极高的玩法得到5G的加持，将会改变现有的互动营销形式。最后，OTT大屏智能营销崛起；5G宽带的接入与OTT覆盖家庭生活全场景的优势让OTT大屏智能营销能够模糊现实与广告的边界，增加一种全新的场景体验，提高广告转化价值。

当然，这一切还只是在探索阶段，实际上现阶段的5G更多的还是应用于医疗、产业互联网等领域，距离消费者还有一定距离，但5G商用手机也在2019年下半年陆续登场，为消费者带来第一波5G体验。

2. 数字中台，潜力爆发

自2015年阿里的"大中台，小前台"战略公开以来，在企业数字化转型发展的几年中，数字中台的技术模式得到了时间和市场的验证，逐渐成为企业数字营销解决方案的主流之选。

根据赛迪顾问发布的《2019年中国数字营销解决方案市场白皮书》，2019年中国数字营销解决方案市场规模预计将达到652.5亿元，增长率达25.4%。2021年中国数字营销解决方案市场规模预计将近1000亿元，将实现23.2%的年均复合率。

2019年上半年，在资本寒冬的背景下，能够在数字中台领域做出创新举动的企业都获得了青睐：Wakedata获得千万元A轮融资，数澜科技获1亿元A+轮融资，商越获得3900万元天使轮融资等。

为什么说数字中台在2019年会成为主流？从宏观上来说，互联网人口红利正在消失，企业增量艰难，做好存量成为关注点，但现有的存量市场竞争十分激烈。从微观上来说，一些数字企业早期的组织架构早已出现各种以行动缓慢、反应迟钝为特征的大企业病，大大降低了企业服务价值和水平。而中台化的组织架构将能够以更轻量、便捷的迭代能力支撑企业业务快速发展和创新。

同时，数字中台的应用能够让品牌主的数字营销链条变得更加顺畅，通过中台化的组织架构或者相关技术产品，品牌主投放数字广告的效率将会得到提高，投放成本将将有一定程度的减少，对于数据的收集、整理、分析将会更加有序有效。

3. 区块链，构建信任

据公开数据显示，在2019年全国"两会"期间，两会代表委员共提出至少15份涉及区块链场景的提案或议案，其中金融、政务、商品溯源等领域成热门讨论方向。

2019年，广告主对广告透明化的需求也更加紧迫，"品效合一"的观点正被普遍付诸实践。在大势所趋之下，区块链因其技术原理、特征对解决数字营销领域中的数据造假、数据孤岛等问题有着不可忽视的价值，而且还有利于构建"信任经济"，从而降低商业交易中的信任成本。因此，区块链技术已成为2019年数字营销解决方案中的重点发展技术之一。

现阶段，国内数字营销领域的区块链应用较少，发展较为平稳的有小米营销数据链、哒哒链、公信链等产品应用，主要解决数字营销链条中存在的数据与信任问题，服务的客户绝大部分为中上游企业。

不过，技术发展仍然在大步向前，区块链技术在数字营销领域中的应用前景正在被市场证明。诸多互联网公司如阿里、腾讯等已在商品溯源、互助保险、慈善公益、房屋租赁、金融等领域进行区块链落地应用，为数字时代的信任经济去除障碍。

1.10.2 营销沉淀，拨云见雾

2019年的营销圈显得较为平淡，经过2018年营销狂欢洗礼过的消费者对于很多营销套路都已脱敏，苦于流量红利消失的广告主们正努力做好存量，并将眼光投向庞大的下沉市场。

1. 私域流量，热度空前

内容风险早已不言而喻，品牌的内容营销变得愈发谨慎而"僵硬"；微信发力，裂变营销遭到封杀，社交裂变的红利结束，风险也增加了。

互联网用户红利的到顶以及种种营销套路的"失灵"，促使2019年上半年"私域流量"的概念火爆起来，这背后既有着企业焦虑的推动，亦有着赛道风口的引导。相较于各大平台上成本日增的"公域流量"，成本更低的"私域流量"是品牌自己的，可以反复利用，并且能够免费直达用户，是属于品牌自身的存量用户。

"私域流量"的火爆表明广告主们对于营销的底层思维发生了重大改变，从流量逻辑到用户逻辑的转变意味着品牌/产品想要促成转化成交，就更需要通过产品和服务来打动人心，跟用户做朋友。

2019年4月，腾讯针对零售业的".com 2.0"中"私域"成为关键词之一。6月，天猫的"旗舰店2.0升级计划"帮助商家全面转向对"人"的运营，两大巨头的大动作足以证明这个赛道的竞争已如火如荼。

2. 网红带货，一如既往

AdMaster2018年末发布的《2019中国数字营销趋势》显示，81%的广告主表示会在2019年增加社会化营销投入，预计投入平均增长21%。其中，KOL（Key Opinion Leader，关键意见领袖）推广拔得头筹，成为最受广告主欢迎的社会化营销形式。KOL推广之所以受品牌重视，在于其可以作为品牌的传播者，触达其所在圈层，帮助品牌将信息传播给他们的粉丝。符合KOL自身风格的内容，能有效"种草"，影响消费者购买决策。其中，食品、美妆、汽车及母婴行业2018年的KOL使用同比增长分别高达92%、81%、29%、27%。

同时，网红直播的变现能力早已被快手、陌陌、抖音等平台验证。淘宝、微信等平台也在不断推进直播业务。2019年上半年火爆起来的李佳琦就是一位网红直播带货的佼佼者。上千万元乃至上亿元的流水证明了网红直播带货的潜力。

3. OTT大屏营销，价值待显

OTT大屏连接了以家庭为单位的用户及信息，并形成了一种封闭且具有沉浸式体验的场景。在《2019年中国OTT发展预测报告》中，2018年OTT广告收入为60亿元，2019年预测将达到109亿元，主要集中在内容层广告收入。同时，截至2018年，中国OTT激活终端设备已达2.14亿台，成为一个强大的媒介渠道。

尽管预测数据以及激活终端设备数据让人眼前一亮，但是现阶段的OTT大屏营销仍然无法让广告主们放心投入，其中最直接的原因在于数据透明度问题。当下的OTT大屏营销无法提供一个明确且体系化的营销模式，无法给广告主以获得实际投放效果的信心。但这些问题已经在逐渐改善，欢网科技等行业内的一众玩家们正在打造合理有序的商业模式，赋能整个行业。

同时，根据CSM媒介有关52城基础研究数据，截至2018年，数字有线电视家庭覆盖率为56.5%，而OTT与IPTV的覆盖率已分别达到44.9%与

31.8%。电视大屏的数字化增速使其成了直播、回看点播收视的混合载体,52城互动平台收视份额已经超过22%。

庞大的市场基础衍生出来的商业价值亟待玩家们开发,不妨再多给这个行业一些时间,这个潜伏的千亿级的市场还需要时间去沉淀。

4. 全民 Vlog,激发热情

2019 年 4 月,抖音宣布全面开放 1 分钟视频权限,并以 10 亿流量扶持 Vlog;5 月,百度旗下好看视频宣布把 Vlog 作为今年的发展重点,不仅推出了 Vlog 蒲公英计划,还承诺会为优秀创作者提供 5 亿元现金补贴;6 月,抖音进行了 15 分钟长视频的小范围内测;7 月,快手也进行了小范围的长视频内测。随后,西瓜视频投入巨额流量和现金加码 Vlog。

2019 年上半年各大平台加码投入 Vlog 的举动足以证明 Vlog 已成为短视频行业的新风口。Vlog 的低门槛使得更多的普通人可以参与到短视频的创作中来,而流量红利的缺失让各大短视频平台争相寻找新的流量洼地,以进一步扩大自身的流量池。

2019 年,整个营销圈有些"慢吞吞",而技术则在经过了积淀和检验后爆发,形成一波高潮。

究其原因,其一是在整体经济环境不佳的情况下,品牌主的整体预算有所减少,且更加关注营销的整体 ROI(投资回报率),对于营销的效果更加重视。同时,受众对营销套路的脱敏现象愈发严重。在双重压力下,能够产出的高质量营销案例自然减少,整个行业的气氛自然有所低迷。其二则是各种风口在 2018 年的爆发后已经进入沉淀深耕期,玩家们都在努力做精细活,并向新技术靠拢,以期借助新技术突破现有瓶颈,解决数字营销领域固有的行业问题。

但无论如何,大势之下的我们,依旧要向阳而生。

第 2 章

万物生长——
中国数字营销十年营销方式进化论

营销连接了品牌、市场和消费者。品牌如何在宛如大海的市场中安全航行并找到通往陆地的捷径，营销方式的运用很重要。在这十年中，市场环境、技术、媒介和用户需求都在不断变化着，新的营销方式破土而出，旧的营销方式也不断优化，新老营销方式共生，助力品牌的发展。

世界上唯一永恒不变的就是"变化"，只有适应了变化、利用了变化，才能走在时代前面引领变化。本章细数了当下数字营销行业诸多营销方式，讲述其前世今生的同时也对未来发展进行了深层次考量。通过这些营销方式的变化，我们是否也能窥得如今大环境的嬗变，从而真正把握住变化，思考过去，掌握当下，期待未来。

2.1 社会化营销：品牌触达用户的主流模式

每每听到广告人或营销人说，"我是做 social 的"，这里"social"的意思其实就是"社会化营销"。

百度百科当中的定义是：社会化营销，又称社会化媒体营销或社交媒体营销。1971 年，杰拉尔德·蔡尔曼和菲利普·科特勒提出了"社会营销"的概念，促使人们将营销学运用于环境保护、计划生育、改善营养、使用安全带等具有重大推广意义的社会目标方面。时至今日，社会化营销已经成为营销的重要组成部分，在广告营销层面发挥着巨大的作用。

2019 年年初 AdMaster 发布的《2019 中国社会化及内容营销趋势》报告显示，社交及内容消费已融入网民日常生活，社会化及内容营销也根深叶茂，成为品牌触达用户的主流营销模式。81% 的广告主会增加社会化营销投入，预算平均增长 21%。这也说明，当前的品牌越来越看重社会化的营销方式，期待与消费者进行更多的交流。

在社会化营销的发展过程当中，最初国内的品牌活跃于当时的各种论坛、开心网、校内网等，与网民进行沟通，期待与他们建立感性的联系。但是，那时候的品牌大多没有收到多少实效，水军充斥在各种各样的媒体角落，网民们早已被各种各样的广告弄得疲倦，已经不再轻易相信了。

随着中国社交媒体的不断发展，当初的开心网、人人网走向没落，微博、微信等新的社交媒体迅速崛起。微博的发展促使意见领袖走到社会化营销的台前，而微信的异军突起，打开了社会化营销的自媒体时代，使得品牌与消费者的交流与互动更能够走进消费者的内心，也更能够实现转化。

瑞意恒动在《社会化营销的历史演变与发展趋势》一文当中提到，社会化营销带给企业的核心价值，在于"帮助企业以更低廉的成本，建立企业和用户之间更深入的沟通与融合"。这或许就是社会化营销区别于其他营销方式的根本所在。

2018年的《创造101》这一节目，前期的收视不温不火，算不上爆火。但是却突然在参赛选手王菊的带动下火爆全网，由王菊名字衍生出来的"菊风行动"刮遍了整个互联网，"菊外人""地狱空荡荡，王菊在土创""菊手之劳"……朋友圈完全被这些词刷屏。同时，参赛选手杨超越，在没唱功、没舞技的情况下还成了冠军的最热门人选。这使得《创造101》成为当时被讨论的热门话题。这一现象表明，对于品牌的社会化营销而言，不能平铺直叙，而是需要有对社会的洞察，从消费者本身出发，引发用户内心的情感共鸣，从而形成裂变式的传播效果。

社会化营销发展到今天，对于品牌而言，早已成为了必选项，成了品牌与消费者沟通的关键桥梁，同时其玩法也越来越多，越来越新颖。从早前的立人设、做互动到借势营销、创意营销，再到当前的种草营销，都在试图与消费者进行更亲密的联系，用更加互动、有趣的形式加深品牌与消费者之间的感性沟通。

但是，对于不断发展中的社会化营销而言，在当前的营销环境当中也面临考验，目前判断一个社会化营销成功与否的衡量标准就是能否刷屏，这也导致目前许多的广告营销人一味追求刷屏，在这当中也产生了许多的社会性问题。

犹记在"丧营销"横行世道的那一年，几乎每一个角落都能够感受到"丧"，许多的"丧营销"案例也频频刷屏，成为人们讨论的热门话题。但是在那一年的虎啸奖评选中，却并没有一个刷屏的"丧营销"案例获得金奖。几乎在场的评委都一致表示，对于广告营销而言，首先的标准就是要具有正向价值观，引导人们向着更好的方向去发展，而不是在全社会宣扬"丧"的价值理念。对于广告营销人而言，要秉承自己的初心，而不是一味追求刷屏。

当前，随着技术的不断发展，社会化营销也从单纯依靠人脑思维，进入到人脑结合大数据的人工智能时代。营销与互联网运营结合的黑客增长，将成为未来市场增长的重要手段。品牌基于技术的不断发展，对于消费者更加了解，推出更具针对性的服务与产品，广告营销代理商利用大数据精准洞察消费者，从而推出更符合用户行为的广告与营销活动，引起关注与兴趣。

目前社会上流传着"社会化营销失灵"的言论，最重要的原因无非就是内容同质化。随着移动互联网及社交媒体的不断发展，这种同质化的趋势愈演愈烈，同时也更加碎片化，如何吸引到消费者的注意力也成了品牌着重关注的焦点，最后无非还是回归于内容二字。因此，对于后期发展中的社会化营销而言，需要对内容层面的创新给予更多的重视，推出更多有趣、新颖和有价值的内容，从而不断助力其发展。

从 2009 年微博诞生至今已经十年，也是中国社会化营销发展的黄金十年。在十年的历史发展进程当中，社交媒体的数量不断增多，竞争也更加激烈，用户的选择也更多，社会化营销也早已成为营销传播的标配。

2.2 原生营销：
让品牌于无形中走近消费者

当前，以数字化技术衍生出的社会化媒体及移动互联网为代表的诸多新媒体形式，正在剧烈改变着传统媒体的格局，由此带来的是营销方式的巨大变革。营销方式越来越多，方法越来越多，品牌面临的选择也越来越多，品牌也因此患上了选择困难症。这其中的原因无非在于，碎片化的环境之下，大多数的广告都沦为了炮灰，并没有被消费者真实有效地接收到。"原生广告"就在这样的环境当中走到了品牌的面前。

目前我们常常谈论的是"原生营销"，而其前身就是"原生广告"。原生广告这一概念源自美国，由投资人 Fred Wilson 最先提出，它不是一种广告形式，而是营销理念，这个理念诞生于媒体营销模式的创新。用 Fred Wilson 的话来说就是:"原生广告是一种从网站和App用户体验出发的盈利模式,由广告内容所驱动,并整合了网站和App本身的可视化设计(简单来说,就是融合了网站、App本身的广告,这种广告会成为网站、App内容的一部分,如谷歌的搜索广告、脸书的Sponsored Stories以及推特的tweet式广告都属于这一范畴)。"

其实所谓的原生广告,简而言之就是,通过"和谐"的内容呈现品牌信息,不破坏用户体验,使得品牌信息能够自然地让消费者接受,所谓"广告即内容"。可以说,这是所有广告营销人与品牌的愿望,因此原生广告一经提出便受到了广泛的欢迎与认可。

凤凰网全国营销中心副总经理郝炜就曾表示,原生营销力求创造与人的生活紧密相连的品牌内容,实现品牌与消费者的情感共鸣,能够为品牌带来持久的资产积累和超高的消费者忠诚度。

而在国内,凤凰网也是最早嗅到这股新势力的媒体,并将其带到了国内。其早在2012年就开始有所实践,2013年正式提出"原生营销"的概念,自此,原生营销开始在国内绽放活力。

从2013年到2019年,原生营销在广告营销层面发挥着巨大的作用,引导品牌让广告真正地从消费者出发,实现广告本身的价值。原生营销让品牌真正地从消费者出发,了解他们的所需所求,将消费者关注的事情和品牌想做的事情充分结合,让品牌信息自然融入消费者的生活当中,为品牌带来持续的关注度与影响力。

在凤凰网之后,社交网站腾讯于2013年上线原生广告系统,推出"智汇推";视频网站优酷2013年也进行了原生广告的尝试;商业门户网站新浪网于2014年推出"原生信息流广告"系统;2015年微信信息流广告,也是属于原生广告的一种。

据艾瑞数据预测,至2020年,中国原生广告规模将占据网络广告50%以上,以信息流为代表的新兴原生广告,具有5年内可见的2000亿元市场。原生广告充满巨大的前景和市场潜力,如图2-1所示。

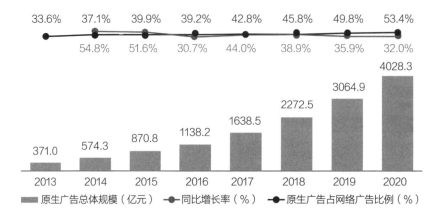

图 2-1 2013~2020 年中国原生广告市场规模

同时，随着技术的不断发展，原生营销的玩法势必也会越来越多，如何将品牌内容与消费者进行更有效的嫁接依然是其最为重要的问题。但是不可否认，原生营销让行业内的所有人都意识到，品牌想要与消费者进行更好的沟通，必须从消费者出发，用更具内容性的产品和信息去打动他们，引起他们的关注，而不是自说自话，全然将品牌广告信息被动地输送给消费者。

从原生广告被引进到国内再到原生营销遍地开花，也充分说明了"原生"的魅力与吸引力。原生广告方面的营销案例层出不穷，各大品牌玩得不亦乐乎。

2012 年 12 月 11 日，在商业频道栏目中发布的"中国牛仔的一天"这一则图片新闻从伊利集团的一个典型新式牧场入手，用镜头记录下牧场负责人一天 24 小时的工作内容，共 13 张图片，作为品牌危机公关的手段，"中国牛仔的一天"堪称典范，不仅展现了伊利在食品安全问题爆发后直面问题所在，积极解决行业的焦点难题，而且借助这一品牌新闻，也重塑了伊利关注食品健康、安全的品牌形象。

再者，在与别克英朗的合作中，凤凰网打造了 24 支创意十足的节气 H5 和趣味横生的网民行为白皮书，将传统文化与现代创意互动手段完美结合，不仅能引发人们对自然的关联记忆，更能唤起对家庭、对生活的情感认知，以此传递"懂，让彼此更近"的品牌理念。在将别克英朗产品形象自然融入其中的同时，以人文传统联系品牌与目标群体，引发受众对品牌的情感认同。

目前，大多数品牌在做广告营销的过程当中，都有意回避过于进行品牌本身的呈现，而是以创意本身为真正的主体，将品牌内容与产品有效且自然地融入其中，让广告不仅是广告，更能够成为年轻人所喜欢的一种视频化、平面化或其他形式的呈现方式。让品牌于无形中影响到消费者，或许就是原生营销的精髓。

当前，随着碎片化环境的愈演愈烈且信息承载的载体与形式越来越多，原生广告或者说原生营销将会越来越占据主流，品牌广告会越来越以消费者为中心，以创意内容为中心，与消费者进行更好的沟通，从而触发消费者的感性认识。

2.3 移动营销：洞察和穿透用户心理的密钥

随着移动互联网时代的到来，用户习惯也发生了改变，移动广告正逐渐成为主流的广告形式。据了解，我国移动营销市场 2015 年营收规模达到了 901.3 亿元。而从 2013～2015 年，中国移动营销市场营收保持了超过 160% 的增长速度，2018 年，我国移动营销市场营收超过了 3600 亿元。

今日头条的成功便是移动互联网时代最好的例子，乘势而起的今日头条据说在 2018 年的广告收入就已超过 500 亿元，这也进一步验证了移动广告市场前景可期。

2.3.1　机遇与挑战并存的移动营销

无营销不广告的移动时代，也让移动营销在广告行业有了新的发展渠道，有更多、更新的移动技术问世且被应用到营销当中，出现了很多革新式的营销形式。

例如，更多样的原生广告、大数据挖掘技术的全面提升、私有化移动DSP的崛起、VR全景等新技术在移动营销中的广泛利用等。这也让代理公司、广告主、媒体平台开始投身积极的尝试中。但是，移动营销的大规模爆发还远远没有到来，能否进一步爆发，还是要取决于多面的因素，尤其需要更多的企业主对移动营销的投入和重视。

从经济大环境来看，2015年广告行业增长放缓趋势尤为明显，而网络广告的整体增长却超过国家整体GDP的增速，说明这个行业在大环境不是很有利的条件下，依然被看好，并且保持着快速的增长。而移动营销恰是数字营销领域的"高光地带"，并且还远没达到瓶颈期，如图2-2所示。

图2-2　2013~2020年中国网络广告和移动广告市场规模及预测

因此，我们此时正处在移动营销大爆发的前夜，在寻求机遇的同时，我们也面临着更多的挑战，这主要可以从宏观和微观两方面来分析：

宏观上，互联网时代诞生的一批企业将会逐渐成为国家的"传统企业"，很多客户会选择移动互联网进行尝试。是否能与广告主保持较高的匹配度就成了很大的挑战，我们自身的灵活性、执行力、前瞻性就十分重要。

微观上，分析用户的数据及采用相应的营销手段也同样面临挑战。手机终端、智能硬件等移动互联网产品，都是产生用户数据的来源，如何"读懂"一个用户越来越难。因此，能够掌握用户行为的核心数据、拥有入口级的产品、拥有领先数据分析能力的企业将获得越来越大的市场份额。

2.3.2 打通消费场景，实现全链路营销

移动营销的发展史说起来非常的神奇，它一开始是从短信开始，到后来的WAP网站，再到后来的In-Apps广告，以及现在的场景广告。从这个趋势可以看出，随着广告形态的发展，移动营销将越发依赖于大数据。

大数据能力将是核心竞争力。依托大数据为驱动力将使得移动营销更加精准、投资回报率更高。大数据移动营销不仅仅是量上的爆发，更多是数据背后对用户的感知。移动营销公司利用数据挖掘技术，分析受众的个人特征、媒介接触、消费行为甚至是生活方式等，帮助广告主找出目标受众，然后对广告信息、媒体和用户进行精准匹配，从而达到提升营销效果的目的。

在碎片化趋势下，过去粗放的"轰炸式"营销慢慢被摒弃，广告主的营销，越来越看重垂直与精准，在具体场景中与用户做深度沟通，建立情感连接，直接影响消费者决策。

CNNIC发布的第43次《中国互联网络发展状况统计报告》显示，截至2018年12月，我国网民规模达8.29亿，普及率达59.6%，我国手机网民规模达8.17亿，网民通过手机接入互联网的比例高达98.6%。这就意味着，传统意义上我们所说的网络营销，已经全面进入到了移动营销时代。

对于移动营销来说，短视频在2018年得到了爆发式的增长，也重构了移动营销的格局。未来的移动营销行业如何变化，流量从业者如何与流量巨头快乐玩耍，行业的下一个红利在哪里？

2.3.3 "短视频广告"焕发新生机

短视频时代正在以一种不可逆的形式迅速占领了我们的生活。移动互联网陷入流量瓶颈期，短视频继续保持迅猛增长的态势。根据QuestMobile的数

据，2019 年 2 月，短视频在移动互联网总使用时长中占比已达 12.3%，成为移动互联网第二大应用；此外，用户的短视频消费行为习惯，变得更为多元与立体，不仅是观看内容，更是主动去记录、表达、沟通、分享、打卡等，消费时间自由化，位置随机化，线上线下多场景联动。

可以说，短视频已全方位渗透进用户的生活，成为一种生活方式，短视频社交正进入全民时代。阿里巴巴、腾讯、今日头条相继发布了三个"十亿元"扶持短视频内容体系计划，以促进短视频内容生产。以抖音为首的竖屏广告，形式新颖，具有更生动的表达方式与交互体验，成为短视频营销新热点。

抖音短视频的日均播放量破 10 亿，月活数已超过 6000 万，其中 Airbnb、雪佛兰、哈尔滨啤酒在抖音发布的营销短视频，视频点播量均超过 500 万，收获 3 万以上的点赞。在试水成功之后，2018 年抖音凭借"官方账号＋开屏视频＋信息流"的形式，全面开启短视频营销。

随着越来越多人过起丰富多彩的 App 生活，可以预见的是，品牌企业逐年增加的新媒体广告投放预算中流入移动端的比例也将越来越大。面对移动化浪潮和数亿级用户，品牌企业的移动营销探索越发引人期待。

2.4 网络视频营销：赋能新时代

随着人们感官体验的需求越来越强烈，我们所接触的信息形式也从文字演变到广播再到声画同步的视频，视频技术本是为了电视系统的发展而发展，但网络技术降低了视频的使用门槛，视频的生产和传播也开始被普及。相较于其他方式，视频能更直观、生动、形象地展现品牌及产品内容，网络视频营销便成为品牌的头号选择之一。

2006 年被公认为是中国网络视频的元年，但在 2005 年海外的视频行业就已呈现高热的趋势。2005年，国外视频网站YouTube诞生，到2006年，YouTube每天的浏览量已经达到600万人次，在成立后的15个月，就已经超越Msn Video和Google Video等竞争对手，并成为当时浏览人数最多的网站。YouTube的快速发展让人们看到了网络视频的发展潜力，各个传统门户巨头和传统媒体公司也加入了网络视频投资的行列中。

虽然在2005年中国就已经出现了土豆网、56网，但中国的网络视频行业发展较国外还是稍晚一步。据艾瑞咨询公布的数据显示，在2005年中国观看视频的网民仅有29%，但随着上网成本的降低、4G的发展和移动设备的普及，中国的网络视频行业也进入了高速发展的状态。第44次《中国互联网络发展状况统计报告》指出，中国网络视频用户规模达7.59亿，占网民整体的88.8%。

网络营销最主要的呈现方式是网络视频广告，相较于传统的电视广告投放而言，网络视频广告的丰富性、灵活性和投放效率都相对较高。

当你打开网络视频软件，选择一集你想看的电视剧，往往会被附带一段广告，这种广告叫贴片广告。据统计，2012年到2016年视频贴片广告为整体网络视频广告贡献了3/4以上的收入，贴片广告的触达率高，能在短时间内将品牌和产品的信息传递给用户。但随着用户个人体验感需求的上升以及平台付费会员机制的完善，不顾用户体验的硬广贴片广告成为人们眼中的网络视频营销1.0时代的旧物，隐性宣传的植入式广告使得网络视频广告进入了2.0时代。

把产品及品牌符号融入影视或舞台作品是植入式广告的一种形式，用户在观看的过程中不知不觉接收品牌及其产品所传达的信息，这种广告更加隐蔽，所以不会让用户太过反感。如百草味、御泥坊、统一等品牌植入网剧内容，获得了较好的传播效果。但这种植入式广告在"醒目"上有缺陷，所以品牌的投入还是处在观望的状态。"醒目""趣味""接受度高"的网络视频广告成为市场追逐的方向，以压屏条、创意中插为代表的内生广告便出现了，网络视频广告进入了3.0时代。

内生广告强调广告是内容，内容也是广告，是介于贴片广告和植入式广告中间的模式。其中压屏条也被称为"创可贴"广告，东鹏特饮被认为是压屏条广告的首创者。2016年东鹏特饮在《老九门》投放压屏条广告，"八爷别怂，佛爷赐你东鹏特饮"等广告语被放在视频的正下方，并随着剧情的变化而变化，这次的压屏条广告让东鹏特饮的品牌知名度和销量分别提高了50%和30%。与此同时，创意中插广告也成为视频营销的"新欢"。2017年，《大军师司马懿之军师联盟》加入中插广告，有超过50家品牌在这部剧中投放了广告，包括奥迪、宝洁、可口可乐、人人贷等，广告将演员、剧情和品牌、产品融合，将广告放在视频进度的中间，趣味性和醒目性极强，同时很多网友表示可以接受，此后，中插广告便在网剧中频频出现。

短视频的兴起又将网络视频营销带向了更加丰富的领域，短视频营销更是成为一个独立的研究方向。在短视频还未火之前，就有人提出了"种子视频"，种子视频的形式其实就是短视频，因其能引起病毒式传播的效应而被营销界关注，而后随着抖音、快手等短视频软件的兴起，短视频营销更是成为品牌争夺的流量高地。2018年1月，阿迪达斯旗下面向年轻人群的品牌adidas neo入驻抖音，在短短1个多月内，积累起超百万的粉丝。社交+短视频已经成为营销的利器。

从技术层面来看，5G会给网络视频的发展带来更多的可能。5G的发展最直接的影响就是提高人们接收视频的方便性和开拓新的视频体验的可能性。很多人甚至称"5G时代，视频为王"。所以说，品牌需要继续加强对网络视频营销的重视，让网络视频在5G时代更好地为品牌赋能。

2.5 微博营销：
高低乐章奏鸣曲

当前，微博在许多人的生活当中扮演着重要的角色，特别是微博热搜更是吸引了许多人的目光。追溯微博的起源，不得不提Twitter。2006年3月，博客技术先驱埃文·威廉姆斯（Evan Williams）创建的公司Obvious推出了Twitter，这款产品把世人的目光引入了一个叫微博的世界。而微博的推出也助推了一种新营销方式的诞生——微博营销。

2009年8月,中国当时最大的门户网站新浪网推出了"新浪微博",成为中国首家提供专业微博服务的网站,从此微博也进入到中国主流上网人群的视野当中。

随着新浪微博的迅猛发展,搜狐、网易、腾讯等门户网站相继推出了微博服务。2010年3月5日,腾讯微博正式对用户开放;2010年3月30日,网易推出微博服务;2010年4月7日,搜狐微博上线。从此,微博成为四大门户网站的标配服务。除了门户网站之外,人民网、凤凰网、天涯社区也纷纷推出各自的微博平台。由此可见,当时的微博发展如火如荼。

微博1.0时代,在新浪微博内测初期,吸引了大量的人入驻,微博更偏向于娱乐化。在微博当中混迹着各种各样的人,有流量明星,也有草根,内容大多粗制滥造、千篇一律,没有多少有价值的内容。

微博2.0时代,意见领袖崛起,给微博带来了新的乐章。从2012年开始,新浪微博就开始整顿草根号,扶持黄V和蓝V。黄V就是中国最早的KOL(意见领袖)的雏形,他们的声量与影响力与日俱增,成为微博当中不可忽视的力量。时至今日,KOL早已成为微博当中最重要的组成部分;而蓝V则是各大品牌、企业及媒体的官方微博,他们以自己的微博为主阵地,对外自我宣传,与用户进行沟通。这一阶段的微博总体而言,不管是用户还是内容,都在追求更好的层级,用户更加专业、内容更加深度与丰富,营销的形式也更具个性色彩与内容创意性。

微博3.0时代被称为段子手时代。这些段子手以搞笑、原创的内容,满足了微博用户碎片化娱乐的需求,而且其独特的人格魅力已经开始形成"自品牌"粉丝。更为重要的一点在于,这一阶段的微博营销已经受到全方位的关注,几乎所有的品牌都期望进行微博营销。微博能够带来巨大的话题声量,让"名不见传"的人一夜之间就家喻户晓。

微博4.0时代,被称为热搜时代。对于当今的微博而言,热搜是其最重要的组成部分之一。每每我们打开微博,首先去查看的就是微博热搜,浏览哪些热点事情上了热搜。同时,热搜处于舆论的中心场,充斥着各种的质疑之声,比如水军、刷量、买榜等。

微博 5.0 时代，毋庸置疑属于短视频。当前随着技术的不断发展，特别是 5G 技术及短视频应用的发展，各种短视频成为年轻人的聚集地。2015 年 11 月，微博领头融资一下科技，合作推出秒拍、小咖秀、一直播。差不多 1 年后，抖音才出现，而快手那时已经在二三线城市跑马圈地，用户从 1 亿增至 3 亿。之后，微博虽然推出了"微博故事"抢夺 UGC（用户生成内容）生态，甚至专门为其开发了一款 App"爱动小视频"，但事实上，其已错失短视频的发展机遇，这也让其后续的发展再次走入了十字路口。

微博发展的 10 年，也是中国数字营销飞跃发展的 10 年。微博依旧在社会化媒体及社会化营销当中占据着重要的地位，但是也面临着越来越多的挑战。网络当中关于微博 10 年发展的文章层出不穷，观点有认同、有赞赏亦有对于未来发展的担忧。无疑，微博开启了微博营销的大门，不仅给品牌带来了曝光、声量，也给用户带来了更多的内容、资讯以及茶余饭后的诸多谈资。微博的下一个 10 年如何，微博营销又将会如何去发展。下一个 10 年已开启，我们只有拭目以待。

2.6 电商营销：从线下到线上的飞跃

当前，我们几乎每个人都能够进行网络购物，只要有一台电脑或一部手机，我们几乎能够在网络当中买到所有我们想买的东西，而这些网上的售卖平台无疑就是电商。电商的发展不仅给人们带来了购物的便利、快捷，也让实体经济真正从线下走到线上，开启了消费的"购物狂欢"。目前，每年的"双 11""双 12""618"等网购节，都广泛吸引着消费者的关注，无疑"电商营销"因为更多的购物节、更高的性价比、更多的品牌玩法，而愈加焕发独特的魅力。

电商营销全称电子商务营销，是企业借助于因特网完成一系列营销环节，实现营销目标的过程。谈到电商营销的发展不能不提中国电商的发展史，从电商出现到今天的 20 年时间里，有的电商品牌早已成为历史，而留存下来的电商也面临着更为激烈的竞争环境和对手。电商是一块大蛋糕，但并不是所有人都适合。

2.6.1　电商 C2C 模式

1999 年是中国电商起步的一年。这一年，C2C 模式（Customer to Customer）在中国诞生；中国第一家电子商务 C2C 平台王俊涛的 8848 诞生。邵亦波的易趣，后来的巨无霸阿里巴巴也相继诞生。

但随着 21 世纪初互联网第一次泡沫危机的来临，8848 从此没落，易趣也被美国的 ebay 收购，而 2003 年成立的淘宝，在 3 年的时间里，以免费的标签打败了收费的 ebay，使其退出中国。淘宝在 C2C 领域开始称王直至今天。

2.6.2　电商 C2B 模式

在淘宝大获成功后，诞生了更加成熟的 B2C 电商模式，即网上商店模式。2008 年，刘强东将自己的网站更名为京东商城，淘宝也随即推出了淘宝商城(现为"天猫")。今天的天猫已经成为阿里巴巴旗下重要流量来源之一。

但对于这两大巨头而言，目前也面临着越来越大的竞争压力。2015 年成立的专注于 C2B 拼团的第三方社交电商平台拼多多强势崛起，2018 年它更是成功上市，这对当前的电商形成了巨大的冲击，电商巨头们也纷纷制定应对策略。

2.6.3 电商 O2O 模式

2013 年开始,随着传统电商领域版图的逐渐稳固,和社会消费需求的变化,新的电商模式开始在中国大行其道,这就是 O2O(Online to Offline)。在衣食住行领域,O2O 完美地契合了双方的需求,如今餐饮业、服务业,团购几乎都采取 O2O 模式,譬如我们都很熟悉的饿了么、美团等。

2.6.4 电商 P2C 模式

近年来,电商 P2C(Production to Customer)模式也越来越多地被提起。P2C 力图能够把人们日常生活当中的一切密切相关的服务信息,如房产、餐饮、交友、家政服务、票务、健康、医疗、保健等聚合在平台上,实现服务业的电子商务化。阿里巴巴、腾讯所宣称的"新零售"时代,也正是这一思路的体现,其依托庞大的用户群体和互联网脉络,覆盖用户生活的每一处。

从上面我们可以看出,中国电商的发展已经在各个层面进行尝试与覆盖,不断完善服务 C 端的服务体系与能力。而消费者在这当中,除了感受到网购带来的便利与愉悦之外,也切身感受到了它的日新月异。各种各样的垂直类网购平台不断瓜分着细分市场,下沉市场又带来了新一轮的争夺。各种各样的电商在想方设法吸引消费者、留住消费者。

2018 年,全国网上零售额达到 90065 亿元,占社会消费品零售总额的比重为 23.6%,同比增速仍然保持在两位数。据近期星图数据发布的《2019 年上半年中国电商行业发展启示录》显示,2019 年上半年,中国网络零售交易规模达 4.8 万亿元,同比增长 17.8%,如图 2-3 所示。随着互联网技术的普及和消费观念的升级,中国网络零售规模保持高增长,成为推动中国零售市场整体向上的重要因素。对于众多的品牌来说,电商早已成为营销战场,各种各样的营销方式也层出不穷。电商平台本身也在极尽所能地推出各种各样的营销方式和品牌玩法,"双11""双12""618""818""99"划算节等电商节此起彼伏,成为电商营销的一大盛景。

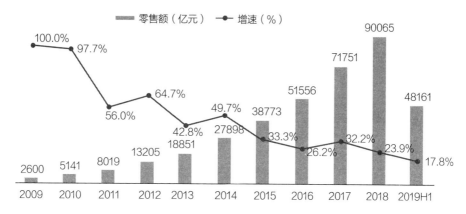

图2-3 2009~2019年上半年中国网络零售交易规模及增长情况

再者,随着电商的发展,品牌自建电商和微信生态的电商发展同样值得关注。比如,高举DTC（Direct to Consumer,直接面对消费者）战略的NIKE,除了对线下供应商渠道进行精简化、个性化、数字化的改造,另一个重心就是建立线上自营渠道：NIKE电商官网及App,日常活动引流到自有平台,更多货品选择,更优惠的价格,其竞争力在逐步上升。

当前,品牌和电商平台的关系也已经发生了巨大的变化。10年前,刚满1岁的淘宝商城到处找品牌入驻。而10年后,显然这种角色发生了根本性的转换。优质的电商平台再也不会缺少品牌。一方面,这推动了电商的发展；另一方面,其实也加剧了品牌间的竞争。10年间,许多的品牌销声匿迹,也有众多的品牌走到人前。对于消费者来说,只有为自己时刻着想的品牌最终能够获得自己的认可。

电商营销的根本依赖于电商本身的不断发展,到今天,电商层面的竞争依旧激烈,目前绝大多数的电商都将视线转移到了下沉市场的争夺当中,而基于下沉市场的电商营销显然也会有着很大的不同。电商依旧在行进,而电商营销也在电商平台、各大品牌及消费者的助推当中走向一个又一个高点。

2.7 事件营销：品牌声量"制造机"

说事件营销之前，先来说一个事件。据说在1915年国际巴拿马博览会上，中国的茅台酒是展品之一，但却无人问津。中国的工作人员于是提着一瓶茅台酒，走到展览大厅最热闹的地方，故作不慎把这瓶茅台酒摔在地上。酒瓶落地，浓香四溢，招来不少看客，也让许多外国人从此知道了中国的茅台酒。这一摔，茅台酒出了名，被评为世界名酒之一，并得了奖。

不管这一事件是否属实，但这一事件就是典型的"事件营销"。所谓"事件营销"，也就是通过把握新闻的规律，制造具有新闻价值的事件，并通过具体的操作，让这一新闻事件得以传播，从而达到广告的效果。

近年来，事件营销成为公关传播当中非常流行的手段，其集新闻效应、广告效应、公共关系、形象传播、客户关系于一体，并为新产品推介、品牌展示创造机会，建立品牌识别和品牌定位，形成一种快速提升品牌知名度与美誉度的营销手段。正是因为这些原因，事件营销成为广告代理商和品牌主经常使用的营销方式。

调查机构Certain曾发布过《2017年事件营销调查报告》，报告显示，57.6%的营销专业人士将25%以上的营销预算用于事件营销，69.5%的受访者计划来年在事件营销方面投入更多。这也表明，事件营销在最近几年当中的确占据着营销主流。

近年来诸多事件营销案例也让我们看到了事件营销的病毒性传播威力。如果我们要在2011年的事件营销当中选择最具创意性及辐射人群更广的一个案例，那么杜蕾斯"鞋套"为之首。

2011年6月23日，北京下了一场瓢泼大雨，这个时间正好是上班族下班的时间，突然而至的大雨给人们带来了诸多不便。北京杜蕾斯公司的职员灵机一动，在公司同事的"帮助"下，想出了将杜蕾斯套在鞋子外面防水的主意。在请示公司之后，就将套有杜蕾斯安全套的鞋子的照片晒到了新浪微博上，引发了巨大的网络效应。可以说这次事件营销"无心插柳"，但却让众多的品牌看到了事件营销的力量，也推动着事件营销的不断发展。

再者，2018年作为世界杯足球赛年，许多的品牌广告和营销活动举办得如火如荼，但是想要得到大部分人的关注显然有难度。而在这其中，华帝策划的事件营销"法国队夺冠，华帝退全款"活动引燃了整届世界杯，伴随着法国队的一路高歌猛进，这一活动的声量也与日俱增，在社交媒体上刷屏。

对于许多品牌而言，危机不可避免，而危机公关也早已成为企业发展当中重要的组成部分，危机一旦处理不好，就可能因小失大，造成无法挽回的损失。事件营销本身在危机公关当中也发挥着巨大的作用。比如，2017年海底捞就遭遇了一次严重的危机。2017年8月25日，《法制日报》爆出海底捞食品卫生安全问题，海底捞遭遇严重的信任危机。但是海底捞并没有推脱自己的责任，而是第一时间就发表了致歉信，紧随其后又发出了处理通报，将责任全部揽到董事会，同时安抚员工"涉事停业的两家门店的员工无须恐慌，你们只需要按制度要求整改"，这样的一系列举措，让广大消费者觉得海底捞不仅勇于承担责任，而且对员工也十分关爱。在致歉信发布和事件处理通报出来之后，海底捞"这锅我背，这错我改，员工我养"的态度深得人心，舆情也开始反转。同时，海底捞也采取诸如举办"开放日"、邀请消费者和媒体参观后厨等措施，增强了消费者的信任，最终化险为夷，同时，也让消费者对海底捞有了更充分的认识。

纵观当前林林总总的事件营销来说，有成功的亦有失败的，失败的根源无非是事件营销本身并没有围绕消费者展开，而是自说自话。品牌想要利用好事件营销，渴望通过事件本身发声，还需要有充分的真诚，并且以消费者为中心。

同时，对于品牌而言，在进行事件营销的过程当中，必须把握好分寸，不能违背社会道德，更不能违反法律。事件营销的成功不能依靠一时的哗众取宠和对人类基本欲望的怂恿鼓动，而是应当尝试创造一种蒸蒸日上的大众文化新境界。未来的品牌传播中，事件营销案例应该会越来越多，品牌如何脱颖而出，无非在于如何"事件"了！

2.8 借势营销：如何去"借"也是一门学问

9月1日，应该是家长最开心的日子，熊孩子们终于开学了，但这个时候也是文具品牌最开心的日子。一到开学季，晨光总是能够吸引人的注意，不管是在产品还是在营销上，都能给我们带来很多思考。

2019年的开学季，晨光依旧保持着借势营销的玩法，结合自身产品的卖点，不断强化品牌在消费者心目中的地位。晨光在2018年推出《开学前一夜》的戏精广告，在短片中还原了家长与孩子们因为假期作业问题展开较量。在第二季中，晨光把场景聚焦在开学后的学生们身上，送了一份《新学期探索装备指南》的礼物。这种沉浸式的场景化营销，基于对学生消费群体的洞察，利用似曾相识的场景化关联，引起目标消费群体的共鸣。

经济学家威廉·立格逊曾说，一切都可以靠借，可以借资金、借技术、借人才、借智慧。这个世界已经准备好了一切资源，我们所要做的不仅仅是把它收集起来，而是要运用智慧把它整合起来。在营销活动中，"借势"就是通过借人、借物来达到推广产品的目的。

很多人可能会问：为什么要借势营销？答案自然是因为流量大。目前借势营销最常见的方式就是"蹭热点"，不仅成本低，还能借助热点的高流量和高话题度，迅速进行话题发酵来提高品牌的传播度，有着花小钱办大事的绝佳优势。好的借势营销要从以下三个方面着手：差异化、跨界联名及以用户为核心。

1. 差异化借势营销

热点的本质其实就是针对某一事件或者一个人，一旦有热点出现，就乘机抓住，借这波热点吸引人的眼球、留住用户，从而增加关注度和曝光度。

当然，营销的最终目的就是让用户对品牌产生兴趣，得到喜爱和认同，从而达成交易。想要在层出不穷的品牌中被记住，就必须保持差异化优势。1998年，"水"族大战硝烟四起，刚问世的农夫山泉在遇到娃哈哈、乐百氏等品牌阻拦的同时，又遇到其他众多饮用水品牌的围攻，此时的农夫山泉显得势单力薄，而农夫山泉的水又是从千岛湖取的水，运输成本极高，农夫山泉要想在众多饮用水品牌中脱颖而出，就需要打出差异化的品牌特性吸引用户。

农夫山泉初入市场是通过打造"有点甜"的概念来表现差异化的。试问，农夫山泉真的是有点甜吗？ 当然不是。 这只是营销传播的概念而已。农夫山泉的水来自千岛湖。但怎样才能让消费者直观形象地认识到农夫山泉的出身，形成美好的甘泉印象呢？ 这就需要一个简单而形象的营销传播概念。

2．跨界联名借势营销

借助知名品牌的受众广泛度，或者与友商合作为品牌造势，都能够进一步提高品牌知名度和曝光度，通过借助已经被消费者接受、理解以及喜爱的品牌来蹭热点，是借势营销的重要手段。

李宁品牌在近年来可谓是经历了从发展高峰到低谷再到如今品牌跨界借势领域的扛把子。2019年，李宁携手德邦快递，推出酷炫"快递服"。李宁为德邦快递定制的全明星限量款炫酷的战服，服装采用街头运动风格设计，以大面积的黄色作为主色系，对应德邦快递的品牌色。同时在肩膀和上臂部分加入白色色块调和视觉，胸前的李宁×德邦 Logo 也选用白色，黄+白的颜色搭配散发出清爽、活力的气息；此处还可以注意到，服装胸前的黑色斜条纹，是德邦快递的快递箱上所用的辅助图形，在视觉系统应用上达到一致。

3.以用户为核心的借势营销

无论是什么营销方式，用户永远是核心，借势营销也不例外。如何才能打动用户，获得用户的认可和喜爱，是借势营销必须要考虑的方面，而要打动用户，品牌就要成为一个"活生生、富有感情的人"，能够和用户进行有效沟通。

此前，蚂蚁金服推出了《每个认真生活的人，都值得被认真对待》品牌TVC，受到了无数用户的认可。视频选择以用户的故事为素材，将他们的故事制作成广告短片，充分调动消费者的共情能力，没有过多的品牌利益渲染，而是选择通过"生活"建立起与消费者的情感纽带与价值认同，从而引发消费者的情感共鸣。

以真人真事为表现对象，对其进行艺术的加工与展现，无论是代驾、销售人员、社区大妈还是背包客，都是我们生活中熟悉的角色。而这一个个真实的生活片段，让整支短片看起来更像是一部纪录电影。用这样贴近生活的镜头语言，更加容易引发受众的共鸣，拉近受众与品牌的距离。蚂蚁金服通过这个有血有肉的真实故事进一步将用户代入进来，从而提升了用户对品牌的认知度以及信任度。

这就是品牌借势营销最大的优点，抓住用户的喜好，通过情感共鸣的方式把用户代入到一个情境中，并且在进行品牌传播营销活动的同时，保持与用户之间的互动交流，而不仅仅是单项地向用户传播信息，最终获得最大化的传播和营销效果。

2.9 跨界营销：你想不到的样子我都有

当你走在路上，看到有人拿出一个"大白兔"在嘴唇上抹了一圈，却迟迟不放入嘴中，别困惑，那人拿的不是奶糖而是唇膏。

2018年大白兔和美加净合作生产大白兔润唇膏，开售短短一分钟就被一抢而空，随后大白兔香水、沐浴乳、护手霜等纷纷出现，但日用品系列还满足不了大白兔的胃口，其又回到美食界推出大白兔冰激凌、蛋糕卷、奶茶等。脑洞大开的跨界营销让大白兔品牌在60岁之际又迎来了"第二春",同时也让人看到跨界营销的强大魅力。

跨界营销简单来说就是,品牌推出非品牌主营的产品或者与其他品牌合作进行内容融合,通过这种跨界合作实现市场最大化和利润最大化。其最早可以追溯到1999年德国运动服饰品牌彪马(PUMA)与德国高档服饰品牌吉尔·桑达(Jil Sander)合作推出高端休闲鞋,使彪马打破了运动服饰圈,向外界跨出了一小步,成为时尚界的新风尚,跨界合作便开始兴起,引得其他品牌纷纷效仿。

跨界营销大体上可分为产品跨界和内容跨界。品牌进行产品跨界主要是指品牌推出非品牌主营的产品,包括品牌与品牌合作推出新品。内容跨界的范围更广,其包括了品牌之间的内容融合、品牌和IP的融合、品牌和线下商户的融合等。

针对产品层面,早期品牌跨界还有所保留,只是在本身产品周边的领域试试水、转一转。但随着跨界营销的火越烧越旺,市场上呈现出了"只要脑洞大,啥啥都能跨"的现象,跨界的产物也颠覆了消费者的想象。六神和RIO合作卖花露水味鸡尾酒,卫龙和老干妈卖起了卫衣,Adobe也以"我的美,关你PS"为口号卖起了化妆品礼盒,大部分的产品跨界都能在短时间内获得较大的收益。六神和RIO的花露水味鸡尾酒在开售之后的17秒内,5000瓶限量版全部售空,甚至有人抢到后将原价48元的产品以接近400元的价格再次卖出。

针对内容层面,最简单的就是品牌和品牌之间联手,将产品内容进行融合制造卖点,从而实现双赢的效果。农夫山泉就常使用这种方法,2017年农夫山泉与网易云进行合作,网易云精选30条有关歌曲的热评印到农夫山泉的包装上,并附上进入歌曲的二维码,消费者可以扫描二维码收听歌曲。在这次跨界合作之中,农夫山泉也利用了网易云的UGC内容,加强了与用户在情感层面的共鸣。在2018年,农夫山泉在跨界营销的方式上又上了一个台阶,开始与文化艺术融合。农夫山泉融入故宫文化,打造了火爆一时的"故宫瓶"。

与艺术文化融合是品牌在内容上跨界融合的进阶模式,品牌可以举办艺术展、资助艺术家或与艺术家联名发布产品来拔高自身的品牌形象。比如,2019年优衣库与KAWS联名,制造了一起抢购奇观,这也是品牌结合IP进行营销的一种方式。

近几年，随着"场景"这个词的流行，一种新的内容跨界方式也开始风靡，那便是品牌和线下的商家合作打造场景化的内容宣传。六神和网红小龙虾店沪小胖组成"红绿CP"，以"夏日清凉馆"的主题店出现，消费者在食用龙虾期间会面临"油腻、汗水和蚊虫"等问题，这契合了六神产品的"祛味、清凉、驱蚊"的功效。与此同时，欧莱雅与电台巷火锅也以"吃火锅，不脱妆"为场景化主题建立线下快闪店。品牌和线下商户合作将跨界营销和场景化营销进行了高效的结合。

跨界营销方兴未艾，但当大多品牌都对跨界营销不亦乐乎时，也出现一些问题需要我们冷静思考。

首先，跨界的适用性是不是需要品牌去考量？不是所有的跨界营销都能带来良好的效益，好的跨界营销固然能给品牌带来生机，但不经过考量，一股脑进行跨界营销也会翻车。

其次，跨界营销会不会影响品牌的定位，从而降低品牌的核心竞争力？在20世纪70年代，美国著名营销专家艾·里斯与杰克·特劳特提出"定位理论"。定位理论强调建立品牌就是要实现品牌对某个品类的主导，成为某个品类的第一，当消费者一想到要消费某个品类时，能够立即想到这个品牌，才是真正建立了品牌。卫龙是辣条界的大佬，但当其开始进军时尚界，进行服饰的生产时，除了能一时吸引眼球，其后续跨界的产品销售很难继续维持，对其品牌形象提高的助力也甚微。

最后，对于消费者来说，同质化的跨界营销策略会不会带来审美疲劳，导致营销效果大打折扣？比如彩妆界成为品牌跨界营销的聚集地。过度同质化、缺乏创意的跨界生产还能吸引多少消费者的注意力？这是品牌在当下需要冷静思考的问题。

跨界营销在当下应回归理性，品牌在进行跨界营销时需要抓住自身的核心竞争力进行产品营销或者内容营销，只有这样，跨界营销才能真正为品牌的发展助力。

2.10 病毒营销：口碑传播的裂变效应

如果将时针拨回到 2010 年，在那一年的热门营销事件当中我们不可能规避"凡客诚品"这一品牌。2010 年 7 月，作家韩寒和演员王珞丹出任凡客诚品的形象代言人，而当韩寒版广告词与 T 恤进行结合的时候，瞬间捕获了众多粉丝。"爱网络，爱自由，爱晚起，爱夜间大排档，爱赛车，也爱 59 元的帆布鞋，我不是什么旗手，不是谁的代言，我是韩寒，我只代表我自己，我和你一样，我是凡客"，这看似简短的一段话却被当年的消费者竞相模仿，从而形成了"凡客体"文化，以星火燎原之势迅速火爆网络。这一营销案例也成为至今"病毒营销"的代表案例之一，从那时起，品牌们看到了消费者自发传播所带来的影响力与营销价值，这也给众多的品牌传播带来了启示。

时任凡客诚品副总裁的吴声在接受采访时就曾表示，"凡客诚品从来没有主动进行'凡客体'的传播"。这句话恰恰也说明了"病毒营销"的本质其实就是消费者因为品牌产品或服务本身进行口碑的自发传播，从而不断产生裂变的过程，因此它几乎是零成本的营销手段。品牌借助病毒营销，能够低成本地与消费者进行连接和互动，追求最优的营销和传播手段。

关于病毒营销的起源，目前网络当中流行着众多的版本，但是被公认的目前有两种：第一种，1996 年，Sabeer Bhatia 和 Jack Smith 率先创建了一个基于 WEB 的免费邮件服务，即现在为微软公司所拥有的著名的 Hotmail.com。为了给自己的免费邮件做推广，Hotmail 在邮件的结尾处附上："P. S. Get your free Email at Hotmail"。因为这种自动附加的信息也许会影响用户的个人邮件信息，后来 Hotmail 将"P. S."去掉，不过邮件接收者仍然可以看出发件人是 Hotmail 的用户，从而使得每一个用户都成了 Hotmail 的推广者，这种信息于是迅速在网络用户中自然扩散。Hotmail之所以获得爆炸式的发展，就是由于"病毒营销"的催化作用。

另一种比较让人认可的说法是，"病毒营销"为日本任天堂前社长山内溥最早提出，意指一些优秀的作品在发售之初并不为世人注目，但随着时间推移，玩家的不俗口碑却使之逐渐走红。他采用病毒营销的方式，使得一些推介会直接从一位用户传播到另外一位用户，一位用户对另一用户传递的信息，很可能是直接的、个人的、可信的，且有意义的。从而使得新游戏产品迅速打开市场。

不管"病毒营销"的起源究竟是什么，毋庸置疑的是，病毒式营销对于产品的推广具有重要的作用，特别是对于新产品和新服务而言。通过用户体验和用户的口碑传播，使得产品能够迅速走向大众，从而打开市场。再者，病毒营销在当前碎片化的环境当中，也更受品牌的青睐，关键的原因或在于，病毒营销能够真正走向大众，形成广泛的群体效应，使得营销效果普遍可见。而"效果可见"在当下越来越受到品牌的重视。

互联网的不断发展缩短了人与人之间的距离，彼此的信息传递更为简单、快速，在这样的背景之下，品牌传播也产生了巨大的变革。网络营销成为品牌的必选项，也成为品牌与消费者沟通交流最直接的渠道。之后，随着移动互联网的不断发展，这种联系也更为紧密，病毒传播也更为迅速。时至今日，病毒营销依然是众多品牌所热衷的营销方式，但是其渠道、形式、内容等却在悄然发生着变化。

移动互联网的发展之下产生了许多的营销方式和手段，比如短视频、直播等。目前这类营销手段受到了消费者的欢迎与认可，也成为营销主阵地之一。病毒营销也在利用这些丰富的渠道在消费者之间进行病毒式的传播，显然，渠道越来越重要，成为营销必不可少的有机组成部分。

同时，广告营销的载体与形式也越来越多样。病毒营销更是在这种环境中得心应手、每每刷屏。一镜到底的长图、"锦鲤"创意等都成了优质的内容形式。2017年母亲节期间，国产品牌百雀羚凭借一组一镜到底的神广告刷遍朋友圈，也让百雀羚这个百年老牌子成功出圈，吸引到年轻人的关注。2018年国庆节期间，支付宝"锦鲤"活动更是引爆社交媒体，获奖者"信小呆"的微博更是一夜间暴涨 80 万粉丝。那一年,"锦鲤"活动也成为品牌所热衷的营销方式,因为它可以带来病毒式的传播现象,让营销结果清晰可见。

数字营销十年,病毒营销依然在路上,成为品牌进击的利器。这些病毒式的传播案例让我们真正看到了消费者"口碑"传播的力量,也让品牌真正回归到消费者,回归于产品和服务。因此,病毒营销的成功并不在于品牌投入有多大,关键在于,要充分洞察消费者,知道他们的所需所想,对这一点而言,病毒营销从未变过,也不会改变。

2.11 IP 营销:价值最大化的营销新方式

IP 营销在生活中随处可见,即使你不清楚 IP 营销是什么意思,但举几个例子之后,你自会感叹:原来这就是 IP 营销呀!当你买了一支可爱多冰激凌,发现包装上面有你喜欢的蓝忘机或者魏无羡;如果你玩过手游版的《大话西游》、看过电视剧版的《甄嬛传》、买过漫威的周边产品等,那么恭喜你,你也中过 IP 营销的"圈套"。

IP 是 Intellectual Property 的缩写,即知识产权的意思,包括的种类繁多,比如商标、专利、版权等都属于知识产权的内容,但随着互联网经济的发展,IP 的概念已经延伸为"可供多维度开发的文化产业产品",IP 呈现一种泛化的趋势,小说、电影、音乐、人物等都可以是 IP。有人提出:但凡有灵魂,万物皆 IP。

2015 年通常被称为是 IP 的元年,而最早进军 IP 市场的则是游戏领域,游戏也是 IP 变现的重要渠道。以中国文学作品《西游记》作为背景进行游戏剧情和人物设计的《梦幻西游》在 2015 年长居游戏排行榜榜首,这使得游戏行业看到了 IP 的强大变现能力,纷纷进行 IP 内容改编或者将端游 IP 改编为手游产品。根据伽马数据显示，2017年我国移动游戏销售收入1161.2亿元，由文化IP改编移动游戏收入达745.6亿元，占整个移动市场收入超六成，其贡献不容小觑，如图2-4所示。

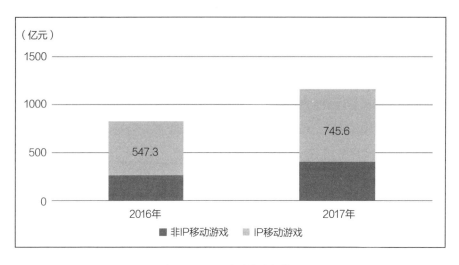

图2-4　IP移动游戏规模

伴随着游戏IP市场的发力，音乐、动漫、视频等细分领域也纷纷加入了IP变现的市场中，而在这之中，文学则是其他领域进行IP改编的源头。由网文改编的《三生三世十里桃花》《楚乔传》等都获得了不俗的收益，同时视频网站自制剧创意来源中文学改编占比一半以上。根据艾瑞咨询的《2019中国文学IP泛娱乐开发报告》显示，2018年中国网络文学行业收入中版权占比11.1%，同比增长了70.8%，如图2-5所示。

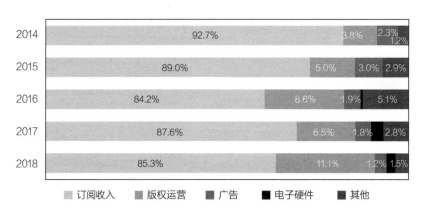

图2-5　2014～2018年中国网络文学行业各业务营收占比

鉴于IP明朗的前景，2017年，统一企业茶事业部总经理指出：品牌的未来就是打造IP。那么IP和品牌究竟有什么区别？简单来说，品牌必须借助一个或一类具体的产品，而IP则可以是无形的，变幻多端的。品牌对于消费者来说仍然是商品功能层面的认知和选择，而IP对于消费者来说则可以从心理获得情感溢价，所以，在当下产品功能需求逐渐饱和且能随时被替代的时代，IP更能提高消费者的情感体验，增强消费者的黏性。同时，IP营销也能达到一种集聚效应，很多IP本身就有众多的粉丝，例如《魔道祖师》的小说版和动漫版本就积累了大量的粉丝，且粉丝的黏性很高，于是可爱多就与《魔道祖师》合作，活动微博发布后一个小时内转发破万，当《魔道祖师》动画播到第4集，可爱多魔道冰淇淋销量也超过2.4亿元。IP营销一方面可以扩大IP本身的影响力和内容范围，另一方面也能让产品实现现象级的销售，所以说IP营销能达到1+1＞2的效果。

当下IP营销主要有两种方式，一是企业自身自建IP，并进行产业链的打造，江小白便是通过自建IP获得了"酒界的杜蕾斯"称号，文艺青年的IP形象是其走出特色之路的重要帮手。二是企业与其他IP合作，进行跨界的IP资源利用。可爱多、统一老坛都曾与《魔道祖师》合作，将《魔道祖师》的人物形象作为其品牌代言人，形成了既跨界又跨圈的IP营销。

IP营销在2015年出现，2016年疯长，2017年后渐渐回归理性，当下我们也进入了IP营销的下半场，其趋势也愈加显现。

首先，全产业模式成为主流。无论是自建IP还是依靠别的IP，将IP价值发挥最大化的意识越来越明显，全产业模式的运作也有助于更大的市场和粉丝群体的构建。当单品的IP营销发挥一定的效果后，企业就需要转向其他的领域进行IP价值的拓展，进行泛娱乐化市场的深耕，这是自建IP的企业必须走的发展之路。

其次，将IP粉丝转化为品牌粉丝成为共识。对于企业而言，如果不是自建IP，一味地抱别的IP大腿，所带来的效益和流量是短暂的。若想获得长久的IP营销收益，就需要把IP粉丝转化为品牌粉丝。可爱多在与《魔道祖师》进行合作时，采用了O2O的营销方式，线上在官方平台推出可爱多魔道祖师动画，线下开设快闪店以及校园宣传活动，使得很多《魔道祖师》的粉丝一提起冰激凌便能想起可爱多,并常常蹲守在可爱多的官方平台等待动画更新或者相关活动推出的消息。这就将《魔道祖师》IP 流量很高效地转化成可爱多品牌自身的流量。

最后,小品牌纷纷进入 IP 营销市场。当 IP 成为一个泛化的概念,其塑造也越加简单,尤其是当品牌发现 IP 能对品牌进行补充时,小品牌也纷纷利用 IP 营销。借势热门 IP 往往需要大量的资金,这对于小品牌来说则是一个壁垒,所以当下自建 IP 也成为一种趋势。

IP 营销其实是当下以消费者为中心这一理念转变的产物,也是营销观念从注重功能到注重价值情感转变趋势下的产物,能在更深维度提高用户体验。从 2015 年到 2019 年,IP 营销发展迅猛,创造了一个又一个现象级的营销事件,这不得不让我们期待着它接下来的发展。

2.12 KOL 营销: 从韩寒到李佳琦,风风雨雨二十年

"带货女王"@薇娅创下了单场直播 2 小时 2.67 亿元的销售纪录,无人能破;快手@散打哥在 2018 年"双 11"前的快手电商节直播中,1 天卖了 1.6 亿元;"口红一哥"@李佳琦 5 分钟卖出 15000 支口红,成为 2019 年全网最红带货达人;2019 年 4 月,张大奕携"如涵控股"赴美上市。

这些令所有人叹为观止的战绩,来自一个共同的群体——KOL。曾几时起,KOL 成了商家必争的香饽饽,带红了一波又一波产品。

或许有人会疑惑,KOL 究竟是何方神圣? KOL(Key Opinion Leader),即关键意见领袖,指在特定群体中具有较大影响力和话语权的人,该群体范畴没有绝对限定,可以大到一个行业、一个亚文化圈,也可以小到一个兴趣小组。KOL 营销,即有 KOL 参与的社会化媒体营销传播行为,该营销概念的核

心在 KOL 本身，原则上对具体的营销形式没有限制。

很多人搞不清楚"KOL""网红""主播""自媒体"等概念的区别，但想把它们完全分开实在不容易，因其它们本质上是基于不同语境下产生的类似概念，多多少少会有相互重叠的部分。

说起 KOL 的发展历程，可谓是波澜壮阔，星河璀璨。按照时代的变迁和相应的特点，KOL 营销大致上可以分为"传统时代""PC 时代"和"移动时代"。

"传统时代"依赖传统广告，没有互联网，受众触媒环境稀缺，多是社会名人或明星代言，营销方式局限单一。从"PC 时代"开始，互联网带给 KOL 新的营销生机。

让我们把时间回拨到千禧年。2000 年以前，互联网中文字承载着大部分的信息，这一时期诞生了痞子蔡、韩寒、安妮宝贝等"文字网红"。凭借鲜明的个人形象和或犀利毒辣或忧伤悱恻的写作风格，他们大多成了"PC 时代"的初代 KOL，在博客、论坛、豆瓣上挥洒自己的才华，书写精彩故事。转型后，他们或成为编辑、编剧，或成为作家，或手握 IP 卖版权变现。

PC 时代，源于社交网站的发展，社会群体开始往线上转移，逐渐出现群体边界相对模糊的小众群体，那时 KOL 的专业性更强，受众更加专一。

2009 年，新浪正式推出微博，两年后腾讯推出微信，移动互联网进入快车道。此时，中国互联网也从"PC 时代"大步迈进到移动互联网终端，进入"移动时代"。

首先是微信公众号掀起一波"自媒体"创业。比如"深夜发媸"徐老师巧妙地从写文字小说进军到图文时代做时尚号，现在已经成功打造出头部自媒体大号。知识付费也推动了部分知识型 KOL 走红，比如罗振宇。

与此同时，电商飞速发展，流量的变现方式从传统的代言、商演等营销侧缩短到带货的交易侧，KOL 的能力边界大大扩张。像雪梨和张大奕等人正是借着这股电商东风，成为新一代 KOL。

2010 年还是模特的张大奕开通了微博，在社交媒体上塑造自己可爱甜美的形象，吸引了无数粉丝，2011 年张大奕成为如涵集团旗下"莉贝琳"淘宝女装店的专属模特。2015年"双11",张大奕自创品牌"吾欢喜的衣橱",成为唯一挤进全平台女装 Top10 排行榜的个人网红店铺,年度进账 3 亿元。在社交流量成本远低于搜索流量成本的年代,"营销+渠道+品牌"的模式取得了巨大的成功。

也是从 2015 年开始,流媒体的风吹进了社交和电商领域,短视频和直播掀起"腥风血雨"。同年,papi 酱开始在微博发布搞笑短视频,摇身变成"宇宙第一网红",这也成为她变现的筹码,她的单条广告价格高达 2200 万元。次年,薇娅、张大奕入驻淘宝直播。张大奕首次淘宝直播观看人数突破 40 万,2 小时带货超 2000 万元;薇娅如今已稳坐淘宝直播一姐,因其创造了 2 小时带货 2.67 亿元的纪录。

随着媒介环境和商业环境的不断利好,"移动时代"KOL 表现出娱乐化和职业化特征,并且从群体内部自发形成逐渐变为有法可循的产业打造。

KOL 之所以能够成为营销传播活动的重要角色,并受到广告主青睐,关键在于其兼具了群体传播的影响力和大众传播的覆盖力。一方面,每个 KOL 的背后都有一个特定群体,因此通过 KOL 可以深度触达该群体内的成员。另一方面,互联网时代下,KOL 可通过社会化媒体打破传播渠道的群体边界,同时群体成员对营销信息的二次传播,也会进一步扩大营销活动的覆盖范围。

未来 KOL 营销趋势,会更加偏向垂直化、矩阵化、复杂化。WEIQ 新媒体营销云平台数据显示,各个垂直领域 KOL 数量增长迅猛,其美食、美妆时尚、游戏动漫垂直类 KOL 2018 年同比 2016 年增长率分别达 132%、129% 和 128%。垂直领域 KOL 由于其更深的专业性和更精细化的粉丝质量,愈发受到品牌方青睐。

从此前张大奕与两个头部 KOL 合作并与几十个中小 KOL 打造 KOL 营销矩阵的案例中可以看出,KOL 营销的主流策略逐渐从单点作战过渡为矩阵联动,从早期的代言人深度合作模式,到中期的头部 KOL 多点分发,再到当前的搭建有机联动的 KOL 矩阵,"1+1>2"的矩阵效应越发凸显。因此,直接与 KOL 沟通的传统合作模式显然已经不再适用,未来 KOL 营销将逐渐迎来聚合化投放模式。

在艾瑞发布的《2019 年中国 KOL 营销策略白皮书》中解析到,传统 KOL

营销的关键在于 KOL 本身，选对 KOL 也就等于找到了其背后的受众群体，而随着新兴媒介不断涌现，KOL 营销策略变得愈加复杂，即使是同一个 KOL 在不同媒介上的特征和受众也不尽相同。因此，未来品牌方在展开 KOL 营销的过程中，选对 KOL 也只算成功了一半，媒介选择将成为成功的另一半，在整个营销决策中发挥着更加重要的作用。

三代 KOL，见证了 20 年来 KOL 营销模式的变迁，张大奕、薇娅、李佳琦……未来为产品营销背书的又会是谁？

2.13 种草营销：从 KOL 到熟人口碑

当小红书 App 遭遇下架风波，这款一直以来被奉为"种草神器"的软件，又掀起了一阵关于品牌"种草营销"的探讨。

如今，"种草"早已不是什么新鲜事，来了解一下"种草营销三部曲"："种草"（在某人的推荐下对某物产生购买欲望）→"长草"（想要购买的情感不断"增长"）→"拔草"（购买欲得到满足，即买到想要之物），这已然成为当代人的"入坑"法则。

"种草"一词起源于美妆圈，意为向他人推荐产品或激发购买欲。而"种草营销"则是指"影响者"在各种社交平台上生产原创内容来吸引用户，进行场景沉浸式营销，引发其主动搜索，进而购买产品，实现营销效果转化的一种营销方法。

所谓"影响者"，便是在"种草"行为里具有影响力的一群人，他们可能是光鲜亮丽、一呼百应的 KOL，也可能是我们身边社交圈里触手可及的"熟人"。

我们先聊聊 KOL。说起"种草好手"KOL，国内时尚圈绕不过的人物便是黎贝卡。在时尚博主里，黎贝卡的粉丝体量并不是最高的，但她的转化率相当高。她于 2014 年创办公众号"黎贝卡的异想世界"，曾创造了 4 分钟 100 辆 MINI 限量版汽车被抢购一空的奇迹。

和黎贝卡类似的还有"深夜发嫖"徐老师以及旗下孵化的"深夜种草"翠花、"道上都叫我赤木刚宪"等人。创造了 40 分钟售空 1200 双 Bata 联名款女鞋、近 3000 万元交易额在 50 分钟内完成、自有品牌上线 59 秒销售额 100 万元……KOL 们一张张漂亮的数据单，证明了自己的带货能力和商业价值。这些卡里斯马（Charisma）式的 KOL，以个人魅力和专业素养，在垂直领域拔得头筹，深耕自己的价值，将"私域流量"发挥到极致，并有着惊人的转化率，吸引了品牌方驻足。

KOL 们大放异彩，甚至一度让广告主和品牌商产生一种错觉，似乎借势流量或 KOL 的声誉和带货能力，就能一劳永逸。然而，随着流量数据造假的事件曝光，加之铺天盖地的软广和消费主义理念的盛行，难免使消费者产生倦怠感。

在《第一财经》的文章中，曝光了小红书平台网红博主的粉丝量、点赞量等可能存在明显的造假行为。部分博主 KOL 甚至直接通过"买粉"来达到提高影响力的目的，他们的每个赞、每个收藏转发、每个粉丝可能都有着明码标价，甚至有一些淘宝店卖家还像商店促销一样，为此推出了"福利套餐"。渐渐地，人们对 KOL 的推广产生免疫甚至不信任。

2019 年 7 月以来，营销圈很火的一句话是，"KOL 老矣，KOC 当兴"，仿佛也为 KOL 带货泼了一盆冷水。相比之下，"熟人种草"是一种可信度更高且更高效的种草形式。

《福布斯》曾进行过一项研究，结果表明，81% 的受访者表示来自朋友和家人的评价会直接影响他们的购买决策。而在唯品会联合艾瑞咨询发布的《"95 后"时尚消费报告》显示，"95 后"一代成长于社交媒体高速发展的环境，分享意愿较高，具有很强的品牌传播和种草能力：41.8% 的"95 后"会向亲友推荐好用的品牌，超过 30% 的"95 后"会转发有用的资讯以及教长辈如何使用 App，如图 2-6 所示。

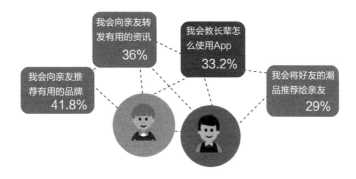

图 2-6　2018 年中国 "95 后" 资讯分享意愿

事实上,熟人间的种草是一种建立在强关系上的口碑传播,而强关系意味着较高的情感联结和信任度。这种信任堪比质量认证,在一定程度上减少了自己手动筛选商品所需的时间和精力成本,大家又可以借此话题展开交流,在你来我往中巩固感情。

种草营销之所以受到欢迎是因为,第一,"种草"能够带来流量,进而能促成转化。第二,消费者面对众多选择,更愿意做判断,各大电商渠道建立起与商品相关的"种草"板块,以图文、视频形式的内容提供给消费者,节省了消费者挑选商品的时间,将更加方便,也更为精准。第三,消费渠道众多,用户对商品的感知维度增加。现如今,消费渠道越来越丰富、物质条件越来越成熟,人们的生活水平也在不断提高,消费者对商品价格的敏感性不断弱化,反倒对产品的品质感知逐渐增强。这也是众多电商平台重视"种草"的一个很重要的原因。

成功的"种草"需要对消费者的情感进行刺激,让消费者感到"买了这个你就和我一样"从而产生"拔草行为"。当下,无论是明星代言、网红还是草根素人,他们在社交平台通过文字、图片、甚至视频的推荐,真实地展现该产品能给人们的生活带来的便利、品质等,从而触发消费者的情绪。

未来的种草营销何去何从呢? 首先是打造垂直圈层,不同的领域有不同的精专化人群,在种草环节也要将人群进行垂直细分化。例如,针对爱好美妆、注重时尚、关注黑科技的潮人等,要想从细节处挖掘消费者痛点,就要在不同的垂直领域精耕细作,打造圈层的信任感。可以通过大 KOL + 小 KOL 的打造,实现全方位的"一网打尽"。大 KOL 可以利用自身的流量和影响力来为品牌背书，小 KOL 可以通过分享高质量的原创内容来进一步促进消费者购买。通过这样的组合营销方式能够获得消费者对于品牌的信任。

同时，用户对品牌的认知需要多次的触达传播，用户的分享创作欲望也是如此。所以品牌投放需要跨平台、多触点地进行覆盖触达。如果在朋友圈看到一位好友转发某篇文章的话，你可能不一定有打开或评论的欲望，但多个好友集中转发时，效果就不一样了。

2.14 游戏营销：润物细无声

在游戏面前，很多人的抵抗力会迅速下降，"再玩一会儿""最后一局"已经成为玩家的口头禅，既然游戏这么有吸引力，那么将品牌传播与游戏营销相结合是不是就能带来不错的效果？

游戏营销有两层含义，一是指游戏平台对自身游戏的推广和营销，这也是这个词最初的意思。但随着感官体验时代的到来，以及游戏平台的蛋糕越做越大，品牌也开始把游戏和营销进行结合，即品牌利用游戏进行的营销。

相较于传统营销而言，游戏营销是一种隐性的营销方式，用户在游戏体验或者游戏元素接触中了解品牌的信息或进行产品的购买，达到一种润物细无声的效果。游戏营销这个概念是伴随着网络的普及和游戏的发展而出现的，所以人们也会将"网络、游戏、营销"当作游戏营销的三个关键词。

2004 年，在中国台湾举行的第二届 Maketer 时代营销人的评比活动中，获得第一名的飞利浦的营销活动让人们对游戏营销有了更多的认识。在这次活动中，游戏参与者被要求开一家虚拟的"网络电器行"，通过自己的努力提高盈利，并且不断升职。通过这种营销活动，既让玩家获得了体验互动的乐趣，又让品牌提高了自己的影响力。

但从"游戏"这个词来说，只把网络游戏或者电子游戏当作游戏的全部形式未免太过狭隘，在网络还未普及时，最早的线下游戏营销其实也可以放到游戏营销的发展史中。1987年，麦当劳推出了"大富翁"游戏，在促销活动期间，顾客购买特定餐点，就能获得与帕克兄弟棋盘游戏相对应的游戏卡片。玩家需要集齐棋盘上所有的资产，才能获得头奖。刺激与惊喜同行促使消费者不断"买买买"，麦当劳大富翁游戏可以说是一次持续时间最长的游戏营销，其也成了游戏营销的鼻祖之一。

游戏营销的营销方式分为三种，分别是品牌与知名游戏进行互动、开展线下游戏以及开发独立的游戏产品。

品牌与知名游戏进行互动包括品牌与游戏IP进行合作和品牌植入游戏这两种方式。在品牌与游戏IP合作中，国内的《王者荣耀》《阴阳师》《绝地求生：刺激战场》等大牌IP成为品牌的首选。2018年7月，美团与《绝地求生：刺激战场》合作推出TVC广告，融入游戏剧情，其播放量在上线当天5个小时内就迅速突破700万。品牌植入游戏也较为常见。2018年，微信小程序游戏"跳一跳"开始进行广告招商，可以为品牌定制专属品牌盒子或者定制品牌音效。NIKE为此投入2000万元。"跳一跳"游戏中出现NIKE品牌标志后，便有媒体纷纷报道，并被推上知乎热搜，给NIKE带来了极高的关注度。

线下游戏的开展则包括上文所说的麦当劳大富翁的游戏营销方式，但需要注意的是，随着互联网的发展，当下品牌开展线下游戏都会与线上活动联动，以提高声势并扩大影响。麦当劳大富翁的游戏也一直延续到了现在，并将消费者引入到网站上。

伴随着H5、小程序、互动视频等新产品的出现，游戏开发的成本降低，自主开发游戏已经成为品牌进行游戏营销的一种趋势。2019年6月，意大利著名的奢侈品FENDI推出一款微信小游戏"罗马奇遇记"，游戏内容就是要求玩家奔跑、躲避障碍物，并收集金币和FENDI包，对于前三名顶级玩家还会送出旅游大礼包。这种游戏将FENDI的发源地罗马以及产品进行结合，让消费者在玩乐之中对其品牌有了更深的了解，这比说教式的传统广告宣传效果更好。

《2019年1~6月中国游戏产业报告》重点对当下发展较好的三个游戏市场进行了介绍，分别是电子竞技市场、二次元游戏市场和VR/AR游戏市场。报告中显示，2019年1~6月，中国电子竞技游戏市场实际销售收入465亿元，同比增长11.3%；二次元游戏用户规模达1.12亿，同比增长13%；VR游戏市场实际销售收入12.1亿元，同比增长50%，AR游戏用户规模为731万，同比增长14.9%，数据如图2-7~图2-9所示。因此，这三个市场也成为品牌开拓的方向。

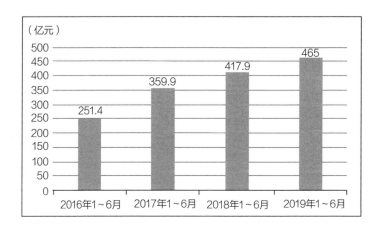

图2-7　中国电子竞技游戏市场实际销售收入

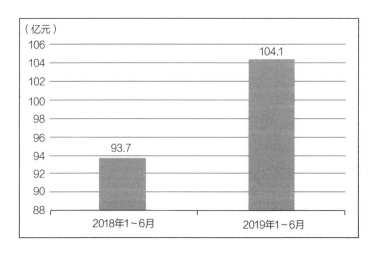

图2-8　中国二次元游戏市场实际销售收入

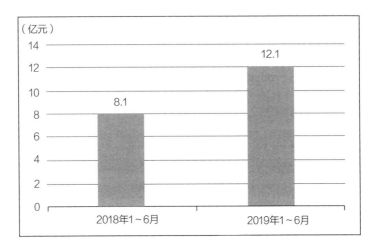

图 2-9　中国 VR 游戏市场实际销售收入

当电竞成为亚运会的一项体育项目时，电竞市场的大门便被完全打开，品牌方纷纷涌入。李宁加入了 RNG 电子竞技俱乐部并发布联名服饰，奔驰成为英雄联盟职业联赛的官方合作伙伴，vivo NEX 成为 KPL 新一代官方比赛用机，并在 KPL 春季赛总决赛上举行换机仪式……电竞方兴未艾，市场红利刚被挖掘，后劲较足。

二次元游戏市场也是如此。和互联网一起成长的 Z 世代已经成为当下的消费主力军，展现 Z 世代个性的二次元市场也被品牌觊觎，尤其是这种亚文化圈层，粉丝经济会助推品牌在这个领域的营销发展。"恋与制作人"上线不足一个月，安装量便突破 700 万，四个"纸片人"火遍大江南北，德芙便趁势将其作为代言人推出四条定制的原创广告片，迎合了万千少女的心。

游戏更加强调互动性和沉浸感，而 VR/AR 技术的发展则在不断提高用户在这个方面的体验。2018 年，可口可乐与百度 AR 合作推出"AR 城市罐"，带领消费者探索城市秘密，交互的体验让消费者感受到可口可乐品牌的活力。

游戏化会成为未来营销的趋势，品牌通过游戏营销在提高用户体验的同时也能在这个过程中将品牌宣传做到"润物细无声"，所以这个营销方式还能不被看好？

2.15 电竞营销：赋予品牌更加多元化的价值

2017年度的关键词榜单，我们看到了很多跟游戏相关的关键词，例如"王者荣耀""大吉大利今晚吃鸡""S7""皮皮虾我们走"等多个和游戏、电竞领域有关的热门词汇与短句。

根据有关数据，2018年游戏用户规模已达6.26亿，同比增长7.3%。移动游戏市场实际销售收入为1339.6亿元，同比增长15.4%。基数大、增长快构成了电竞用户最基本的特征。可以说，电竞的火爆已经达到了让品牌方们无法忽视的程度。

电竞不仅受到玩家以及品牌的追捧，也赢得了国内外权威体育机构的认可，成为官方支持的体育竞赛项目。从2003年起，电竞就被中国国家体育总局列为第78项体育运动；而国际奥委会也于2017年认可了电竞的体育身份；在亚奥理事会的推动下，2022年的杭州亚运会将电竞首次纳入正式比赛项目。

继"英雄联盟"探索搭建了电竞行业良性运营模式之后，"王者荣耀"移动电竞的发展又进一步提升了大众认可度，使电竞行业逐步形成了涵盖从观赏度较高的职业联赛到参与度较高的区域网吧赛，从线上电竞直播到线下俱乐部活动，从电竞视频的忠实核心玩家圈到娱乐化衍生内容覆盖的综艺用户等各个维度的电竞生态圈，为商业品牌提供了营销空间和商业价值。同时，凭借亿级用户基数及其独特的文化和年轻活力，电竞生态被视为新的营销蓝海，正吸引越来越多的传统行业大牌入局。

电竞行业坐拥亿级用户基数，增长快速，为品牌传播提供受众保障。据企鹅智库发布的《2019全球电竞行业与用户发展报告》显示，2019年，全球范围内的电子竞技观众总数将增长至4.54亿,其中电竞核心爱好者约为2.01亿,而中国的电竞用户数预计突破3.5亿,同时也将拥有全球数量最多的核心电竞爱好者,预计达7500多万人。

电竞生态自带青年文化属性、网络属性和体育属性,能够赋予品牌更多元的价值观和品牌文化。例如,二次元文化和自成一派的电竞语言,可以引领品牌酷炫潮流,实现品牌内涵与电竞文化圈层的软融合,塑造电竞业态下的品牌角色和品牌形象。

目前,电竞营销行业已从与电竞直接相关的IT和3C厂商,延伸到汽车、快消、日化、服饰、金融等各个行业,呈现出多元化的态势。2019年4月24日,为庆祝来自LPL赛区的IG战队成为"英雄联盟"S8全球总决赛的冠军,NIKE与LPL冠军合作推出联名款T恤,与IG冠军皮肤以"我们是冠军"礼包的形式上线开售,标志着传统品牌开始入局电竞市场。

首先,高频渗透提高触达率。高频渗透不等同于传统简单粗暴的Logo高频露出和硬植入,而是渗透品牌曝光和品牌认知,电竞营销在这方面具有独特的传播矩阵优势和互动优势。当下爆款电竞游戏几乎都依托于互联网巨头,共享巨头完善的传播矩阵。例如,"王者荣耀"天然地拥有腾讯旗下诸多传播渠道组成的传播矩阵,助力品牌渗透各个场景。此外,电竞直播、电竞社群等强社交、高黏度的玩家互动平台,也为品牌的渗透提供了渠道。

其次,深度融合提高转化率。电竞营销成功的关键是找寻品牌自身的电竞营销"蓝海",即品牌与电竞本身存在的共生性和共赢性。探讨品牌核心价值与电竞内涵的情感认同和文化认同,挖掘电竞IP价值链接点,并充分利用电竞IP自身的知名度和影响力,实现品牌调性的养成和对用户的长期教育。例如,雪佛兰新一代创酷上市,结合IG战队在电竞领域中不忘初心、勇敢拼搏、追寻梦想的精神,与雪佛兰"梦·创未来"的品牌主张不谋而合,雪佛兰携手IG战队拍摄热血广告大片。面对"电竞到底算不算运动"的发问,用"创出新天地"的品牌理念回应质疑,挑战全新可能。

再次,多元探索拓展空间。品牌与电竞联合的内容创新主要体现在产品细分、定制、包装及虚拟内容的实体化场景呈现等方面,通过IP产品的线下运营吸引玩家"组队开黑"。电竞生态泛娱乐化和衍生化的发展,也为品牌提供了探索电竞营销的更多可能性，通过电竞元素为品牌赋能，创新呈现产品和品牌故事的载体，实现跨界内容生产，甚至催化 IP，为用户提供更好的体验。例如，梅赛德斯－奔驰在成为第七届英雄联盟全球总决赛中国区首席合作伙伴期间，推出一系列具有游戏性、年轻化的话题，一度攀上各大搜索榜前十的位置。

对于品牌主来说，电竞背后隐藏着无数消费欲望强烈的年轻人，而赛事和内容本身也是极佳的营销平台，值得细挖。当然，在 2018 年中，电竞的风暴无疑更加猛烈，如何甄选一个优质的电竞营销平台，也是需要谨慎思量的。

2.16 短视频营销：从野蛮生长到精耕细作

"快手带你看世界""抖音记录美好生活"，这两句口号一出，短视频营销特有的魔性和刷屏魅力，瞬时浮现于脑海。

上下班挤地铁，闲暇之余，掏出手机，打开 App 刷刷抖音、快手、小咖秀，15s 左右的短视频，简单洗脑的 BGM（Background Music，背景音乐，简称 BGM）让人非常"上头"，抓人眼球的画面，甚或"神转折"的剧情，吊足了我们的胃口，让人又忍不住一遍遍循环播放。看得心动时，点开视频底部"购物车"链接，转到淘宝相关页面，与视频同款的产品轻松获得。

这一幕并不陌生，近年来，短视频营销无孔不入地渗透到我们的日常生活。

那么，究竟该怎么定义这种营销模式呢？

艾瑞咨询在《2018 年中国短视频营销市场研究报告》中给出了答案。从广义上讲，短视频营销指以短视频媒体作为载体的所有营销活动的总称，根据玩法的探索和创新呈现出越来越多不同的形式和特征，主要包括硬广投放、内容植入、内容定制、网红活动、账号运营和跨平台整合等营销形式。从狭义上讲，主要指在短视频媒体平台上进行的所有广告活动，包括硬广和软广，具体可以分为品牌图形广告、视频贴片广告、信息流广告和内容原生广告几个大类别。

2013年，腾讯微视、新浪秒拍上线。2014年，美图秀秀的美拍上线，优酷也加入短视频战场，宣布推出短视频社交应用"美点"。回溯短视频营销的发展历程，许多业内人士都将2014年称为"短视频元年"。当时智能手机的普及、4G时代的到来、移动社交的热潮孕育出短视频这一结合了移动互联网、碎片化阅读、海量用户基础的产品形态。

但事实上，"短视频元年"里的短视频，并没有成为期待中现象级的事件，也没能引发全民热潮。2014年，短视频营销面临的最大困境是技术的缺位，4G时代处于"预热"阶段，并没有真正到来。在当时，70M流量包售价10元，而上传一段10s的短视频大约需要10M流量，视频下方"建议WiFi环境下观看，土豪请随意"的标语导致用户短视频浏览习惯养成困难。

在这样的背景下，2014年，相比于同时期国外Instagram、Vine、Snapchat短视频营销的风靡，国内的短视频营销仍停留在起步阶段。社交帝国腾讯旗下的微视小有水花，在业内引起了关于短视频营销生存业态的探讨，却未能激起较大的波浪。

真正将短视频营销推向高潮的，是本节开头提到的"抖音"和"快手"。2015年成功转型"视频社交"、日活跃用户数达到1000万的快手和2016年9月上线的字节跳动旗下的抖音，推动了短视频营销的进程。直到今天，这两个短视频App仍旧保持着行业内的头部地位，交出的成绩单遥遥领先，即使几年后，腾讯竭力"复活"微视，试图通过丰厚的补贴，来获取用户量的快速增长。但据相关数据显示，截至2018年5月，抖音与快手的活跃人数分别为1.82亿与2.34亿，而微视仅为0.07亿。

若要分析这两大巨头的成功模式，关键词离不开"平民化"和优秀的"算法逻辑"。相比于早期微视邀请明星入驻引流的玩法，抖音和快手重构了用户的权重。"素人""草根""去中心化""接地气"成为关键词。这是一个全新的平台，被追捧的不一定是自带粉丝流量、一呼百应的明星达人，也可以是任何一个鲜活平凡的普通人。

打破中心化算法的固有机制，将话语权交给亿万普通用户，同时借助大数据算法和逻辑基础，可以让短视频更高效地定向到目标受众，有效播放率达到85%，为快手和抖音博得同类短视频市场早期红利。

《抖音DTV广告营销价值白皮书》的数据统计显示，截至2018年9月，短视频的月活用户数已达到5.18亿，相比11.2亿的移动互联网用户，占其46.25%。海量的短视频用户成为品牌广告传播的高效介质，增加了品牌曝光概率，如图2-10所示。

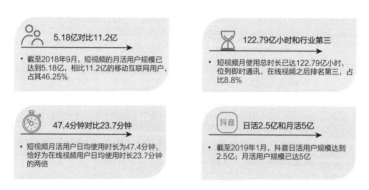

图2-10 短视频迅猛发展，成为互联网用户注意力聚集的主流阵地

就这样，抖音以高达5亿的用户数，成功吸引品牌入局短视频营销。除了母婴美妆以及时尚是目前短视频变现能力相对成熟的领域，像汽车、家电以及数码类等传统行业都有望加入变现较强的梯队。据悉，口碑内容在汽车消费决策中起到50%的作用，抖音以"智能分发+短视频生态"双轮驱动，在超级品牌馆建立了口碑视频化营销阵地，将品牌用户数据资产进行高效沉淀。

步入2019年，短视频营销从野蛮生长期过渡到了精耕细作的阶段，通过数据可以发现，2018年，短视频营销市场的增速达到巅峰，进入2019年，整个行业的红利爆发期已经过去，整个市场规模进入稳步增长环节。未来短视频营销的发展趋势大概有以下几个表现：

首先，不少品牌开始对社交关系链进行强化。在短视频平台建立官微，联动KOL营销成为最常见的方式。例如，2019年，国产美妆品牌玛丽黛佳便利用"快闪店"与抖音挑战赛实现了线上线下的整合营销。

其次，品牌在植入内容上要求更高，对赞助内容的选择从 UGC 变为 PGC。网红开始在精品短视频内容中发挥作用，由明星、短视频 KOL 参与的 Vlog、微综艺、竖屏剧等内容出现了品牌植入、冠名。

再次，短视频 KOL 重构"人货场"，持续发挥"人与货"的强链接作用，使得短视频营销更加品效合一。短视频平台方在积极打通主流电商平台的同时，也在完善自有电商渠道的建设，形成短视频电商化。

2013 年至今，短视频营销经历了初期的粗放式增长，已经进入下半场，许多平台大号通过细分内容的释放来提高粉丝黏性、提高带货能力、提振自身商业价值。未来短视频营销会做出什么样的成绩，让我们拭目以待。

2.17 直播营销：
狂欢、裂变、挣扎和沉寂

"热搜预警"后，饱受争议的斗鱼主播"乔碧萝殿下"开播了。一夜狂欢下来，"乔碧萝殿下"的粉丝量翻了近 10 倍，萝莉变大妈的故事极尽反差，既有话题度也颇具煽动性，没多久乔碧萝的直播画面就被恶搞做成表情包，广泛传播于各大社交平台。

如今，看直播似乎成为很多年轻人生活的一部分，一条简单的直播新闻，就能为一位主播带来几十万的粉丝。这场迎合受众猎奇心理的直播策划事件，仿佛撕开了直播领域的一个口子，让人窥探到这个宏大产业链背后的运作模式。

关于直播营销，业内人这样解释，直播营销是指在现场随着事件的发展制作和播出节目，该营销活动以直播平台为载体，达到企业获得品牌的提升或是销量增长的目的。

随着移动网络提速和智能设备的普及，2014 年起诸多直播平台相继涌现，各大互联网巨头相继参与到这场直播盛宴中，这在国内互联网发展中极其少见，其中以游戏直播、秀场直播、体育直播最为火爆。在游戏直播中，诞生了斗鱼、熊猫、虎牙等；在体育直播中，诞生了直播吧、风云直播、章鱼 TV 等；而在真人秀场直播中竞争最为惨烈，诞生了映客、花椒、一直播、陌陌等。

在直播营销的历史进程里，不得不说的，是接下来这个故事。

2014 年 9 月，一个在建筑设计院当了三年工程师女孩，偶然看到斗鱼平台上的女主播打游戏，跟同事吐槽"还没我打得好"，同事呛她"有本事你去啊"。

于是，她开始了自己在斗鱼的直播生涯，成了和斗鱼共同成长的第一代主播。她叫陈一发，她在直播间里展示自己玩英雄联盟、魔兽世界的过程，偶尔还有自己加班画图的日常情景，渐渐积累起十几万粉丝。陈一发见证了斗鱼直播的发展，也跟着平台整整红了四年。

在 2016 年，正值直播营销巅峰时期，当年年底，陈一发发行单曲《童话镇》，播放量冲上了网易云音乐 "2016 年 TOP 100 音乐总榜单" 的第一名。榜单第二名是薛之谦的《演员》，第三名是周杰伦的《告白气球》。这傲人的成绩给所有执着于直播行业的人，带来一丝曙光。

同年，雷军作为企业家中的网红，在当年 5 月 11 日直播了自己公司即将发布的小米 MAX 手机，当天百度的搜索指数达到了 23 万之多，并且在 5 月 17 日首发的时候同样引起了轰动，搜索指数达到峰值。雷军在直播中表示："直播是一种全新的方式，这里面存在巨大的机会，建议创业者关注直播，利用好直播向用户介绍自己的产品。"

雷军也投资了欢聚时代孵化的虎牙。阿里巴巴在做淘宝直播之外，还投资陌陌，发展优酷旗下的来疯直播。王思聪先是投资 17 直播，之后又创立熊猫直播。而腾讯分别大手笔投资虎牙、斗鱼、龙珠 TV，搭建了企鹅直播。2016 年年末至 2017 年年初，直播如日中天地发展着。

谁曾想，仅仅只过了一年，到了 2017 年 "直播已死" 的声音就开始甚嚣尘上。根据 QuestMobile 数据，在经历两年内三倍成长后，直播平台整体用户时长在 2017 年已出现下降。由 2016 年峰值的 203 分钟，下降至 182 分钟。更严峻的是，一方面短视频的兴起，严重入侵了属于社交的城邦和属于直播的一亩三分地；另一方面是行业进入市场结构调整和业务重塑时期，发展趋于稳定。

到了2018年，直播行业进入沉寂期。这一年是"直播"两个字最火的时候，尤其是春节期间的直播答题，而这个"直播"却是在给"短视频平台"拉新。而因各种打着擦边球的色情、暴力的节目不断横生，直播环境的安全问题频繁受到质疑，文化部对于直播平台的监管在不断加强。

从2014—2018年，直播营销经历了狂欢、裂变、挣扎和沉寂。

直播从一出现，就有自己的独特优势。它集文字、声音、动画、互动于一身，能在不同的场景中让用户感到愉悦，产生黏性，形成口碑，为营销提供了一种全新而有效的对外宣传方式。同时，直播花费少、好操作，不受时长限制，允许展示更多有吸引力的内容说服消费者购买，且只需考虑直播流量费用，推广成本更低。

直播发展得过于迅猛，技术的更迭和平台玩法的迅速更新，让直播行业存有越来越多的可能性，可与此同时，监管的缺失，内容的同质化和粗制滥造，让直播迅速归于沉寂。在企鹅智酷针对用户弃用直播平台原因的调研中，排名第一位的原因是"对内容不感兴趣"，占比高达57.75%。相比较下，排在第二位的"收费项目太多，规则不合理"占比20%都不到。如今打开直播，似乎还是只有打游戏、唱歌、喊麦这三个套餐。对比电视行业多年来形成的纵深和广度，直播的内容确实过于简陋，提供的选项过于逼仄。

在短视频、Vlog出现后，直播的业态趋于平缓，用户被不断瓜分，至于未来直播营销能否绝地重生，还要看是否会有新的机遇。

2.18 H5营销：绚烂却短暂的3年进化史

当Tim Berners-Lle在1991年写下一段HTML标签文档时，一定没有想到在20余年后的今天，作为最新发布的标准HTML5，给营销传播赋予了短暂又耀眼的生命。

一切得从 5 年前说起，2014 年 5 月，一支 H5 横空出现在朋友圈，一根跳跃的红线贯穿屏幕，忽明忽暗、闪烁跳跃的红色圆点，流畅统一的视觉体验，这是可口可乐推出的"分享快乐 128 年"，作为最早登录朋友圈的一批作品，这支 H5 开启了 H5 营销的萌芽时期，同时也让受众不禁直呼，原来 H5 就是"会动会翻页的 PPT"。

"会动会翻页的 PPT"，这个略显随意的定义，在 2014 年上半年，无形中限制了 H5 的声量，很多广告人对这个微信新兴产品，持有不以为然的态度。

直到同年 7 月，一句"简单好玩能攀比"迅速刷屏，这七个字来自一款叫作"围住神经猫"的 H5 小游戏，上线 48 小时，PV 达 1026 万。满屏的"我没有围住它，谁能帮个忙"和"我用×步围住神经猫……你能超过我吗"，撩拨着微信用户的神经。H5 就以这种俏皮活泼的形式成功植入了"社交"基因，打通了朋友圈的"分享链"。

此时一众广告人如梦初醒，看到了一片纯净蓝图，各大公司和品牌火速跟进，井喷的小游戏，井喷的视觉类 H5 悄然冒出，也顺带着让一大批以此起家的公司，被大众熟悉。

W 公司便是其中的翘楚，作为一家经常以"野狗"自诩的广告公司，2014 年年底到 2015 年，W 公司产出的一系列 H5 都算是行业的标杆作品，带领着整个 H5 行业向前狂奔。不到一年时间，人们把 H5 和 W 公司画上了等号。

看到了 H5 的巨大潜力，一大批人员浩浩荡荡加入 H5 营销的行当。经过 2014 年的试水和萌芽期，2015 年对于 H5 营销来说是充满探索性的一年。这一年挖掘出的 H5 呈现形式基本占据了现有 H5 形式的 90% 以上。

××照、答题测试、视频互动、场景模拟、虚拟场馆、拆文解字、双屏互动、录制语音、私人订制……H5 营销中能拿来做文章的元素几乎被拆解殆尽，曾经在别的社交媒体上火爆的形式也被移植过来。

2015 年 8 月，一支主角为吴亦凡的 H5 打开了新局面。腾讯游戏的这支名为"吴亦凡即将入伍？！"的 H5，打开就是腾讯新闻的页面，仿真度可谓

100%。包括最后的视频通话，走的还是场景模拟的老套路，但之后吴亦凡从新闻视频中跳出来，人和页面的互动着实令人惊艳。

在花式玩法的加持下，H5 营销成就了全民狂欢。在当时，似乎什么类别的广告都可以融进 H5，不免让消费者眼花缭乱，创新形式似乎走到了尽头，H5 营销陷入了"过度消费"的迷思中。这时，技术的推进和雄厚资本的背书，让 H5 营销在接下来的 2016 年，看到了回温和转机。

进入 2016 年下半场，腾讯、阿里巴巴、网易等"高端玩家"，将 H5 推向了真正的繁荣期。"穿越故宫来看你""里约大冒险"等的惊人视效和风格化内容，"天猫双 11 邀请函"的三维全景世界都令人惊叹。

Nike 在 2019 年 9 月别出心裁地利用新世相、gogoboi 等一大批 KOL 资源为自己造势，新世相的《你应该找到自己的气场》；与 gogoboi 合作的文章标题为《宇博向你扔来一枚老公，请接好》，可谓非常心机和吸睛了。

漩涡过后，一切似乎归于平静。2017 年，H5 的互动骤然减少，传播量大的 H5 很大一部分是直接内嵌视频，轻互动，重内容，H5 变成了一个传播形式的载体，曾经炫酷的交互在慢慢消失。

从萌芽期到过度消费再到回归平静，H5 营销仅仅走过 3 年时间。

说到底，H5 就是一个点击+分享的通关游戏，而决定这众多 H5 命运的动作，不过是受众的一次次点击+分享。一支刷屏 H5 只要帮用户找到"点击理由"和"分享理由"，这事就成了。

比起其他形式的营销方式，H5 营销的展现形式更为综合，电影、美术、设计、文学、音乐、通过交互糅合在一起，增加了与用户的互动，同时制作成本较低，省去了烦琐的阶段直接可以抵达受众，同时加上社交的联动，使其易于传播更便于出圈和刷屏。上至知名品牌主，下至普通人在易企秀等网站上简单制作即可推广。

H5 营销的优势很明显，但因其可得性、可操作性过强，反而缩短了其从成长期到衰落期的历程，由高峰快速滑入低谷。

几年时间里，有些 H5 类型成了朋友圈的常客，例如测试类、年终盘点类等；有些 H5 类型昙花一现后，归于寂灭，例如双屏互动类、密室逃脱类等。

尤其是网易云音乐做的年终盘点频繁刷屏，为品牌带来巨大声量，至今让人印象深刻。

测试类和 DIY 的短平快，是 H5 传播力最强的两种形式。H5 打起走心牌，好好经营内容，也是可能突围的路径。例如 2015 年的《致邓丽君的一封情书》，2017 年网易为纪念《哈利波特》20 周年而作的 H5，关注自闭症儿童的《小朋友画廊》。好的内容为 H5 营销制作声量，更容易引起自传播和优质 UGC。

H5 营销在营销传播领域留下了浓墨重彩的一笔，或许哪一天，又会以一种新的方式重回大众视野。毕竟，营销人永远会给我们带来新的惊喜。

2.19 小程序营销：多维度增加黏性，触达"沉睡"用户

2017 年 1 月 9 日，微信发布小程序。正式上线之后的几个月，微信对小程序逐步进行了完善：开放关键词搜索、试点 LBS 推广、增加任务栏。整体向好，甚至一度因为被认为会威胁到 App Store 的分发，而被苹果官方逼停了微信赞赏功能。

依托微信强大的用户基数，短短两年多的时间，小程序已覆盖超过 200 个细分行业。2018 年，小程序服务超过 1000 亿人次用户，年交易增长超过 600%，创造了超过 5000 亿元的商业价值。从以上数据都可看出，小程序行业竞争激烈，这也就给身处在小程序当中的创业者们一个危机感，使他们不得不在小程序营销下功夫，而一个懂得营销的创业者往往会走得更长远。

小程序自 2017 年上线起，就在营销界掀起了滔天巨浪。无论是微信、支付宝还是百度，本质上并不是服务的终点而是桥梁。而微信发布小程序的目的就是为了提高"信息及服务"的连接效率，并为用户提供"一站式服务"，尤

其是当前应用最广、影响最大的电商、游戏、服务、工具类的小程序。

2.19.1　电商类小程序

不可否认,电商们涌进小程序的最大动力就是流量变现。拼多多就是最好的例子,也是最成功的例子,在短时间内迅速席卷"五环外"的用户。拼多多之所以能很快吸引这类用户,主要是因为这部分的人群社交圈都是在本地,他们极其依赖和信任熟人之间的社交关系,对品牌更容易产生"裂变"的效果。

小程序的出现不仅满足了用户无须下载、即搜即用的需求,而且很好地解决了移动用户需求与开发者对接的问题,而现在经过不断完善的小程序则显得更加智能与便捷。电商类小程序依靠社交化传播可以快速拉新,也可以通过社交化实现转化。《参与感》一书中说到,参与感正是用户转化的有效方式之一,并给出了"三个战术":开放参与节点、设计互动方式、扩散口碑事件。这三点微信小程序就可以完美呈现,通过构建达人与用户交流的圈子,实现用户边看边交流的完整体验。

拼多多开启了"社交电商"的先河,充分利用了微信的社交属性,通过拼团模式,鼓励用户主动分享小程序,摊低了单个用户的获客成本,其产品推出的拼单、砍价、拆红包等活动,目的都是引导用户主动分享。

更为明智的是,拼多多并没有停留在坐收渔利的阶段,而是充分利用小程序,向自己的原生 App 引流,积累自身的流量资本,与微信小程序形成了难能可贵的良性循环。

2.19.2　游戏类小程序

微信小游戏的一个重要特点就是"轻":轻体量,只占少量内存;轻操作,以规则简单、画面单纯类为大多数;轻使用,用户无须花太多专门的时间和精力投入游戏。2018 年的 1 月，有一款小游戏一夜之间火爆各大微信朋友圈——跳一跳。

简单的玩法，却得到了现象级的刷屏，2800 万的 HAU（小时活跃人数数量）与 500 万一天的广告费让它不置可否地火了。至此，开发者们已经认识到了小程序游戏的潜力，蜂拥而至。

这些微信小游戏无论是从脑力还是体力甚至是金钱方面都不需用户过多浪费，而且还能调动用户的群体归属感。这样的小游戏从各方面迎合了当代人的生活方式和习惯，火爆起来其实并不奇怪。

2.19.3　服务类小程序

对于消费者来说，小程序的出现给生活带来了更多便捷。微信小程序由于具有先发优势以及所依托的微信 App 的庞大用户基础，其用户数量增长迅速，截至 2019 年 6 月已经累计至 7 亿人次。在全部微信小程序中，小游戏占据了绝大比重，生活服务类小程序所占比重并不高，仅为 6.2%，在所有行业中排在第四位。

生活服务行业的头部小程序以腾讯系和美团系为主，美团系利用小程序矩阵提供差异化服务，满足用户外卖、团购、点评和电影订票的不同需求。

在排行前十的生活服务类微信小程序中，三个为腾讯系，分别为排名第一位的生活缴费、排名第五位的城市服务和排名第七位的腾讯手机充值，而美团系数量为四个，分别为排名第二位的美团外卖、排名第三位的大众点评、排名第四位的猫眼电影和排名第八位的美团。

在活跃用户数量上，腾讯系微信小程序要比美团系微信小程序人数稍多，腾讯系截至 2019 年 6 月累计活跃用户数量约为 2.33 亿人，美团系截至 2019 年 6 月累计活跃用户数量约为 2.22 亿人。

2.19.4 工具类小程序

工具类小程序主要是解决微信使用过程某个场景下的具体问题,为用户提供更便捷的效率工具,如群签到、投票、交换名片等场景。其"打开即用、用完即走"的特点似乎拥有一招制敌(工具类 App)的潜力,但随着真正投入市场,开发者们发现用户对工具类小程序的依赖并没有想象中那么高,工具类小程序对同质 App 的冲击也没有想象中那么大。

对用户来说,工具类 App 虽然需要下载登录,但功能更全、界面更优化,小程序则由于自身有限的内存,不能支持较为复杂功能的使用。而且,微信目前依然设定小程序不能主动向用户发送消息,这就导致很多时候用户使用过小程序后一去不返,对此,小程序商家也无能为力。传统 App 在同样的情况下,则可以用推送触达沉睡用户,增强用户黏性,避免不必要的流失。

2.20 自媒体营销:全民自媒体

美国艺术家安迪·沃霍尔曾经说:未来,每个人都有 15 分钟的成名时间。这句话在 20 世纪刚刚诞生之际还显得无比超前,但放在今天,的确是互联网时代的真实写照了——在 21 世纪,人人都是自媒体。

不仅如此,人人也都成了自媒体的受众。因此,自媒体营销也就成了品牌方热衷的推广方式,高性价比成为其代名词。

2002 年博客的出现,宣告了自媒体一种新形式的出现,它以一种极具个人化色彩的网络日志的形式来展示自己。推特的诞生催生了微博的出现,2009

年新浪微博诞生。微博用户成为时代讯息的记录者和关注者。

然而，自媒体真正走入大众视野，要从 2012 年说起。

2012 年，微信推出微信公众号，随机引发大量机构及个人入驻，早期引流非常容易，随便一篇文章、有点搞笑的段子或者小品视频等都会引来关注和浏览。

2013 年，随着智能手机的普及，自媒体日益深入到普通人中，与微博不同，微信公众号允许长文本，且可以在手机随时查看。

还有更重要的一点，微信的朋友圈功能，使文章内容更容易扩散。简单的分享就能带来不可估计的流量。正如微信官方数据表明：80% 的用户通过微信朋友圈阅读。从此自媒体人开始如鱼得水，草根作家如雨后春笋般迅速崛起。

2014 年，微信公众号上线变现功能，开始盈利，但这种发展依旧遵循市场的二八定律，盈利的依旧是少数。

同年，一个叫"六神磊磊"的人，为这股自媒体浪潮带来一种新的可能。很多人认识六神磊磊，是从《猛人杜甫：一个小号的逆袭》开始的。2014 年 11 月，这篇文章几乎刷爆朋友圈，靠一个微信公众号"六神磊磊读金庸"在互联网上声名鹊起，六神磊磊成为坐拥粉丝近百万、生产爆款文章的"网红"。

同时期走红的，还有罗振宇创办的罗辑思维，他坚持每天早上 6 点钟，准时在微信公众号上发一条 60 秒的语音。自创立之日起，罗振宇就在不断尝试创新，其创立的独特社会化营销、社群经济、众筹模式和会员制度模式等，收获了一大批忠实粉丝。

微信公众号的火热，连带着其他类似自媒体平台异军突起。今日头条的"头条号"在当时有高达 4 亿的用户规模，每日有 4000 万活跃用户。除此之外，头条号有分红机制：自营广告与回报分红。根据数据资料显示，头条文章广告的千人展示费用大概在 4 元左右。另外，今日头条的回报分红，会根据阅读量给予一定分成，一篇 100 万阅读量的文章可以获得大约 200 元的收入。百家号、UC 头条、简书，都为自媒体发展注入新鲜血液。

2016 年，映客、快手和花椒直播开始出现。新浪、腾讯也开始加入直播，还有无数的小的直播平台也纷纷加入其中。网络直播吸取和延续了互联网的优势，利用互联网的直观、快速，表现形式好、内容丰富、交互性强、地域不受限制、受众可划分等特点，加强活动现场的推广效果。这个时候，papi酱因其独特的吐槽短视频爆红。

在papi酱2017年与中国工商银行合作的经典营销案例里，推出了短视频《12星座典型性格的12个人》，开始后5个小时内，仅仅在微博一个平台上，播放量就达到了1369万、转发9万、点赞11余万，一周内papi酱视频总播放量4500万，评论数55万，获赞26万，自媒体达人的影响力俱显。

2016年下半年，公众号增长开始放缓，内容爆炸导致用户注意力越来越稀缺，九成读者关注不到50个自媒体。为验证这一观点，新榜将2016年与2017年全年活跃样本的平均阅读数进行统计对比，结果表明：2017年公众号平均阅读数为2821次，比2016年减少898次，即公众号平均阅读数环比下降约46.7%。

唱衰自媒体的言论不绝于耳。公众号"新世相"给业内提供了一种新鲜的玩法和一丝曙光。它卖书、送粉丝机票，让大家逃离北上广，在北京、上海的地铁里发起了"丢书大作战"，还出版了一套粉红色的《红楼梦》，拍摄了一系列美食故事微电影……而新世相的收入模式从原有的软文广告逐渐转向了活动赞助，单次赞助规模从最初的几十万元上涨到了近千万元。

创始人张伟2013年创办了新世相，两周年时，新世相完成了第一阶段的目标，开始不满足于纯粹的媒体业务，寻找第二增长曲线。这家公司开始探索基于付费内容的商业模式，陆续上线了自己的中文阅读产品、英语学习产品。然后在媒体业务上，它也试图寻找新的增长突破口：影视。

与影视IP合作，是一种奇巧的借力方式。2018年10月17日，新世相发布了自宣布开始影视化以来做的第二支短片《凌晨四点的重庆》。把一部影视作品变成一个城市年轻人的热议话题，这也正是新世相的合作方看重的能力。

如今，各类新兴的自媒体虽然发展可观，但有着内容泛娱乐化严重、内容格调不高、题材相对狭隘等问题，忽视了应有的价值内涵，势必迎来严厉监管。除了监管，大多平台开始推出内容改革，用户也走向垂直化，包括短视频在内的新自媒体2019年必然走向精品化。

2.21 大屏营销："华丽回归"的全息媒介

法国社会学家让·鲍德里亚曾说,"电视就是世界"。

在过去的很长一段时间里,电视是广告主最青睐的投放商品信息的媒介。然而随着互联网的出现,传播路径被重新解构,人们的目光逐渐转向新兴媒体,电视作为传统广告投放渠道似乎在不断式微。

原以为会"跌入谷底"的电视,却摇身一变,"大屏智能电视"惊艳回归。随着年轻消费群体重回"客厅"场景,大屏电视营销积极迎合受众的新需求,逐步占据营销业态的一席之地。

现在营销圈说的大屏营销,通常是指 OTT 大屏营销。OTT 是"Over the Top"的缩写,对中国消费者来说,OTT TV 主要指的是满足影视、综艺节目点播和 App 家庭娱乐应用的需求,集成互动电视功能的智能互联网电视,简称"智能电视"。

2016 年被认为是 OTT/智能电视广告发展的元年,此后一路高歌猛进,不断创收佳绩。《中国有线电视行业发展公报》显示,截至 2018 年年底,OTT TV 收视份额达到 36.69%,OTT TV 已经具备规模基础,流量价值与运营价值凸显。

在阿里巴巴集团首席市场官董本洪看来,OTT 大屏营销重新吸引受众,有两个方面的有利条件:一方面,智能电视终端的制造门槛降低,销售价格也变低,这带动了硬件的普及;另一方面,优酷、爱奇艺等互联网内容制作方生产内容的能力提升,WiFi 基础设施也在逐渐完善。这都促成了 OTT 大屏"场景营销"的快速升温。

如今，"90后"已成为主要消费群体，他们偏爱个性化定制，OTT大屏能够根据用户口味偏好和场景，智能推荐内容、产品、营销等，深受用户喜爱。目前，OTT营销的用户周到达率和广告触达率已远高于传统电视，更通过开机广告100%触达，使整体平均触达率达73%。OTT营销解决了数字视频媒体VIP用户流失的难题，有效覆盖了传统电视曝光盲区，形成庞大的OTT独占用户群体。

翻看大屏营销的案例，让人记忆深刻的，莫过于2018年夏天，在大众对世界杯足球赛高参与度的基础上，众多品牌联合OTT玩转的"客厅"世界杯狂欢。

与传统广告不同，OTT广告有开/关机广告、屏保、暂停、待机广告、APK开屏广告、视频前贴片、中插广告、退出广告等众多形式。这些特殊的广告形式，给品牌主更多有趣新奇的玩法。

比如酷开，就是将OTT大屏广告浸润到用户喜闻乐见的生活场景中，通过精准描摹用户画像，把内容分为影视、音乐、体育、游戏、教育、旅游、健康、购物等板块，将繁杂的信息有序地"摆"在用户面前。据统计，整个活动期间的家庭参与数已高达1575.24万，累计曝光量超过14.46亿。

事实上，人们在"特殊事件"中对大屏的依赖，并不令人意外，秒针在《OTT TV营销价值报告》中就曾指出，大多数消费者主要选择通过大屏观看节日庆典、体育赛事等大事件节目，大屏成为热点营销不可错过的媒介渠道。

正如本尼迪克特·安德森在《想象的共同体》中描绘的那样，大屏给予了人们一种无形之中的"共同体"意识，更容易构建出集体主义和民族情结，这也是大屏营销所构建的独特场域。

行至2019年，在几年的积累后，OTT广告市场方兴未艾，然而，电视大屏实际收入规模还相对较小，增值付费收入甚至广告收入都尚不匹配OTT用户规模，在此背景下，大屏营销范式也将迎来新革命。

如今，相关企业在不断创新广告形式，康佳打造出三大产品类型、15种常规化广告形式，2019年年初推出了大小屏互动广告，实现电视端、手机端同步推送信息，为商业变现提供了更多可能性。酷开网络通过大数据分析，以大屏活动为切入点，极大地激发了电视用户的消费购买潜力。

对于大屏营销而言，目前的短板可能是"数据孤岛"，牌照商、内容 App 企业、硬件厂商和第三方数据公司都发布覆盖用户和活跃用户数，但是数据之间相互孤立，不仅无法实现精准营销和推荐，同时各方拥有不同的用户体系或者经营路径，导致上层的运营被打散，所有的服务策略也都难以自始至终贯彻下去，无法完成市场共建。

而前段时间闹得沸沸扬扬的"数据造假"事件，也波及了大屏，监管上缺乏经验，在利益驱使下，出现了不同程度的刷流量的现象。不仅损害了广告主的利益，还将损伤行业健康发展的根基。

对于未来大屏智能营销的核心发展趋势，欢网科技 CEO 吴盛刚在 2019 欢网大屏智能营销战略发布会上提出了三点：一是在资源购买方面，广告主将购买屏前的用户资源，而非电视节目；二是在资源整合方面，TV＋OTT＋IPTV 将构成大屏整体营销资源；三是在提供服务方面，要为广告主提供各类针对性解决方案，如行业定制解决方案、销售下沉、经销商支撑。欢网正跟着新趋势的步伐，深耕与拓展市场。

从"电视就是世界"的巅峰时代，到被新媒体瓜分流量逐渐式微，大屏营销继承了电视广告营销的优质"基因"，又给出了符合时代特色的全新玩法，大屏营销还有更多值得深耕的领域，顺势而为不是坏事。

2.22 AI 营销：广告营销行业内一股不可逆的趋势

酷炫的好莱坞大片，想必大家都看过。在这些经典的故事中，人工智能（AI）始终围绕着人类与机器之间的冲突与融合，重构了一个又一个异次元无限可能的新世界，这种似幻似真的场景也加剧了我们在现实中对人工智能的无限好奇和追寻。

人工智能即便充满争议，也无可厚非地成了当下讨论的热门话题和行业趋势。尤其是在致力于探寻人性本质的营销领域，AI 营销也成为营销人热切期待能够实现的过程和目标。2018 年 8 月 23 日，百度发布了国内首本《AI 赋能营销白皮书》，此书不仅完整地勾勒了 AI 营销的前世今生，也是第一次系统性地阐述了当下营销人对于 AI 营销的种种误区、AI 在营销中所扮演的角色和价值，以及未来 AI 将如何助力营销的变革。

对于人工智能的普及和运用，各种关于人工智能的猜疑和"威胁论"一直是甚嚣尘上。其讨论的范畴一直离不开"取代人类"，比如：人工智能会不会取人类而代之，人类会不会成为智能机械亡奴之类的话题。

从历史发展的角度来看，这一切无论真假，该来的一定会来，只是人工智能会不会对人类构成威胁，我们尚不能定论。因为人类目前对于思维、意识等的研究都还不够深入，还不能完全解释自我意识的产生、思维能力的形成等。但目前人工智能在市场营销领域的应用却成效显著，智能化营销技术正在深度赋能品牌。

回到移动互联大背景下，"95 后""00 后"新一代互联网用户的崛起，让消费场景呈现多元化，也带动了全网媒体的内容以及形式的多样化，尤其是 2015—2019 年，移动互联网生态下的信息流、直播、短视频、Vlog 等媒介形式的产生，形成了新的产业链风口。移动互联网红利随之水涨船高，每个人都能够站在一个特定的媒介为自己发声，他们可以追求和标榜个性化，品牌早已不是靠砸广告预算就能够留住的消费者了。

随着广告生态的复杂多变，传统的 AdTech 模式已经无法连接品牌和消费者，新一代 MarTech 以数据和新营销技术为核心，弥补了前者的不足，而人工智能在强化流量优化分配、用户体验等方面贡献巨大。未来，人工智能将成为决胜数字营销未来的核心技术。

2017 年 7 月 26 日，小米探索实验室发布新品小米 AI 音箱——小爱同学。这款音箱除了实现了千人千面的情感体验外，也越来越懂用户，成了用户的私人助力。大数据、全场景、参与感这三大基石构成了小米的智能生态营销，而全场景辐射的基础正是小米的智能硬件。小米通过人工智能的助力，把数据和媒介的联系打通，不仅很好地提高了小米在广告触达、转化方面的效率，也让小米的核心产品有了用户黏度。

对于数字营销行业来说，在过去的几十年时间里，创意人的作用一直在主宰整个行业。那个时候会说，只有技术做不到的，没有创意人想不到的，技术似乎在那个年代一直扮演着拖后腿的角色，直到人工智能的出现，技术才被洗白，人们开始意识到，技术决定着我们的未来。2018年，在戛纳国际创意节上，人工智能无可争议地成了各大会场的议论焦点——譬如 Adobe 推出了一款名为 Adobe Sensei 的平台，在强大的人工智能技术助力下，所有设计人员几乎能够"傻瓜式"地处理图片。

正如 Google 代码艺术家马里奥·克林吉门所说，一直以来，我们通过自己的眼睛从外界获得灵感，现在机器成了我们的眼睛，它们的"想法"可以帮助我们让创意变得更好。

2018—2019 年，阿里巴巴也先后推出"鹿班"与"AI 智能文案"两款人工智能创意产品。"鹿班"在 2018 年"双 11"期间自动设计了超过 4 亿张海报，峰值效率为每秒 8000 张；"AI 智能文案"则可以帮助淘宝卖家产出更多优秀的文案，最多的时候能达到一秒产出两万条短标题的水平。事实上，这样做的不止阿里巴巴，京东也推出了自己的智能文案系统，而百度则针对百家号发布过 AI 辅助创作的功能。

值得注意的是，无论是平面设计还是文案创作，这类人工智能潜力的挖掘还相对初级，本身并不新鲜。在那些敢于尝鲜的玩家看来，人工智能与广告营销的结合其实还有更多的新鲜玩法。

随着技术推动营销的发展，营销技术已进入了 AI＋阶段。数据和技术是 AI＋营销产业各方的共同发展方向。

2019 年 8 月 23 日，百度副总裁、百度搜索公司 CTO 郑子斌在百度营销顾问委员会上举了一个关于乐高的案例。他说道："数据与 AI 的结合正在营销领域发挥越来越大的价值，通过数据模型，乐高成功预测了圣诞节期间最受欢迎的玩具，从而设计并推出定制版的热门玩具，通过定向推送，定制版的乐高玩具销量占比从 2.2% 提升至 10%，而由此产生的营销费用仅为 5.5 万美元。"

凭借这一案例，乐高斩获戛纳创意节银狮奖。数据与人工智能的结合正在赋予企业和品牌"未卜先知"的能力，而这也正是品牌一直以来梦寐以求的能力。除了预测消费趋势，数据驱动之下的人工智能赋能营销，正在成为未来营销发展的趋势。

近两年来，AI营销的热度有增无减，更有一大波优质案例如雨后春笋般冒出——从奥利奥用AR技术在饼干中置入了18款H5游戏到可口可乐的AR罐到安居客的远程看房，再到新华社的给老照片上色，不同类型的机构开始主动开发更多AI营销的新鲜玩法，人脸识别、语音识别、AR/VR等前沿人工智能技术的使用自然也不在话下。

这或许就是人工智能技术最大魅力，让营销有了方向。

2.23 程序化营销：从粗放—精细—大数据运营的历史蜕变

全球DSP标杆企业The Trade Desk发布的2018年财报显示，其营收达4.77亿美元，同比增长55%。财报发布后，公司股价飙升至近200美元。亮眼的财报让我们开始重新审视程序化购买的价值和未来。

不得不说，移动互联网的迅猛发展也带动了程序化购买的崛起。

在移动互联网技术迅速发展的今天，在多屏流量与广告主多元化需求之下，基于大数据和技术驱动的程序化购买，迎来了一个前所未有的发展机遇。"程序化购买"是广告行业发展速度最快的概念之一，它不仅能提高广告主的投资回报率，还可以帮助发布商提高收入与利润。

中国程序化购买的起步年可以从2012年说起，第一个广告交易平台阿里巴巴集团旗下的TANX和第一家需求方平台DSP或Demand-side Platform的出现，创造了以实时竞价（RTB或Real-time Bidding）为主的程序化购买市场。

2013年，腾讯Tencent AdExchange、新浪SAX、百度流量交易服务BES、优酷土豆等巨头纷纷加入，为DSP做了结实的铺垫。中国DSP公司的数量也从1家发展到50多家，有了突飞猛进的转变；每天可购买的展示广告流量从2012年年底的30亿到2013年底的60亿。程序化广告交易市场规模可谓是与日俱增，不仅不少企业开始借助DSP来更广泛地触达优质的目标用户和获悉精准的营销效果，而且越来越多的媒体平台也开始接入DSP系统，实现广告的程序化购买。

2014年7月，利洁时集团下的杜蕾斯品牌在互联网上推广持久装产品时，就运用了大数据分析，精确地找出了杜蕾斯持久装在互联网传播的受众人群，采用程序购买的方式，采用PC+移动双平台，通过精准投放，突出杜蕾斯持久装的产品性能，并在投放过程中，积累用户数据，实时优化，提升传播效果。

2015年7月，CNNIC发布的第36次《中国互联网络发展状况统计报告》显示，截至2015年6月，中国网民规模达6.68亿，互联网普及率为48.8%。中国手机网民规模达5.94亿，网民中使用手机上网人群的比例为88.9%。随着中国网民人数的持续增加，数字营销传播日益受到广告主重视，广告程序化购买行业迅猛发展。

程序化购买把从广告主到媒体的全部投放过程进行了程序化投放，实现了整个数字广告产业链的自动化。

程序化广告的优势在于改变了过去千人一面的状况，通过大数据的运用，实现了千人千面，针对每一次曝光，每一个用户，在适当的情境下把适当的广告提供给适当的消费者，从而实现精准营销。对广告主而言，可以只为那些他们想获取的目标消费者付费，从而提高了广告预算的回报；对媒体而言，可以获得更大的收益；对消费者而言，可以只看那些与他们的特定需求和利益相关的广告。

从目前来看，程序化购买的发展在中国大致可以分为三个阶段：

成长期（2005~2012年）：中国程序化广告跟美国一样，也经历了从AdNetwork到AdExchange，再DSP的演变，从而在2012年真正步入了程序化广告时代。程序化广告的一些重要参与者基本上都是在这段时间成立，并不断发展起来。例如，Admaster、易传媒、悠易互动、品友互动、传漾等均成立于这段时间,并逐渐完成转型,进入程序化购买领域。

爆发期(2013~2016年):程序化购买发展到这个阶段,也迎来了爆发期,据不完全统计,这个时期涌现出了上百家程序化购买平台。与此同时,业内也掀起了并购潮,阿里巴巴收购易传媒、蓝标,先后拿下多盟、璧合、晶赞、精硕科技、爱点击、亿动,利欧收购聚胜万合,爱点击 iClick 并购智云众,百视通收购艾德思奇……在资本的追捧下,程序化购买行业在这个时期可谓是"高光"无限。

稳定期(2017年至今):随着宝洁等广告主对虚假流量的炮轰,程序化广告存在的流量作弊、广告投放不透明等问题开始引起人们的反思,广告主投放已趋于理性。与此同时,资本也开始退潮。整个程序化购买市场进入了一个稳定的发展期。但是,程序化广告的大趋势是不可阻挡。

程序化购买可谓是经历了从粗放的生长期、精细化的运作期,再到如今的大数据运营。我们有理由相信,未来随着人工智能、区块链、5G 等技术的应用和落地,程序化购买将再次迎来繁荣期。

2.24 大数据营销:被重塑的价值与思维

2005 年年底,营销专家菲利普·科特勒提出了大数据精准营销的概念。他认为企业需要更精准、可衡量和高投资回报的营销沟通,需要制定更注重结果和行动的营销传播计划,还要越来越注重对直接销售沟通的投资。

人们对于海量数据的挖掘和运用,预示着新一波生产率增长和消费者盈余浪潮的到来。简单地说,"大数据"(Big Data)就是指"大"的"数据"。

2008 年,美国 H1N1 流感事件爆发,使人们认识到了大数据的重要性。当时,全球著名的搜索引擎公司谷歌想要了解人们在互联网上都搜索什么。最终的结果显示，美国好几个州的人都在搜索一种抗感冒的新药。于是，谷歌便在美国《自然科学》杂志上发表了一篇文章表示：几周后美国将会爆发一场席卷全国的流感。

这篇文章发表后引起一片恐慌和哗然。美国公共卫生机构开始出来辟谣，说没有这回事，不要相信并传谣。但是，文章在发表三周之后，美国果然发生了严重的流感，但找不到有效的新药来处理。那么，谷歌又是怎样预测到这件事的呢？这就是大数据的威力。

随着互联网、移动互联网及信息化技术的发展，消费者的行为轨迹逐渐以大数据的方式映射在网络之中，电商、视频、游戏、广告等都投其所好地出现在消费者眼前。2011年，"大数据"真正得到合理的运用，大部分IT厂商已经推出了相关产品，部分企业已经开始实施一些大数据解决方案。相关数据显示，2012年中国大数据总体规模达34.2亿元，2014年其规模已达到93.1亿元，2017年直接突破300亿元。

大数据作为营销解决方案的核心，作用力十分强大。直白地讲，大数据营销究竟可以做什么？其核心在于让网络广告在合适的时间，通过合适的载体，以合适的方式，投给合适的人。从更深刻的意义上讲，大数据营销依托多平台的大数据采集，以及大数据技术的分析与预测能力，能够使广告更加精准有效，从而给品牌企业带来更高的投资回报率。

今天，人类社会迈入大数据时代，并影响着社会各个领域。尤其对于投资巨大的影视行业，大数据正在逐渐改变我们长期以来对中国影视行业的看法，通过大数据前期研究、降低风险，精准营销已经帮助许多投资人获得了巨大回报。

2013年《纸牌屋》的爆红，让Netflix盆满钵满。这也开启了大数据在影视产业应用的成功之路。大数据最重要的特点就是数据成了一种资源和生产要素，这就要求影视产业必须适应这种新的信息生产方式，生产、分析、解读数据，探索一条为用户提供分众化服务和体验的发展之路，而这也将成为未来影视产业竞争的核心要素。

《纸牌屋》所使用的数据库包含了3000万用户的收视选择、400万条评论、300万次主题搜索，评论、暂停、回放、快进等动作信息，还包括用户评分、演员喜爱程度、剧集播放设置、剧情导向选择、剧集播放时间等。其海量的用户数据积累和分析,为制作方决策提供了精准的依据。

从近几年的发展来看,大数据无论在经济发达的美国,还是在经济高速发展的中国,都有着迅猛的发展趋势。

2012年3月,奥巴马在白宫网站发布了《大数据研究和发展倡议》,旨在推进从大量的、复杂的数据集合中获取知识和预见的能力。这个时候,美国软件公司Splunk顶着大数据的光环于2012年4月在纳斯达克成功上市,成为世界上第一家上市的大数据处理公司。即使在美国经济持续低迷、股市持续震荡的大背景下,发行首日股价仍暴涨了一倍多,可见大数据已经引起了资本市场的注意。

反观大数据在中国的发展,也是方兴未艾。2012年7月,阿里巴巴集团在管理层设立"首席数据官"一职用以挖掘大数据的价值,负责全面推进"数据分享平台"战略,并推出大型的数据分享平台"聚石塔",其作用是为天猫、淘宝平台上的电商及电商服务商等提供数据云服务。

2014年,关键词"大数据"首次出现在政府工作报告中;2015年,国务院正式印发的《促进大数据行动发展纲要》指出,推动大数据发展和应用,在未来5~10年打造精准治理、多方协作的社会治理新模式;2016年,大数据"十三五"规划出台,指出支持服务业利用大数据建立品牌、精准营销和定制服务等。

而如今,顺势而起的大数据营销行业可谓是"热火朝天",也已经从概念逐渐走向落地,新蓝海不断涌起。大数据营销也凭借自身的强大势能以及在垂直细分领域的创新模式持续向新的高度进阶。

2.25 精准营销:1.0时代跃向2.0时代

随手打开手机淘宝App,后台程序仿佛拥有神级读心术,首页出现的,全是前几日浏览过的包包和耳机等商品,型号、款式都是心头好,相关推荐也仿佛是量身定制，一路看下来，让人不禁心花怒放，就差冲动下单"买买买"。

这样的场景并不陌生，早在2011年上映的英剧《黑镜》中，就曾有过这样的预测：女主从有买房的需求开始，就会收到各种广告推荐，购房的整个过程全部都是为她定制的，比如，广告牌会自动变成欢迎她来看房的照片等。无时无刻不在诠释着当下营销传播界热议的方式之一——精准营销。

打着个性化旗帜的精准营销，其实早已无孔不入地渗透我们的生活。

传统营销理论对精准营销(Precision Marketing)比较权威的解释是，在精准定位的基础上，企业依托互联网、大数据以及信息技术手段，建立起一套个性化的消费者沟通服务体系，实现企业可度量的低成本扩张之路，是大数据时代新型营销理念中的核心观点之一。

具体来说，就是企业在营销STP(Segmentation、Targeting、Position)三个环节，向着更精准、可量化、高回报的方向进化。正如营销专家菲利普·科特勒所说，精准营销就是在合适的时间、合适的地点、将合适的产品以合适的方式提供给合适的人。

1999年，德国D Resden技术大学的Tanja Joerding创造的首个个性化电子商务原型系统TELLI，能够为消费者提供个性化推荐，算是较早时期的"精准营销"技术，标志着个性化推荐服务开始向全球发展。在2003年，Google开创了AdWards盈利模式，通过用户搜索的关键词来提供相关的广告，直到现在该模式仍然是Google的主要收入来源。

值得一提的是，Google的AdWords从2007年开始就不再是利用单词搜索的关键词进行广告投放，而是根据用户近期的搜索历史进行记录和分析，据此了解用户的喜好和需求，更为精确地呈现相关的广告内容。其他拥有海量用户数据的平台也同样开始具备这样精准的投放能力，如雅虎、亚马逊等。

而在国内，精准营销的发展也跟搜索引擎技术息息相关。2011年百度世界大会上，李彦宏将推荐引擎与云计算、搜索引擎并列为未来互联网重要战略规划以及发展方向。百度新首页将逐步实现个性化，智能地推荐出用户喜欢的网站和经常使用的App，实现精准营销。直到2019年的今天，搜狗的人工智能技术赋能搜索引擎，实现搜索前、搜索中、搜索后三步搜索模式，精准分析用户购买行为,实现高效转化。

在国内市场将精准营销运用得最好的移动互联网独角兽,莫过于字节跳动旗下的"今日头条"。今日头条是基于数据挖掘技术获取用户特征,分类并贴上标签,进而描摹用户画像,分析其兴趣爱好,最终个性化推荐"可能感兴趣"的信息给相应用户。除此之外,今日头条依托其庞大的用户群体以及精准的个性推荐算法,还对用户进行广告的精准投放。

今日头条作为新闻推送平台聚集了大量可以高效转化的新闻信息,成为移动互联网领域的新贵。当然,以盈利为目的的电商平台也不甘示弱。"天猫超级粉丝日"正是借助粉丝经济的狂潮,通过大数据分析和用户画像,为不同需求的用户群体打造属于他们自己的品牌专属特权日。在第一期"天猫超级粉丝日"活动中,天猫以"超级收藏控"为主题,联合乐高、VANS、芭比和绝对伏特加四个品牌进行合作,最终实现所有品牌粉丝日当天粉丝增长量最高,活动期间不仅品牌粉丝购买占比显著提高,新增粉丝购买占比也相当高。

可以预见的是,在未来的营销传播领域,"精准营销"会更加被重视和受到推崇。自2019年7月以来,有关"用不起KOL"转战"私域流量"的分析帖随处可见,CTR媒介智讯也给出了一组数据,2019年上半年广告市场同比下降8.8%,相比与持续萎缩的传统线下媒体,线上媒体广告市场也遇到了第一次下跌,2019年上半年同比降幅达到4.3%。事情已经很明显,品牌广告预算减少,不分线上线下。越来越多的大品牌开始寻求数字化转型与品牌数据管理,按用户属性分析投放数据,判断消费者旅程进行再投放优化,并灌入第一方数据完善整体的用户画像。精准营销会为品牌主减少无效广告投放,实现效率最大化。

然而,目前国内的精准营销模式仍处于早期的概念传播和技术路径尝试阶段,现在则通过消费者过往行为来预知用户画像、用户心理,或者预测未来需求,学术界将这个历程概括为"精准营销1.0阶段"。它的效果受限于两个因素:一是采集信息的有限性,现在的预测模型基本只能认为是管中窥豹;二是过往行为并不能推导出消费者的偏好。

有专家预测,精准营销终将进入2.0模式,也就是融合大数据、人工智能、物联网、脑科学、心理学、生物工程等多学科的高级推荐模式,真正实现一对一个性化服务。

精准营销很大程度上会成为未来品牌主抢占市场的一把利器，随着技术的不断更迭和推进，个性化服务会愈发精良和完善，更多用途值得期待。

2.26 场景营销：互联网＋零售下的新业态

自 2014 年以来，资本开始驱动中国互联网企业，进行了一场前所未有的补贴大战。此时，细分行业受到一定的影响，也迎来了一波合并浪潮。此后，资本也在经历投、管两个过程后，集中迎来了退出阶段。资本的亏损承受能力越来越低，企业很难再获得资本的持续投入，在这个时候就需要有很强的自身造血能力。

与此同时，互联网和移动互联网人口红利不在、流量殆尽，线上和线下的流量成本趋于一致，整个行业亟待挖掘新的流量。随着我国移动通信网络的不断完善以及智能手机的进一步普及，移动互联网运用向用户的各类生活场景渗透，产品的销售渠道、用户的购买行为、行业的发展动态都在经历着场景化嬗变，这个时候场景营销便成功主导着品牌们生存的机会。

2015 年，李克强总理在政府工作报告中提出"互联网＋"之后，给传统零售行业带来了巨大的冲击。2017 年，电商交易额达到了 29.2 万亿元，而实体店却一片萧条。但随着互联网的发展，品牌主们在网络上的获客成本越来越高，他们开始转变思路，就连巨头们也开始纷纷加快线下布局。

比如，阿里巴巴的"盒马鲜生"，自诞生以来一路狂奔，通过规模扩张培育市场，开业三年来已经拓展至 21 个城市，全国门店数已突破 150 家，各项收益均远超传统经营的超市业态零售终端。

移动互联网时代的到来和智能手机的普及，彻底改变了人们的生活。移动互联网高度整合了碎片化时间，让人们充分加以利用，形成了虚拟的互联网与真实的生活相互渗透、融合互动的场景，虚拟与现实的间隔越来越小。科技引领的创新与连接已经扩展到了生活的各个维度，持续创造新的场景价值。用户沉浸于场景赋予的价值感受，迭代的场景也刷新了用户的生活方式。

从整个营销环境来看，场景营销对传统营销市场有两种作用：优化作用和替代作用。对纸媒、广电、户外营销而言，场景营销既具有替代作用，同时也起到了优化效果。现如今，我们的营销行为不需要再通过传统的媒介来进行推广，场景营销对传统网络营销的优化作用集中体现在对场景这一营销维度的重视，使对用户的认识和理解更为全面。

从网络营销来看，场景营销更多的是优化作用：第一，对 PC 营销而言，部分 PC 营销伴随着 IP 地址库的完善和跨屏技术的发展也将具有场景特色；第二，对移动营销而言，未来大部分移动营销都将是场景营销；第三，对未来的 OTT 营销而言，场景营销将是 OTT 营销的催化剂。

这也就是说，如何在碎片化的时代实时感知、发现、跟踪、响应用户，去倾听他们的声音，理解他们的问题便成了营销场景的重要因素。

场景营销，这里所说的"场景"并不是我们平时理解的生活空间，而是基于对用户数据的挖掘、追踪和分析，在由时间、地点、用户和关系构成的特定场景下，连接用户线上和线下行为，理解并判断用户情感、态度和需求，为用户提供实时、定向、创意的信息和内容服务，通过与用户的互动沟通，树立品牌形象或提升转化率，实现精准营销的营销行为。

于是，我们对场景就有了明确的定位，场景可以是一件产品，也可以是一种服务，还可以是无处不在的身临其境的体验。而场景营销就是借助消费者所处的场景和特定的时间和空间来营造特定的场景，与消费者形成互动体验，最终完成消费过程的行为。

移动互联网时代，几乎所有的行业都面临着场景被重新定义的可能，不同的场景定义代表着不同的价值诉求和生活意义。

场景化的衍生，已经瞄准了消费者的痛点和痒点，让消费者自主地进入到生活场景中。

所谓场景，其实就是抓住了消费者的痛点。在服务用户的过程中如果你戳中了他的痛点，也就意味着你和他的关联度最大，这就会让用户记住你，从而在将来的某一个时刻购买你的产品。

我们把时间倒回到 2014 年 10 月，阿里与优酷土豆网合作推出"边看边买"的视频购物活动，这是一次成功的场景式营销：用户在观看电视剧时，点击视频中出现的商品即可收藏或购买。借助影视资源改造购物场景，与感兴趣的用户实现互动，有效地抓住了用户的注意力，同时又让用户在兴趣盎然中掏钱消费，不露营销痕迹。

场景营销正在通过走进用户的生活场景来激发用户与品牌之间的关联，使品牌通过社交网络形成病毒传播，并产生持久影响。

2.27 内容营销：
增强用户对于品牌的情感共鸣

近十年来，企业在哪个领域一直持续增加预算？ 答案是"内容营销"。说到内容营销，香飘飘应该是比较成功的一个个例。其广告语从"香飘飘一年卖出 3 亿杯，杯子可绕地球一圈"，到"香飘飘一年卖出 7 亿杯，杯子可绕地球两圈"，再到最近的"小饿小困，喝点香飘飘"，都取得了巨大成功。

内容营销成了营销界的香饽饽，其魅力不仅让用户记住了你的标语，更让品牌深入人心。研究表明，91% 的 B2B 营销商使用内容营销，86% 的 B2C 营销商使用内容营销，营销商平均在内容营销上花费 25% 及以上预算，78% 的首席营销官认为内容营销是未来的发展趋向。

在狂轰滥炸的信息流广告的充斥下，用户对品牌开始有了"戒备心"。他们不希望被打扰，却又渴望得到品牌的最新动态。面对这样的诉求，品牌主们开始追根溯源，希望用故事的形式来获取用户的注意力。于是，内容营销便成了营销界的一股清流，通过内容的影响力来打动消费者。2019年年初，《啥是佩奇》引发了朋友圈的一阵热潮，更是将内容营销推上了风口。

不管技术如何发展，内容形式如何变化，"讲故事"永远都是内容营销的主题。

内容营销总是以贴近生活的方式让我们感受情感的共鸣之处。与传统营销方式截然不同，内容营销更注重的是帮助用户解决实际问题，培养用户的信任感。在让用户对你产生信任之后，再引导用户购买产品。很多时候，当用户信任值达到一定水平，用户会自发地要求从你这儿购买产品。

2012年，宝洁首次成为奥运官方合作伙伴，借助奥运会这样一个契机关联消费者，通过"每一个伟大的运动员背后都有一位伟大的母亲"的情感诉求，让消费者关注每一个奥运冠军的同时，也要关注冠军背后的母亲。此时，为母亲喝彩，也与宝洁提供最优质的产品、帮助母亲为家人改变并提高生活质量的品牌核心一致。

所谓内容营销，最大的问题就在于对"内容"二字的理解，很多人会以偏概全，错误地理解内容营销真正的内涵。如果我们把文字、视频、语音、图片等一切信息载体都称之为内容的话，而把运用这些信息载体的营销方式称之为内容营销的话，我们再来谈内容营销就毫无意义。

从本质上来理解，内容营销其实就是指导人们如何去做好营销的战略指导思想，要求品牌能生产和利用内外部价值内容来吸引用户关注，也就是说特定人群要主动关注。为什么说好的内容能够促进用户主动关注呢？

第一，实体化产品价值。内容营销可以通过内容塑造出一个故事、一种情感或一个人物，然后将用户带入其中，实现"情感共鸣"，以内容为基础让用户对信息产生共鸣感和认同感，从而深化品牌价值。比如在《舌尖上的中国3》中爆火的"章丘铁锅"便是借助剧情故事，让人们对其产生"匠心"的认知，让"十二道工序，十八遍火候，1000度高温冶炼，36000次捶打……"这些信息的可视化深化了品牌价值，进一步影响了用户的消费决策。

第二，增长用户流量。好的内容能够提高用户访问流量以及增强用户停留时间，比如，现在很多的种草平台，在利用内容赋能社交电商之后，不仅增加了用户的访问量,用户还通过内容的优化实现了消费体验,让用户不只是面对商品,还能够和自己一样的消费者进行交流。诸如淘宝、大众点评、闲鱼、58同城等平台也都在 App 上增加了内容板块,来优化用户体验,带动流量增长。

第三,促进用户消费。近两年,品牌除了在讲好一个故事的同时,还在寻求新的机遇以求突破创新。于是品牌的联合跨界也越来越频繁。RIO ×六神、网易云 ×三枪、大白兔 ×美加净、德邦 ×李宁、周黑鸭 ×御泥坊……品牌之间的跨界融合越来越恰如其分,这不仅仅是用户流量之间的融合,更是通过丰富产品的内容让用户更信任产品从而有了购买的理由和冲动。

第四,提升品牌竞争力。以电影为例,用户开始注重内容的质量,而不再关注这部电影是否有知名导演,是否有流量演员,更不在乎有没有大投资。只要内容足够优秀,用户就会感兴趣,会主动帮你去宣传推广。比如说,今年最火的国产动画电影《哪吒之魔童降世》就是最好的例子。

当然,品牌在做内容营销时,一定要专注于某一个内容领域,不断去深耕这个领域,即使不能成为该领域的头部,也要将这个领域的标签融入品牌的血液之中。比如,我们一提到"内涵段子老司机",自然就会想到杜蕾斯,一说到"扎心文艺小青年"就会想到江小白一样,内容营销就是用情感共鸣的方式让消费者记住这个标签。

2.28 情感营销:
无情竞争中的有情营销

但凡是人,便有七情六欲。其中七情包括了"喜、怒、哀、惧、爱、恶、欲"。国外心理学家发现,快乐、信任、恐惧、惊讶、悲伤、期待、愤怒和厌恶这八种情感会影响到行为。那么,如何利用顾客的这些情感去影响他们购买的行为便是情感营销的核心所在。

随着市场上商品数量和种类的增多，消费者已经很容易就能得到商品功能上的满足。商家越发觉得消费者变得麻木了，普通的产品功能层面的理性推销方式已经不那么奏效。掌控感性消费开始成为商家的目标，这就使得商家想利用"情感"这两个字来提高营销效果。

早在 20 世纪 80 年代，美国通用电气公司就提出了"亲情营销"战略，战略的核心就是让顾客满意，并将与顾客拉近感情的工作称为"热身（warm up）"。美国推销协会的一项调查认为，感情工作占推销工作的 98%，对产品的介绍只占 2%，这也是为什么当下保健品行业的推销员比一些子女对他们的父母都要好，本质上就是发挥情感营销的强大效果，攻心为上。

随着互联网的兴起和当下消费者自我个体表达的需求，商家或品牌开始以消费者的情感为中心，顺势而非控制。在当下快节奏的社会，大众的情感也越发容易被挑逗，走心的广告、煽情的自媒体文章无不在发挥情感营销的力量。江小白的走红与其说是内容营销，倒不如说是一种"情感营销"，"从前羞于告白，现在害怕告别""走过一些弯路也好过原地踏步""有些人你明明不愿意忘记，但他却越走越远"等，这些文案无不将江小白当作一种"情感饮料"进行推销，每句话都能引起消费者的情感共鸣。

以前的情感营销主要集中在拿"亲情、爱情、友情、师生情以及陌生人之间的温情"做文章，大有一种让你非哭不可的态势。比如，999 的扎心广告、暖心广告等以及总能引起刷屏的泰国走心广告。但其实并非只有温暖的情感才能促进消费者购买，消极情感的价值也在不断被挖掘。心理学权威期刊《心理科学》曾刊登一篇研究报告指出"Misery is not miserly"，即"伤心的人不小气"。有数据显示，如今有超过 3/4 的消费者会感到焦虑，于是在当下，"小确幸"成为人们追求的目标，而"小确丧"却成为很多人生活的常态，情感营销在这一领域也开始不断深耕。

2017 年 4 月，由饿了么与网易新闻共同打造的奶茶主题快闪店"丧茶"在上海横空出世，开业第一天便售出 1000 杯，"一事无成乌龙茶""前男友比你过得好红茶""加班不加薪绿茶"等名字都深入消费者的内心。

小确丧已经成为很多人过不去的坎，但随着人们对于这种"丧"的负面影响的认识增加，治愈这种"丧"便成了一个新蓝海，"疗愈经济"开始出现，这其实也是情感经济的一个细分领域。相比于"丧茶"顺应人们的丧，疗愈经济的发展则是回归到帮助人们追求小确幸的路上。

疗愈经济的兴起，也使得以往总喜欢贩卖焦虑的情感营销转变成治愈焦虑的情感营销。比如，减压的鬼屋、三只松鼠的零食、给予慰藉的口红、一个人的迷你KTV、营造惊喜的福袋对应了疗愈经济中的五大部分——减压消费、零食经济、慰藉消费、孤独经济及惊喜消费。其中针对孤独经济的市场更是被人看好，阿里巴巴在2017年发布的《空巢青年大数据图鉴》显示我国空巢青年人数已经超过5000万人。甚至有机构预测，到2021年，这个人群的数量将上升到9200万，如何治愈这部分人的"孤独"成了未来空巢青年市场的发展方向。有数据显示，我国迷你KTV产业在2018年市场规模达到了70.1亿元，同比增长120.4%；同时《2018年中国宠物行业白皮书》显示我国宠物（犬猫）市场规模达1708亿元，人均单只年消费金额有5016元，较2017年增长了15%。撸猫撸狗文化的兴起也是当下部分空巢青年情感需求的表现，如图2-11所示。

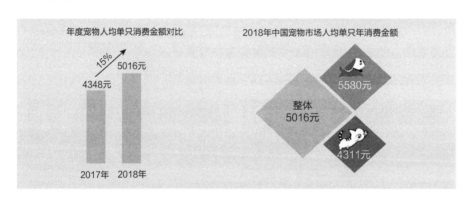

图2-11　人均单只宠物年消费金额

情感对于消费者购买决策的重要性被发掘，如何让情感显性化从而对消费者进行更加精准的营销便成了探索的方向。情绪是情感的外在表现，大数据技术和情绪分析结合使得更深度触及用户情感和内心成为可能。

平台方可以将用户的数据进行收集并分析用户情绪，从而实时推送相应的适合你情绪的广告。你听的音乐或者你看的电影都能让你的情绪被外界感知，"数字指纹"成了我们在网上的一种标签。流媒体音乐服务平台Spotify通过收集用户所听音乐的类型、时间、地点以及其他公开的第三方数据来获得用户的情绪状态，从而实现精准推送广告。

消费者进行消费时其实就是为了满足需求，这个过程中也是一种情绪的调动和情感的满足。尤其在"悦己消费"不断兴起的风口，品牌打好情感营销的战争，便能走进消费者内心并能在这块市场中继续开拓。

2.29 节日营销：源自古代，延续至今

节日已经成为市场营销的特殊日子，即使距离节日当天还有半个月，你都能在网络界面或者线下商店看到有关节日活动的文字、图片或视频等。

对节日营销最普遍的定义便是指在节日期间，利用消费者节日消费的心理，综合运用广告、公演、现场售卖等营销手段，进行产品、品牌的推广活动，从而提高产品销售力和品牌的形象。

有人提出节日营销已经进入2.0模式，他们把1.0模式称为借助现有的节日进行营销，2.0模式则是造节营销，也就是现有的节日不能满足众多商家的需求，商家自发将约定俗成的日子打造成节日来宣传或促销，比如天猫的"双11"、京东的"618"等。

品牌的节日营销最直接的效果在于产品的推销，通过广告、活动等来刺激消费者的购买，比如，商场的国庆促销活动，肯德基联合火山小视屏发起"想吃粽子"挑战赛，五芳斋在中秋之前利用剪纸动画对"流心月饼"进行推广等。但如今很多品牌也不再把节日营销局限在产品层面，除了短期的销量提升，长期的品牌形象打造及维持成了品牌节日营销的又一大目标。比如，杜蕾斯之前在很多节日上都不会缺席，其文案也一直被称为"神文案"，杜蕾斯也在众多的节日热潮之中被越来越多的大众所熟知。

如果说"借节营销"是看中了节日本身的文化,"造节营销"则是由所有的商家共同营造的一种仪式,而"购买"则成了这一仪式的主要行为。2018年是"双11"走过的第10个年头,据商务部公布的数据显示,2018年"双11"全国网络零售交易额超过3000亿元,天猫公布"双11"交易总额就达2135亿元,如图2-12所示。平台、品牌、商家和消费者已经把"双11"当作一年一度的购物狂欢节,各方都想在这一期间获得最大收益。同时"双11"前期的预热也成了重头戏,从2017年的捉猫到2018年的战队能量较量,平台都开始借助社交来扩大"双11"的影响范围。

当节日营销成为一种惯例,很多品牌方开始为如何在每年都有的节日中营销出彩而头疼,不走心的品牌甚至直接将去年的文案或活动直接挪到今年继续用,有人将这种行为称为"逢场作戏",效果也可想而知。品牌在节日营销出彩并不容易,但如果把核心保证了,其实并不难,这个核心就是要寻找到节日与自身品牌的关系,故宫便是这方面的典范。

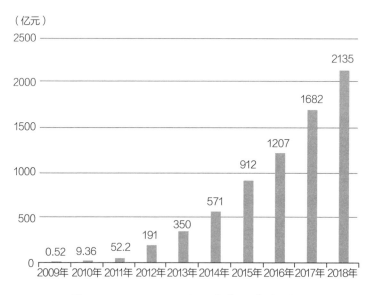

图2-12 2009~2018年天猫"双11"成交额

2019年1月,故宫举办了"贺岁迎祥——紫禁城里过大年"主题展览,单就"紫禁城""过年"这两个词就足以引发大众的向往,为期三个月的活动让故宫参观人数同比增长超过70%,打破了故宫春节游玩淡季的魔咒。同时,在正月期间,故宫又开展了"紫禁城上元之夜"的活动,这是故宫博物院建院94

年来首次举办的"灯会"。虽然这次灯会游客可以免费预约,但两次门票一开放就被抢光,灯会活动开展时也被很多媒体报道和游客直播,故宫的品牌IP再次被打响。所以说将节日和自身品牌内容结合,在节日营销中出彩并不是一件难事。

节日对于品牌来说是个好时机,但当节日被商业过度地裹挟,消费者也会产生反感,这也是为何当下总有人唱衰节日营销。由艾媒咨询发布的《2018中国"双11"电商购物节热点监测报告》显示,虽然"双11"的商品种类上升了,但有43.5%的受访网民表示2018年参与"双11"的热情降低了。所以未来的节日营销之路该如何走,仍需要不断探索。

2.30 公益营销:"善良"的企业"运气"不会差

"公益"为他,"营销"为己,两个看似矛盾的词放在一起却能为企业带来巨大能量。

1981年,美国运通公司第一次采用了公益营销,只要用信用卡购买运通公司的产品,运通公司就会相应地捐赠一笔钱来修复自由女神像,仅仅用了两年时间,运通公司就为此公益事业捐赠了170万美元,公益营销就此兴起。

1988年,第一篇将公益营销作为独立研究领域的文章《公益营销:营销战略和企业慈善的调整》将公益营销定义为"规划及执行营销活动的过程,当顾客参与提供企业收益的交易时,企业承诺捐出一定比例的金额给特定的公益活动,以满足组织与个人的目标",这个定义将公益营销和单纯的企业慈善进行了区分。经常逛淘宝的人对这个定义一定不会陌生,当你点开商品的时候,在宝贝详情一栏你可能会看到"该商品参与了公益宝贝计划"这几个字,每成交一笔生意,卖家都会给贫困儿童捐赠一定的金额。

随着企业参与公益事业的方式更加多样化，到了 2006 年，Sue 和 Adkins 更加精确地提出公益营销的内涵，认为其包括一切与公益事业相关的广告、促销、公共关系、直销和赞助活动。公益营销越来越被国家和企业看重，国家希望企业能承担相应的社会责任，企业则在此之外想获得更多的收益和扩大自身的影响力。

国内的公益营销最早出现较为成功的案例是在 1996 年，西安杨森制药有限公司发起了"96 西安杨森领导健康新长征"活动，参与人员每走 3.08 公里，该公司就向井冈山人民捐赠 308 元，这可以说是当下的支付宝行走捐款的雏形。

当企业发展到一定程度，品牌形象的塑造和维持则显得更为重要，尤其是知名企业，而公益营销有助于企业塑造社会责任积极承担者的高大形象，往往能提高大众对其品牌的信任度，阿里巴巴便是如此。

2011 年，阿里巴巴集团成立公益基金会，其资金主要用于环境保护，这也是国内互联网企业首个环境保护公益基金会。此后，最为棘手的环境保护问题便成了阿里巴巴公益的主攻方向。2016 年 8 月，支付宝推出蚂蚁森林，形成了"全民养能量、偷能量、浇水、种树"的场景。2019 年 6 月，世界环境保护日当天，阿里巴巴还启动了"公益日"项目，将每周三定为浇水日，吸引了众多品牌和高校加入。

阿里巴巴的公益营销之战一直没有停歇，在蚂蚁森林上线的同一年，支付宝推出行走捐的活动，以用户行走的步数为标准进行相关金额的捐赠。2017 年，支付宝又推出蚂蚁庄园，用户通过使用支付宝来给孤贫儿童献爱心。与公益事业捆绑的营销方式为阿里巴巴带来了巨大的关注。

随着公益营销在营销市场重要性的上升，业内开始提出"公益营销 2.0 模式"。在 1.0 模式下的公益营销局限于"公益"这个概念，仅仅把捐赠、环境保护、动物保护等与公益挂钩；到公益营销 2.0 时则更加强调对用户精神层面的触及和影响。有人把"从精神层面出发，通过事件、话题、故事等启迪思想、发人深省、触动心灵的公益营销活动"称为公益营销 2.0 模式。公益营销 2.0 模式从内容和形式上较 1.0 模式都有较大的变化。

从内容上来看，公益营销 2.0 打破了 1.0 模式的说教和"卖惨"。在 1.0

模式下的公益营销，我们总会看到很多赚足人眼泪的品牌公益广告，煽动人情绪的广告固然更容易产生刷屏效应，但也会过度消费大众的同情。而在 2.0 模式下，"共鸣""引导""创意"等成为关键词，同时强调对参与者本身的好处。今年以净水设备、饮水设备等环保产品为主业的沁园通过采集国内 20 条母亲河的样本，推出"污水棒冰"，创新性极强地将"水源污染"和"饮水健康"两个关键词进行连接来突出其品牌和产品，而不是以往从水域动物保护的"他者"角度呼唤大家保护母亲河的水。

形式上来看，公益营销 2.0 模式更加强调营销的持续性，这也是整合营销传播理念的体现。品牌持续性地进行同一公益主题的营销，不仅能对这一公益主题下的社会问题真正提供帮助，也能持续性地对外输出统一的品牌形象。999 广告是公益广告中的翘楚，其先后推出的《谢谢你，陌生人》《有人偷偷爱着你》《别来无恙，你在心上》都以"扎心、暖心、走心"为主调持续展现"暖暖的，很贴心"的 999 品牌形象。

在公益营销 1.0 时代，人们常常会质疑我们在蚂蚁森林种的虚拟树是不是真的能在阿拉善以真树的形式出现，那么同样的，我们捐赠的资金等又会不会真的能送到孤贫孩子的手中。对此，阿里巴巴在 2019 年 9 月的 95 公益周论坛上正式发布"链上公益计划"，利用区块链技术打造未来透明公益基础设施，并对平台上的公益机构免费开放。

在当下技术加持、公益营销理念完善、大众主动参与的大背景下，能让各方收益的公益营销，在未来的发展不容忽视。

第 3 章

效率赋能
——中国数字营销十年技术跃迁路

无可厚非,技术是数字营销蓬勃发展的核心动力。移动通信技术的演进让网络效率和速率飞速提升,为万物互联提供了强大的技术支撑;程序化广告改变了传统广告模式,优化了效率低下的传统网络广告模式,为互联网广告提供了更高效的方式;云计算解放了更多的人力、物力,也让大数据营销变得更加精准;人工智能让我们看到了机器的重要性,在数字营销的理性和感性之间产生更多符合人性的商业思维;区块链的出现为信任经济提供了生长的土壤,也促使解决数字营销的透明性问题提上日程;物联网使得万物皆媒,让营销人员能够收集到更多有用的营销信息。

总而言之,这些技术改变了数字营销的效率、场景、思维、模式等,让数字营销走得更好更快,也更加充满希望。

3.1 移动通信：普及与刺激

3.1.1 3G：开启移动互联网时代

2000年5月，国际电信联盟正式公布第三代移动通信标准，中国提交的TD-SCDMA正式成为国际标准，与欧洲WCDMA、美国CDMA2000成为3G的三大主流技术之一。

2008年5月23日，中国工业和信息化部、国家发展和改革委员会、财政部联合发布《关于深化电信体制改革的通告》，随后半年内，中国的通信运营商陆续重组为三家：中国联通与中国网通合并为新中国联通，中国卫通的基础电信业务并入中国电信，中国铁通并入中国移动。

2009年1月7日，工信部正式发放3G牌照。重组后的中国移动获得TD-SCDMA牌照、中国电信获得CDMA2000牌照、中国联通获得WCDMA牌照。

当时，中国移动的发展战略是借助自身在2G时代的领先地位，深耕2G用户群体、挖掘3G潜力用户，利用2G用户数量和资金方面的优势和其他两家运营商抢夺3G份额。在具体执行层面，中国移动推出了不带号转网，同时品牌策略依旧沿用全球通、神州行、动感地带三大品牌。

而中国电信的3G策略是快速升级，借助3G大力推广的市场趋势，快速启动移动固网合一以抢占先机，同时电信的CDMA高端用户结构更合理，能够实现不带号转网。当时，电信凭借在互联网资源方面的优势，将用户迁移至互联网方向，依靠"C（CDMA）+W（WiFi）"战略双管齐下，既分流原有网络压力,也提高了用户的移动互联网体验。

中国联通也在快马加鞭地塑造市场影响力。由于在2G市场上的失利,中国联通在重组并获得WCDMA技术制式3G业务后,希望在3G时代改变此前的不利局面。为此,中国联通对3G市场的启动和抢占非常重视,以大爆炸方式启动,在3G初期以后付费产品为主要发展形式,同时发展预付费产品。中国联通从网络和业务及用户三个角度出发,争取推出超过竞争对手的网络和业务服务,并针对性解决用户选用3G业务的问题。

2010年,中国3G用户突破4500万,达4573万户。此时,3G网络正逐渐完善,用户和市场的占有率成了运营商自身3G网络成长快慢的决定因素。为此,三大运营商不分先后地加快了3G业务的推动。

同期,三大运营商也开始争夺中低端用户市场。为此,三大运营商之间的价格战成为一大亮点,而价格战的爆发也推动了移动终端领域的发展,千元智能机也成为三大运营商争夺的领域之一。

2011年,中国3G用户总数达1.27亿户,3G渗透率超过13%。经过上一年的激烈竞争,中国3G网络时代三大运营商呈三足鼎立之势,而三家运营商提供的服务也呈现同质化趋势,差异化竞争成为战略目标之一。同期中国联通借助苹果iPhone手机大卖,让终端竞争也成为战略目标之一。中国移动由于3G时代无法像2G时代一样占据更多的优势,于是调整战略目标,加码TD-LTE 4G网络以弯道超车,为4G时代率先抢占了市场优势。

2012年,中国3G用户总数达2.34亿户,网络渗透率达20.9%。整个3G网络市场发展相当成熟,3G终端的快速普及推动了其成长。中国移动手机用户的消费习惯和使用习惯逐渐成熟,品牌选择营销的渠道和方式也伴随着移动通信技术发生深刻转变。2013年,3G用户达4.17亿户;2014年,3G用户达4.85亿户。

3.1.2 4G:助力移动互联网的普及

2013年9月,首批4G手机通过入网许可。12月4日,工业和信息化部正式发放3张4G TD-LTE牌照。

2014年1月14日，中国移动公布国内首个4G资费方案，正式打响4G网络时代争夺战。2月14日，中国电信正式开启4G商用；3月18日，中国联通正式开启4G商用。6月1日，中国移动下调4G资费。6月27日，工业和信息化部批准中国联通、中国电信在16个城市展开TD-LTE/LTE FDD混合组网试验；8月29日，两者宣布试验城市扩展至40个。

由于中国移动在3G网络时代提前布局4G，因此在4G商用后的很长一段时间内，中国移动在4G市场上都保持一枝独秀的地位。截至2014年年底，中国4G用户发展超过3G，达到9728.4万，其中根据中国移动2014年业绩显示，其4G用户超过9000万，数据业务为2531亿元，同比增长22.3%；无线上网业务收入达1539亿元，同比增长42.2%；网络建设方面，2014年中国移动已开通72万个4G基站。联通和电信则只占据少量份额。

2015年，中国4G用户净增2.89亿达3.86亿，三大运营商推出"4G+"服务，可使用VoLTE语音通话，不影响其他手机功能使用，进一步扩大4G手机用户规模。在2月27日，工业和信息化部向中国电信及中国联通发放FDD正式商用牌照，两家运营商可以在全国范围内提供4G LTE混合组网服务，中国移动则采用TD-LTE单一模式。

虽然在2015年年初中国电信和中国联通获得FDD正式商用牌照，但先发制人的中国移动已在4G网络时代占据绝对优势。

2016年，中国4G用户达7.34亿，4G网络成为主流。中国移动4G用户总数达5.35亿，是中国联通1.046亿的5倍有余。中国移动2016年业绩显示，其无线上网收入已超过语音和短彩信收入之和，4G基站达151万个，有线宽带7762万，物联网连接数超1亿。

2016年内，三大运营商加快建设4G网络，推动了中国4G网络的普及与智能终端的快速发展。2017年，中国4G用户总数达9.97亿，4G用户渗透率超70%，4G网络基本覆盖全国主要人群及地区。2018年，中国4G用户总数达11.7亿，移动信息化社会影响了人们生活的方方面面。

3.1.3 网络速率提升，数据时代降临

紧随其后的5G终于拉开大幕，2019年6月6日工信部正式向中国电信、中国移动、中国联通、中国广电发放5G商用牌照，我国正式进入5G商用元年，也让未来的万物互联时代加速到来。

从3G到4G再到5G的演进，实质上是从原本2G的语音为主导的网络向以数据为主导的网络转型的过程。先来说说3G对于数字营销的影响。

从终端价值链角度来说，根据华为公司提出的"端-管-云"理论，3G从"端（Client）""管（Carrier）""云（Cloud）"三个方向改变传统上由运营商把控的移动通信网络。随着3G不断推进，技术及成本逐渐优化带来的网络资费下降和带宽速度提升，运营商在打造智慧网络"管"的同时，也推动了"端"和"云"的快速发展。第三方公司则加速入侵"端"和"云"产业，丰富和延展了3C价值链。3G时代中国联通利用苹果iPhone手机大卖让运营商看到了终端的价值，从而扶持中国终端产业的发展。

从媒介角度来说，3G推动了传统媒体向新媒体的转型。数据传输速率的提升使得人们从互联网上获得信息的质量和速度得到提升，也催生了很多新的媒体形式，比如视频、动态图片等。同时，内容生产向图文时代过渡，人们对于内容的呈现方式要求更加多元化，也对获取信息的速度有了更高要求。而手机从原本2G时代的通话工具逐渐集成为个人信息处理中心，成了数字媒体娱乐载体，人们的信息消费习惯和触媒习惯也随之发生了剧烈的变化。

从商业角度来说，3G让电子商务获得了新生，也改变了传统的商业销售模式。3G高速稳定的数据传输能力和更高的信息安全性让移动支付、手机银行、移动购物等业务成为新的消费趋势，也让电子商务能够提供的服务变得丰富而更加快速，从而对人们的购物习惯产生潜移默化的影响。同时，伴随着移动电子商务的发展，3G也优化了物流。稳定而快速的数据传输能力保障了移动定位的质量，在3G的支持下，GPS导航业务被纳入物流配送体系，优化了原有的物流配送系统和体验。

从营销角度来说，3G 让互联网逐渐更迭到移动互联网，而营销也随之产生更多的变化。基于 PC 端的营销方式如搜索引擎营销等在 3G 的助推下变得更加成熟且普及，同时借由 3G 网络衍生的营销方式如程序化广告等也逐渐发展起来。传统的线下营销思维遭遇新兴媒介形态和商业模式的冲击，品牌主和平台方开始转变营销思维及目标，布局互联网及移动互联网营销场域，从营销模式到盈利模式进行重新建构，打造网络营销生态。

从消费者角度出发，消费者的消费习惯伴随 3G 的发展而逐渐改变。移动电子商务的发展让消费者获取品牌产品信息的效率和质量大大提升，飞速发展下的移动终端产业为消费者提供了更多的信息获取渠道，品牌主在线上投入营销预算做传播的转变引导了消费者，在多种因素的合力下，消费者的消费习惯开始转移到线上。同时，线上消费的成本与价格的低廉让消费者的消费心态也开始产生变化，一味地追逐"高大上"之中开始萌发追求"性价比"的心态。

如果说 3G 提供了数字营销发展的土壤，那么 4G 则是提供了数字营销腾飞的助力。4G 让网络速率进一步提升，从而刺激了互联网市场的发展。

从终端价值链角度来说，3G 时代的终端匮乏情况在 4G 时代得到了很好的解决，运营商对于终端产业链的把控更加成熟，也让 4G 终端在用户之中快速普及，为移动互联网市场的发展提供了良好的用户基础。对于运营商固有的"管"方面，基站的建立、网速与流量的提升、资费的下降、服务类型的多样化，使得用户对 4G 的接受度越来越高，配合 4G 手机终端的销售让 4G 的渗透率成倍数形式上升，并逐渐饱和。

从媒介角度来说，4G 让新媒体的发展如火如荼。再次被冲击的纸媒不得不电子化、数字化，以更好地生存在数字时代。无线网络电视逐渐取代有线电视成为主流，视频网站也飞速发展起来，内容生产从图文形式向视频直播形式转移。所有的媒介形式都可以电子化、数字化，4G 终端的形态不仅仅局限在手机上面，还有更加丰富的智能载体可以作为信息载体。同时，在软件应用层面也出现更多的有关新闻、视频、直播等领域的爆款应用，流量的聚集成为吸引品牌主投入预算的不二法宝。

从商业角度来说，不仅仅是移动电子商务得到了飞速发展，在线教育、远程医疗、移动游戏、智能导航等行业也步入了正轨，而传统行业也纷纷踏上数字化转型的道路,避免被日新月异的市场所淘汰。在营销模式方面,市场上百花齐放,从品牌主到媒介平台再到广告代理商等各方市场主体,都围绕数字化的市场提出符合自身利益的营销模式。从原本的流量红利阶段再到运营存量阶段,各种营销概念层出不穷,但核心还是为了迎合消费者的喜好。

从消费者角度出发,得益于迅速发展的移动互联网,消费者对于狂轰滥炸的广告信息经历了从欣然接收到困惑迷茫到精挑细选再到又爱又恨的态度变化。消费者与品牌产品之间的互动变得更加频繁,双方的市场地位在某种程度上变得平等,但消费者群体中的"信息茧房"效应愈发明显,这对于品牌、媒介平台来说可能益处更多,对于消费者来说利弊难言。

移动通信技术的演进在一定程度上改变了人类世界,而接下来的5G将会给我们带来什么样的变化,值得我们期待。

3.2 程序化广告:精细与整合

众多周知的,业内一般都认为2012年是国内程序化广告的元年,因为这一年大量企业在国内发布DSP产品。而元年之前,已经有企业开始往程序化广告方向做尝试,国内最早的萌芽可以追溯到2008年。因此,关于程序化广告的讨论我们从2008年开始。

3.2.1 新兴网络广告模式萌芽

2008年至2011年,国内在程序化广告领域尚处于摸索阶段。现在很多程序化广告领域的佼佼者大多是这个时期内成立的,它们在不断的摸索中探索这种新的商业模式如何落地中国市场。比如，悠易互动、品友互动、传漾等，在经过探索后逐渐进入程序化广告领域。在 2010 年中国的网络广告服务商受到国外程序化交易的冲击和启发，开始转向程序化广告领域，部分企业在该年尝试做程序化；2011 年，阿里妈妈推出了面向全网的广告交易平台 Tanx，带动了市场的程序化广告大潮。

3.2.2 程序化广告正式起步

2012 年至 2013 年，程序化广告在中国市场正式起步。2012 年，舜飞、BiddingX、品友、亿玛、聚效、易传媒等先后发布各自的 DSP，谷歌旗下的 DoubleClick AdX 在中国正式上线，掀开了中国程序化广告市场的幕布。紧接着，2013 年，腾讯 AdX、百度 Bes、优酷土豆、新浪相继加入程序化广告市场，秒针发布《互联网广告反作弊技术白皮书》，中国首个互联网 IP 地理信息标准库发布，整个市场发展非常迅速。

3.2.3 群雄并起的市场竞争

2014 年至 2016 年，程序化广告平台如雨后春笋般出现，整个市场进入爆发期。

2014 年，移动广告交易平台芒果 Amax、AdView 发布，百度 DSP 上线，奇虎 360 战略投资并控股聚效广告，阿里达摩盘、百度 DMP 发布。

2015 年，广点通上线 GDT AdX，百度 Bes 移动 SSP 上线，优酷自助 DSP 睿视上线，阿里战略控股易传媒，推出大数据营销平台达摩剑，广点通、TalkingData、百分点等 DMP 相继发布，秒针发布《新版互联网 IP 地理信息标准库》，昌荣程序化平台 Charm ATD 正式发布。腾讯宣布升级为可见曝光 CPM 售卖方式，成为国内第一家 CPM 售卖升级的主流媒体，秒针 AdX 整合进灵集科技所属 ADsTrader 广告交易平台中。

2016年,秒针发布跨屏终端解决方案UserGraph,Admaster与腾讯社交广告联合推出真人营销评估解决方"People Measurement Solution,PMS",腾讯发布"智营销"品牌广告营销平台。

2014~2016年,程序化广告市场竞争极其激烈,在资本和技术的推动下,中国的程序化广告市场一路走向巅峰。这一时期内,整个产业链发展得极为迅速,广告验证、DSP、DMP、TD、AdX等都有企业在尝试,而且相互之间跨界融合,不断拓宽延伸产业链,打造全产业链生态。但是,这个时期的市场也是极为混乱的。流量造假、信息安全、数据不透明、数据孤岛等问题层出不穷,市场边缘的灰色产业飞速壮大,而这也导致这个时期内很多玩家被淘汰,只有技术、资源足够雄厚的公司才能够艰难地生存下去,或者成为被大公司收购的幸运儿。

3.2.4 走向理性的程序化广告

2017年至今,经过前面五年的发展,中国程序化广告进入成熟期,同时国家和行业也开始加快从严整治行业黑产。整个程序化广告市场趋于理性,市场认知日渐清晰,资本浪潮逐渐平静。

2017年,中国广告协会互动网络分会(IIACC)推出了异常流量黑名单——《中国互联网广告异常流量基础过滤名单》,推动对程序化广告不良现象的整治;中国区无线营销联盟(MMA China)宣布成立品牌安全与流量质量标准小组,并发布中国移动互联网广告可见性、品牌安全、无效流量验证标准,为中国治理程序化广告市场黑产提供一定标准引导;舜飞科技联合RTBChina发布《程序化广告生态实用手册》,梳理中国程序化广告发展脉络,为市场及同行提供清晰的市场趋势。

2018年,腾讯社交广告变更为"腾讯广告",中国程序化广告市场的综合大型投放平台之间的竞争加剧;同时,整个市场在进行有序的调整:Super Platforms(综合大型投放平台)、Programmatic OOH(程序化户外广告)、DSP & DSPAN(程序化广告购买)、Ad Exchange & SSP(程序化广告供应）、Trading Desk & Tech（采购交易平台及技术）、Programmatic Creative（程序化创意）、Programmatic TV（程序化电视广告）、Data Supplier & Data Management（数据提供和管理）、Measurement & Analytics（监测分析工具）等细分领域发展平稳。

2019年，InMobi发布《中国程序化移动广告趋势报告》（以下简称《报告》），《报告》中提到，中国市场近几年来移动互联网的快速增长，使得移动设备引领的数字媒体占据了用户更多的时间。《报告》发现，2019年中国成年用户每天在移动端花费约3小时。因此，移动广告占据了广告市场的大头，特别是程序化移动广告领域的发展速度已位列全球领先位置，比如移动视频的程序化增速已超500%。随着5G时代的来临，移动广告将会更加令人期待。同时，伴随着程序化移动广告的占比增长，以及前两年对程序化广告治理的影响，安全和透明成为产业链各方关注的重点，尤其是在用户对体验的要求不断提升的背景下。

3.2.5 数字广告的整合化与精细化

根据《程序化广告：个性化精准投放实用手册》中的定义：程序化广告是指以人为本的精准广告定向，媒体资源的自动化、数字化售卖与采购。从另一种定义角度来讲，程序化广告是通过技术手段，对数字媒体广告投放的各个环节信息化，并衔接为一体的一种工具。

从交易模式来看，传统广告交易模式一般为"广告主—广告公司—媒体"，而程序化广告中，交易模式变得更加精细化，比如"媒体—联盟—广告网络平台—广告交易平台—要求方平台—程序化受众购买平台—代理商—广告主"就是最复杂的一种链条。

程序化广告自从进入中国网络广告市场以来，对数字营销的影响有以下几个方面。

广告主可以批量化购买媒体资源，利用技术手段实现对目标受众的精准定向广告投放。技术的长足进步让广告交易效率迅速提升，在扩大广告交易规模的同时节省了广告成本,而精准化的定向广告又让广告效果得到一定的优化,广告主可以直观地了解广告的投放环境和进程,方便实时调整营销策略,最大化地提升 ROI。

媒体的核心广告位流量和剩余流量之间的媒体资源配比可以得到优化。通过程序化的技术手段,媒体可以实现跨媒体、跨终端的资源,并且进行流量分级与定价差异化,既能够充分利用自身媒体资源,又能够获取更多盈利。总结来说,媒体方可以提升原本的长尾流量填充率,并进行充分的差异化定价,以提升广告收入。

消费者在这之中却扮演着有些矛盾的角色。消费者体验到程序化广告带来的便利,精准且个性化的推荐能够为消费者节省消费过程花费的心理成本和行为成本,一定程度上也助推了移动电子商务的发展。同时,复购率和转化率等指标也得到广告主不断地关注和重视。但是,在近几年的执行过程中,程序化广告也为消费者带来了诸多不良影响。首先,由于数据孤岛的原因,广告主购买的广告在多个平台上被露出,频繁出现的多余信息消耗了消费者的耐心,对消费者造成一定的心智困扰;其次,个人隐私的问题会让消费者产生抵触心理,对广告的效果产生不利影响。在这之中,消费者既享受着这种技术的便利,又被其精准的个性推荐骚扰着。

总结来说,程序化广告通过丰富的数据分析,为广告主定位潜在目标受众,并针对优质受众群体进行重点广告投放,提升了数字营销的精准性、转化率,同时节约了大量的广告投放成本。

3.3 云计算:平台与共享

美国国家标准与技术研究院(NTSI)对云计算的定义是:云计算是一种按使用量付费的模式,这种模式提供可用的、便捷的、按需的网络访问,进入可配置的计算资源共享池（资源包括网络、服务器、存储、应用软件、服务），这些资源能够被快速提供，只需要投入管理工作，或与服务供应商进行很少的交互。这也是广为接受的说法。

在世界范围内，关于云计算行业的开端一般很难精准定义。世界范围内一般将亚马逊 AWS 在 2006 年发布的 S3 存储服务、SQS 消息队列及 EC2 虚拟机服务作为现代云计算的起始。但实际上，只有到 2008 年 AWS 证明云可行之后，才引起市场的强烈关注，更多的行业巨头和玩家才参与到云计算行业中，中国的云计算行业亦是发端于该年。

3.3.1 艰难起步的云计算

2008 年至 2012 年，中国的云计算行业处于萌芽期。

2008 年，国内云计算标杆企业阿里巴巴筹办了阿里云，由此拉开了中国云计算的大幕。但实际上在 2008 年至 2010 年春节之间，阿里云的飞天系统问题频发，着实让人难以看到云计算的广大前景。

然而，在 2010 年春节过后的一个版本更新后，阿里云正式进入发展大道，引起市场研究云计算技术的风潮。2010 年腾讯立项研究云计算。同年，华为也正式公布云计算战略。

2012 年 3 月，季昕华创办 UCloud；4 月，黄允松、林源、甘泉创办青云 QingCloud。

这一时期国内只有少数企业跟个人在研究云计算技术，能够推出的产品组合非常单薄，但核心理念"计算和存储分离"已被初步确立，这对后续开发云上应用程序的架构模式产生深刻影响。

3.3.2 玩家入场探索价值

2013 年至 2014 年，中国的云计算行业进入探索期，大量玩家纷纷入场并大规模投入。

2013年6月,阿里云宣布完成突破5K测试;9月,腾讯云正式宣布面向全社会开放;11月,季昕华的UCloud获得1000万美元A轮融资;12月,迅达云获数千万人民币A轮融资。

2014年1月,青云QingCloud获B轮2000万美元融资;8月,七牛云获C轮数千万人民币融资;11月,雷军全力攻坚金山云。

一时间,中国的云计算市场一片繁荣景象。在各类玩家入场后,云计算在产品技术层面有了长足的进步和突破,虽然中间有曲折,但云端服务的能力与质量得到了有效提升,吸引了越来越多的市场关注和支持。

早期推出的IaaS服务围绕虚拟机继续推进和增强,持续更迭的CPU直接促进了云上虚拟机性能的更新换代,有着更大内存容量的新机型也不断进入市场,新出现的SSD磁盘更能够满足用户的需求,也让存储类服务得到更大的发展,产品分级式服务让成本优势进一步凸显。阿里云推出的NAS产品进一步演绎计算存储分离架构,方便更丰富的场景架构与实现。

与此同时,PaaS服务发展较为缓慢,这一时期市场对于从顶层应用框架方面来推广云的方式关注较少。国内新浪推出过新浪SAE,虽然有些亮点,但多年运营下仍旧不温不火;阿里云推出类似的ACE服务进行尝试,但2016年也被下线,究其原因,可能是因为这种服务处于受限较大的环境,平台难以对问题进行深入排查。这也推动了云计算朝着技术灵活性、可移植性等方向发展。

3.3.3 竞争促进行业成熟

2015年至2018年,中国的云计算行业进入发展期。随着上一阶段的探索和经验积累,以及对市场和用户需求的深刻认知,云计算的业务模式和商业运营也变得成熟起来,整个云计算总体市场规模和产品服务都获得了增长和丰富。当然,行业的成熟离不开市场竞争的推动。

2015年至2016年,中国云计算行业弥漫着烽火狼烟,主要竞争对手为阿里云和腾讯云。

2015年1月15日，阿里云承担了12306系统的车票查询业务；1月18日，腾讯云召开2015年渠道伙伴大会，滴滴成为其代表性客户。

2015年7月29日，阿里巴巴投资阿里云60亿元人民币；9月腾讯云高调宣布"未来5年投入100亿发展腾讯云，追赶阿里云"。

2015年11月，"双11"战报中，阿里云承载了912亿元的交易额，每秒交易峰值达14万笔；2016年年初，腾讯财报表示2015年腾讯云营收增长100%。

2016年4月，阿里云人工智能小Ai成功预测"我是歌手"节目冠军，一时之间刷屏各大平台；7月，在"云+未来"峰会上马化腾亲自站台腾讯云，剑指阿里云。

两强相争之际，行业格局逐渐明晰，在巨额投资之下阿里云和腾讯云快速增长，成为中国云计算行业的领头羊，并进一步推动云计算产业的发展。

2017年，中国至少有20余家大型云计算厂商拿到融资，包括之前提到的金山云、青云QingCloud、UCloud、七牛云等，无数资本涌入云计算行业，让云计算的发展飞速前进。同年3月，华为云业务部门Cloud BU成立；8月成为华为第四大业务部门；9月，华为云剑指阿里云，进一步加剧中国云计算市场的竞争。

2018年，CDN降价大战结束后，中国云计算行业进入战后休整时期，行业在有序竞争中良好地发展着。4月，华为表示将以每年超过100亿美元的规模持续加大在技术创新上的投入；9月，腾讯成立云与智慧产业事业部，增强对云的重视；11月，阿里财报表示云计算业务保持强劲增长，扩大在亚洲市场第一的领先优势。中国云计算市场发展已成熟、稳定，行业格局成定势。

这一时期的产品服务方面，IaaS继续深耕细分领域和特定场景，提供特异性和多样性的服务；在服务收费规则方面，提供了更多的更为灵活的计费方式，包括但不限于按使用时长计费、报年报月、竞价实例等；存储服务方面、一体化方面进攻部分垂直市场成为又一争夺领域，以阿里云和腾讯云之间的CND价格战为主要标志；PaaS转移至提供标准的可复用中间件，与IaaS、

PaaS 设施组合与联动。

3.3.4 促进数字营销高效精准

移动通信技术的快速发展让数据的质与量都得到飞跃,也为企业处理数据的服务器带来重压。而云的出现和发展提供了更高效的方式。

云计算对数字营销最大的影响无疑是在于其提供了企业信息化和数字化的整体解决方案,通过云的方式将数据纳入互联网虚拟机中,提供解决数据存储和分析的便利,加快了移动互联网时代的各类企业数字化转型的脚步,同时促进其技术创新和业务增长。究其本质,在于云计算能够满足信息安全、成本低廉、全球互联的营销需求。

信息安全在于传统存储多以本地存储或硬盘驱动为主,但云计算将数据存储于云端,即互联网虚拟机中,可以通过各种连接设备随时访问和备份,避免出现数据遗失问题。当然,云上也没有绝对的安全,每一家云都在时刻提高自身的安全性能,以顺应时代要求。

成本低廉在于其首先摒弃了传统的软硬件需求,只需要接入云服务商提供的平台,就可以搭建满足需求的应用架构,将原有的软硬件成本嫁接到云成本上,同时还能节约专业人士的人力成本;其次在云服务商提供的收费规则方面,可以通过差异化定价挑选各异的服务,还可以以"多云"的方式服务企业,这种情况下可以达到购买云服务的价格最优解。

全球互联在于用户能够通过可支持的互联设备在任何地点、时间对云端进行访问,降低使用服务的心理和行为成本,满足用户对各种使用场景的搭建和体验。

总结来说,云计算降低了数字营销的门槛,既降低了企业数字营销的基础投资,也丰富和完善了数字营销的应用及场景,让更多企业尤其是中小企业能够实施更多的数字营销策略。同时,云计算的超大规模、高可靠性、高扩展性为企业处理移动互联网时代的海量数据提供了一把利器,让企业能够真正利用到海量数据的商业价值，而精准营销也随着云计算行业的快速发展成为企业的必要选择之一。

毫不夸张地讲，云计算至少是推动数字营销进入数据时代的主要动力之一。基于对海量数据的分析，企业能够掌握用户行为，洞察用户需求，以用户为核心打造实际可行的营销战略和策略，让数字营销进入以消费者为中心的时代，亦是数字营销的云时代。

3.4 人工智能：优化与效率

人工智能（Artificial Intelligence，缩写为 AI），作为计算机学科的一个分支，在近五十年间获得了迅速的发展，尤其是进入 21 世纪后，人工智能在更多的学科领域和产业中得到广泛且深入的应用，且成果颇丰。

目前关于人工智能的定义依旧有些争论，本文采用较为受认可的一种说法，即美国麻省理工学院温斯顿的定义："人工智能就是研究如何使计算机去做过去只有人才能做的智能工作。"从这个定义出发，我们可以发现人工智能是研究如何应用计算软硬件来模拟人类某些智能行为的基本理论、方法和技术。

近十年数字营销的发展离不开人工智能的助力，由此我们试图梳理一下这十年中人工智能的发展脉络，以及其对数字营销领域的影响。

3.4.1 政学商三界加强技术积累

2010 年至 2012 年，中国人工智能处于技术积累期。这一时期，伴随着移动互联网和大数据的发展，学术界和产业界对人工智能进行了一定的探讨和实验，人工智能相关的学术论文和技术专利数量快速增长。

根据中国专利保护协会发布的《人工智能技术专利深度分析报告》，2010年至2012年中国人工智能技术专利申请年增长率快速提升，该阶段中国专利申请人中以中国科学院居多，百度和腾讯并驾齐驱。整体来说，国内主要专利权人以公司和高等院校为主。

事实上，这一时期中国的技术理论和实验积累受到了21世纪最初十年世界人工智能发展的启发。2009年，中国人工智能学会牵头，向国家学位委员会和教育部提出设置"智能科学与技术"学位并授予一级学科的建议，这也是为什么后面三年学术专利数量迅速增长的原因之一。

在商业实践方面，2010年，科大讯飞发布开放智能交互技术服务平台——讯飞开放平台；2011年10月，北京旷视科技有限公司成立，以深度学习和物联传感技术为核心，立足自有原创深度学习算法引擎Brain++，为企业级用户提供人工智能产品和行业解决方案。

这一阶段的大致趋势为，受到前十年的世界人工智能发展影响，由人工目录分类检索向"机器爬虫+排序算法"方向发展，机器学习技术在信息搜索、个性化推荐等方面起到了关键作用。比如，百度搜索引擎的快速发展就得到了人工智能的助力。

3.4.2 玩家入场探索商业实践

2013年至2015年，中国人工智能处于实践探索期。伴随着学术论文和技术专利数量的持续增长，中国人工智能的商业实践也快速布局进入各种产业，先行玩家们纷纷入场，探索人工智能的产业化方向。

2013年，百度开始投入研发人工智能，挖掘专家组件研发团队，成立IDL深度学习研究院，探索人工智能对百度信息服务水平的提升，研发百度无人驾驶车、百度识图等产品；同年，小米上线语音助手；也是在这一年，深度学习算法在语音和视觉识别上取得成功，算法进入感知智能时代，其中以科大讯飞的语音识别技术为突出代表。

2014年，科大讯飞推出"讯飞超脑计划"，搭建中文认知智能计算引擎；阿里巴巴iDST（Institute of Data Science & Technologies）成立。

2015年，科大讯飞发布人机交互界面——AIUI，腾讯成立智能计算与搜索实验室；6月，阿里巴巴联合富士康向日本软银旗下机器人公司SBRH战略注资7.32亿元，布局机器人领域。但阿里巴巴在人工智能方面的投入侧重于云计算方面，主要服务电商业务和B端；8月，阿里云推出国内首个人工智能平台"ATPAI"；9月，百度李彦宏在百度世界大会上推出度秘；当然，也少不了腾讯大量的考察和闷声收购投资世界上有潜力的机器学习类创业公司。

同时，人工智能的发展离不开国家政策的鼓励支持。2014年至2015年，党和国家的领导人频繁在各类大会上提及人工智能，充分肯定人工智能技术的重要作用，这有力促进了人工智能的发展。

2015年，人工智能成为国家"互联网+"战略中的具体行动之一。5月，国务院发布的《中国制造2025》中着重提及人工智能对于9项战略任务和重点的重要作用，人工智能是智能制造不可或缺的核心技术；7月，"2015中国人工智能大会"在北京召开，会上发布了《中国人工智能白皮书》，为中国人工智能相关行业的发展提供了发展方向。

这一时期的人工智能，随着云计算技术和芯片（GPU、FPGA及TPU）处理能力的迅速发展，以深度学习为代表的人工智能核心技术实现突破，使得图像识别、语音识别、自然语言处理等前沿技术的能力和应用效果得到了较大幅度的提升。该阶段，人工智能相关领域增长迅猛，国内的互联网巨头企业纷纷加大了人工智能领域布局，构建了一系列人工智能开放平台。

3.4.3 竞争加剧和创新爆发

2016年至今，中国人工智能处于产业爆发期。从学术论文和技术专利数量方面来说，整个中国的人工智能学术论文和技术专利数量如火箭般增长，已反超美国成为世界第一。社会和市场对人工智能的研究和产业发展认识逐渐成熟，并走向务实。同时，2016年伊始，从国家到行业，都在积极布局人工智能领域，促进了人工智能领域的竞争和创新。

2016年3月，小米推出全新生态链品牌"米家"，AlphaGo在围棋大战中战胜世界冠军李世石；4月，腾讯正式成立AILab人工智能实验室。

2017年，小米推出小爱智能音箱；10月，旷视科技宣布完成4.6亿美元的C轮融资；11月，腾讯有图开放平台正式更名为腾讯有图·AI开放平台；2017年年末，在小米IoT开发者大会上，百度宣布与小米联手共同打造IoT + AI产品和技术。

清华大学中国科技政策研究中心于2018年7月发布的《中国人工智能发展报告2018》显示，截至2018年6月，中国人工智能企业数量已达1011家，位列世界第二；从2013年到2018年第一季，中国在人工智能领域的投融资占全球60%。

与此同时，有关人工智能的国家政策也在不断推出，为中国这一时期的人工智能发展扫除前进障碍。

2016年3月，《国民经济和社会发展第十三个五年规划纲要（草案）》发布，国务院提出要重点突破新兴领域的人工智能技术；4月，工信部、发改委、财政部三部委联合印发《机器人产业发展规划（2016—2020）》，为"十三五"期间中国机器人产业发展描绘出蓝图；5月，发改委、科技部、工信部和网信办联合印发《"互联网+"人工智能三年行动实施方案》，提出"形成千亿级的人工智能市场应用规模"。

2017年3月，人工智能首次被写入国务院的《政府工作报告》，正式进入国家战略层面；7月，国务院印发《新一代人工智能发展规划》，提出"三步走"战略目标；在十九大上，习近平总书记再次提出加快建设制造强国，加快发展先进制造业，推动互联网、大数据、人工智能和实体经济深度融合。

整体来看，这一时期受政策和资本的强力助推，我国人工智能技术和产业呈爆发式增长态势，在计算机视觉、语音识别技术方面已处于国际领先水平；与此同时，国家政策大力支持，市场规模不断扩大，产业链趋于完善，投资日渐升温，行业发展未来可期。

3.4.4 飞跃的数字营销效率

经过近十年的发展，机器学习、深度学习等算法的逐渐增强，人工智能在计算机视觉、语音识别等技术方面不断做出突破，也更加让营销人员和消费者感受到人工智能的存在感和影响力。

随着移动互联网的发展，社交媒体和社交网络的衍化，以及大数据的提出和消费者需求的个性化，品牌必须开发出一种合适的手段整合这些影响因素，以制作出更好的数字营销。而人工智能技术的演进让其成为数字营销时代的必需品。

消费者是企业赖以生存的命脉，而内容是企业营销人员吸引消费者的重要手段。人工智能的深度学习、机器学习等算法能够保障企业为消费者提供更有深度的个性化用户体验。对于消费者来说，语音识别、人脸识别无疑是新颖而有趣的内容体验，同时企业营销人员也可借助语音识别、人脸识别等技术构思更加有创意的营销方式，AR/VR 等技术的发展也离不开人工智能技术的进步。

从企业营销的角度来说，人工智能助力的大数据分析让企业能够做到预测性营销，同时提高 ROI 水平，节约不必要的成本。针对用户数据通过人工智能技术的分析可以洞察用户消费信息，营销人员借此可以制作出针对性的广告营销；同时，借助人工智能对市场周期的分析，企业可以自由调整产品销售战略和周期，预测性规避市场风险，帮助企业更好地生存。

总结来说，人工智能更多的是作为企业商业活动运行背后的技术支撑，它优化了企业商业活动繁杂的人工手续和成本，将原本有限的人力投入更多有创造性的事务上去，同时以技术的方式改变商业发展的模式，通过人工智能衍生的智能机器、智能音箱、智能无人机等智能终端产品加快智能商业的发展，以机器效率代替人力效率，加快了整个商业市场的更迭速度。

3.5 区块链：透明与信任

被称为数字经济之父的唐·泰普斯科特曾预言，区块链技术将会定义未来10年的商业世界。尽管现在我们还看不见它的繁荣，但它已经在逐渐地渗透进我们的商业社会中。

对于数字营销行业来说，区块链技术带来了变革的前景。区块链自带的原生技术特点让行业看到了解决"痼疾"的可能，然而要想完全将其应用于营销链条中，还需要很长一段路要走。

3.5.1 从小众走向大众

2008年至2012年，区块链技术尚处于初步发展阶段，这个阶段的表现形式是以比特币为代表的数字货币，而通过这些数字货币买卖是人们参与区块链的主要动力。

具体来说，从2007年到2009年年底区块链尚处于极少数互联网极客参与的实验阶段，并没有产生相应的商业活动。2008年11月1日，中本聪在一个隐秘的密码学讨论组贴出了他的研究报告，阐述了他对电子货币的构想，比特币的概念问世。2009年1月3日，比特币系统开始运行，当时支撑比特币体系的主要技术包括哈希函数、分布式账本、区块链、非对称加密、工作量证明等，这些技术构成了区块链的初始形态。在这个阶段，区块链和比特币还只是少数技术极客手中的"玩物"，尚未登堂入室。

2010年至2012年年底，区块链技术进入小众阶段。2010年2月6日诞生了第一个比特币交易所，7月17日著名的比特币交易所Mt.gox成立，标志着比特币正式进入市场。

2011年4月27日，官方有正式记载的比特币0.3.21版本上线。其支持uPNP，实现了和P2P软件相同的能力，使得比特币真正意义上能够让任何人都可以参与。

2012年9月，Ripple协议被研发出来，它让商家和客户乃至开发者之间的支付几乎免费、即时且不会拒付，支持任何货币，包括比特币。

在这个阶段，区块链主要应用于数字货币领域，以比特币为代表的数字货币并没有得到国际社会的认可。同时，当时的区块链拓展性不足，一个区块链只能有一种符号，用户无法自定义符号，导致区块链在其他领域的应用可能性受到损伤。而且，当时的比特币协议较为粗糙，还不足以构建更高级的应用，如去中心化应用等，但区块链作为比特币的底层技术开始进入大众的视野。

2013年至2015年，伴随着比特币进入国际社会的视野，区块链技术开始被大众了解，但还未达到普遍认同的地步。这一时期，区块链处于市场发酵阶段。

2013年3月，比特币发布0.8版本，完善了比特币节点本身的内部管理、网络通信的优化，得以支持全网的大规模交易，才能够之后在全球产生更广泛的影响力。8月20日，德国正式承认比特币的合法地位，成为承认比特币的第一个国家。10月14日，中国百度宣布开通比特币支付。11月美国参议院听证会明确了比特币的合法性。12月，中国人民银行等五部委发布《关于防范比特币风险的通知》，明确比特币不具与货币等同的法律地位。

2013年年末以太坊创始人Vitalik Buterin发布以太坊初版白皮书，以太坊（Ethereum）致力于实施全球去中心化且无所有权的数字技术计算机来执行点对点智能合约，推动区块链进入以智能合约为代表的可编程区块链2.0时代。

2014年2月，Daniel Larimer发布了Bitshares（也称为BTS，比特股），该社区首先提出DPoS（Delegated Proof of Stake）机制，引入见证人的概念，委托部分代表进行验证，大大提高了共识效率。

2015年，《经济学人》杂志发布封面文章《重塑世界的区块链技术》，全世界掀起一股金融科技狂潮，世界上各大金融机构、银行争相研究区块链技术。比如纳斯达克2015年年底在自研的Linq平台上完成了首个证券交易，成为区块链在金融领域中使用的里程碑。

当然，这一阶段的区块链和比特币的发展并不是一帆风顺的。尽管在2013年比特币的价格从13美元飙升至1242美元，增幅几乎达100倍，但是在遭遇中国银行体系遏制、Mt.gox倒闭等事件后，比特币价格也触发大熊市，一路狂跌至2015年年初的200美元以下。期间无数相关企业倒闭，但强者恒强，活下来的企业确实为后续区块链和比特币的发展做出了很大的贡献。

3.5.2 市场认可，行业融合

2016年至2018年，区块链伴随着比特币的复苏进入快速发展阶段。这一阶段，比特币的造富效应与价值溢出带动其他类型的虚拟货币以及各种区块链应用进入一种大爆发的状态。

2016年的国际形势对于主流经济的影响过于重大，6月23日英国脱欧公投、9月朝鲜第五次核试验、11月特朗普当选美国总统等重大国际事件，让2016年的世界经济形势不确定性增强。因此，国际社会对于具有可替代关系的虚拟货币的关注度提升，虚拟货币市场需求快速增长，交易规模快速扩张。

2016年10月，Zcash（简称ZEC，也称为零币）发布，它是首个使用零知识证明机制的区块链系统，Zcash上的交易会自动隐藏区块链上所有交易的发送者、接受者及数额，保障用户的完全控制权，由用户自行选择提供查看秘钥。

这一阶段，全世界对于区块链的实际应用加快步伐。2016年1月，中国人民银行宣布做自己的数字货币。3月，IBM正式开源OpenBlockChain，成立HyperLedger项目。

2017年6月，Daniel Larimer领导开发的EOS项目开始众筹，通过采用在

ETH 网络上部署的 ERC-20 token 的形式来进行。8月,"比特币现金"(Bitcoin Cash,也称为 BCC)体系推出,其将区块大小提升至 8M,推进了区块链技术的发展,以及为区块链技术的落地应用提供了技术支持。

2018年1月,区块链达人 Sunny King 宣布了全新项目"Virtual Economy Era(简称 VEE)",该项目在区块链的架构设计上,完善了不同链之间的通讯机制,支持跨链交易。

在这一阶段,中国对于区块链如何落地发展也在不断地进行理论和实践上的尝试。

2016年10月18日,中国工业和信息化部发布《中国区块链技术和发展白皮书(2016)》,为中国区块链发展提供了路线图。12月15日,国务院印发《"十三五"国家信息化规划》,提前布局区块链等战略前沿技术。

2017年5月16日,中国首个区块链标准《区块链参考架构》在杭州区块链技术应用峰会暨首届中国区块链开发大赛成果发布会上发布。

2018年8月18日,在由商务部研究院和陕西省经济发展战略研究会区块链中心联合主办的区块链助力数字商务发展研讨会上,《链接未来价值:区块链商务应用前景研究报告》发布,报告指出,区块链带来的透明和效率,或将颠覆交易本质。

在这一段时期内,国内关于区块链的实践应用也在逐渐开展。在数字营销领域内,2017年正式上线并商用的公信链(GXChain)以区块链技术打造服务全球数据经济的基础链,共同构建可信数据的价值网络,成为一个去中心化的数据交易所。

2017年,DMChain 被开发出来,其利用智能合约和数据透明度,为广告业者提供了一种解决方案,无论广告主的规模如何,均可确保交易的安全性、可验证性、可追溯性和易用性。2017年3月25日,阿里巴巴和普华永道展开合作,宣布将"区块链"等新技术应用到打造透明可溯源的跨境食品供应链;11月24日,天猫国际宣布升级全球原产地溯源计划。

2018年4月12日,阿里云推出区块链解决方案(区块链服务,BaaS),支持天猫奢侈品正品溯源;6月25日,蚂蚁金服推出跨境支付,全球首笔区块链跨境汇款诞生；8月3日，阿里云发布企业级区块链服务；8月10日，腾讯联合深圳市税务局开出第一张区块链电子发票。

整体来说，国内关于区块链的布局与实践应用基本从2015年开始，经过一到两年的技术积累和沉淀，然后在2017年至2018年相继推出成熟的企业级应用产品，在金融、公益、医疗、营销等领域不断尝试，逐步将区块链赋能到社会生活中的各个方面。

3.5.3 打造信任经济的基础

众所周知，数字营销存在的顽疾——数据孤岛、数据造假等问题给营销链条上的相关利益方带来了很大的影响，尤其是对品牌主和消费者来说。但区块链所拥有的技术特点能够为数字营销提供解决这些问题的参考。

首先，区块链的分布式账本及信息不可篡改的特点让数据的透明性大大增强，不论是对于品牌主还是消费者来说，都可以提高对于数据的控制水平。同时在分散式的技术架构中，出现绝对中心化的控制机构的概率微乎其微，而且每一个节点的权利和义务都是均等的，交易双方可以直接在透明且共识的机制下进行点对点的直接交易，减少一些不必要且不透明的中间环节。这在一定程度上能够缓解数据造假问题。

其次，基于区块链搭建的数据库能够为品牌数据合作提供一定的信任基础。因为信息一旦储存到区块链中，信息将会被打上时间戳而永久保存且进行加密处理，同时任何一次改变信息的行为都需要经过共识算法的验证，并永远保留行为痕迹，以供后续查验。这就为互联网营销中"信任经济"的建立提供了一定的基础，有利于避免数据孤岛、数据造假等问题带来的种种损失。

再次，基于区块链"智能合约"的程序化交易流程能够让品牌主的精准营销更加准确，且节约不必要的成本。作为一种预先设定好的程序，只有满足程序所要求的条款时，合约才会自动执行。这样，品牌主可以要求只有当营销信息被目标受众真实接收后再付款，避免预算石沉大海，同时也避免了CPC、CPM等计价方式带来的刷量等风险。

最后，个人隐私作为互联网营销永远避不开的话题和问题也可以得到一些解决的方向。区块链分布式账本、加密算法、共识机制等技术架构可以让个人用户选择性公开自身的相关数据，也能够让个人的相关数据得到相应的保护。同时，个人也可以选择性接触营销信息，以保护个人的隐私空间不被侵犯，正如 Brave 浏览器一直以来尝试的。

这些是从具体技术执行层面上为数字营销带来的改变，而从营销着手，区块链的应用有可能让数字营销的整个底层思维发生改变。正如前所述，"信任经济"下的经济体系会改变现有的经济模式现状，区块链带来的这种将所有数据或信息，都以公开且恒定存在的形式保存的技术架构提供了构建"信任经济"的技术基础。数字营销原有的交易链条会被打乱重组，品牌、媒介和消费者三者之间的关系会变得较为公平，三者之间的交易链条在某种程度上会被缩短，且一切数据或信息以透明公开的形式流动，让现阶段数字营销中存在的灰色地带缩小。

3.6 物联网：
触媒与精准

物联网概念被提出来后已经有二十年的时间，在这二十年间尤其是近十年内，中国物联网的发展水平可以说是名列世界前茅。

根据国际电信联盟发布的《ITU 互联网报告 2005：物联网》对物联网做的定义：通过二维码识读设备、射频识别(RFID)装置、红外感应器、全球定位系统和激光扫描器等信息传感设备，按约定的协议，把任何物品与互联网相连接，进行信息交换和通信，以实现智能化识别、定位、跟踪、监控和管理的一种网络。依据该定义，我们可以发现物联网实质上是在互联网基础上的一种延展网络，将原本用户之间的信息交换和通讯延展至人与物、物与物之间的信息交换和通讯。究其根本，物联网是一种在原有技术基础上进行提升和融合的技术,并不具有完整的创新性。

由于物联网是在原有技术基础上的融合,其中包括传感技术、射频识别技术、网络通信技术、数据分析和挖掘技术等相关技术领域,因此物联网的产业发展受制于这些技术领域的更新周期。同时,物联网架构可分为感知层、传输层、平台层、应用层。

整体来说,中国物联网的发展以2009年作为一个分界线,2009年之后的物联网发展水平呈持续上升趋势。因此,在这里对于这十年来的中国物联网发展趋势进行总体概述。

3.6.1 持续扩大的产业规模

自2009年温家宝总理提出"感知中国"后,中国物联网产业规模在政府的指导和业界的实践下保持着年复合增长率超过25%的速度增长,目前已达到世界一流水准。

物联网的发展离不开政府的指导。在近十年的物联网产业发展中,政府多次出台相关政策促进其发展。

2010年10月,国务院发布《关于加快培育和发展战略性新兴产业的决定》,其中物联网成为国家首批加快培育的七个战略性新兴产业之一;同年,我国主导提出的传感器网络协同信息处理国际标准获正式立项。

2011年5月,工信部发布《中国物联网白皮书(2011)》,澄清和界定了物联网的概念和内涵,并为市场系统梳理了物联网架构、关键要素、技术体系、产业体系、资源体系等;11月,工信部发布《物联网"十二五"发展规划》,明确指出发展物联网对促进经济发展和社会进步具有重要现实意义,以推动相关核心技术研发与物联网产业化,加快对关键标准的研究与制定、产业链的建立与完善、重大应用的示范与推广等。

2012年3月,由中国提交的"物联网概述"标准草案经国际电信联盟审议通过,成为全球第一个物联网总体性标准;8月,《无锡国家传感网创新示范区发展规划纲要（2012—2020年）》发布，国家通过财政等手段支持示范区物联网产业发展，增强对其税收扶持，并推进物联网企业在资本市场的融资。

2013年2月，国务院发布《关于推进物联网有序健康发展的指导意见》，鼓励支持突破关键核心技术、打造完整成熟的产业链、发展中小型物联网企业；9月，发改委、工信部、科技部等部门联合引发《物联网发展专项行动计划（2013—2015）》，从多个方面解除物联网应用及产业化发展的束缚，推动中国打造出安全可靠，具有国际竞争力的物联网产业体系。

2014年4月，《工业和信息化部2014年物联网工作要点》发布，指出重点突破核心关键技术，推进传感器及芯片技术、传输、信息处理技术研发；8月，发改委、工信部等八部委联合印发《关于促进智慧城市健康发展的指导意见》，强调物联网在智慧城市发展中的重要作用。

2015年3月，工信部引发《关于开展2015年智能制造试点示范专项行动的通知》，并下发《2015年智能制造试点示范专项行动实施方案》，促进以智能工厂为载体，关键制造环节智能化为核心，端到端数据流为基础、网络互联为支撑等特征的智能制造快速发展繁荣，同期组织召开了2015年世界机器人大会。

2016年12月，工信部发布《信息通信行业发展规划物联网分册（2016—2020年）》，指出物联网正进入跨界融合、集成创新和规模化发展的新阶段，同时也面临着国际竞争的巨大压力，核心产品全球化、应用需求本地化的趋势愈发凸显，万物互联时代已开启并进入发展新阶段。智能可穿戴设备、智能家电、智能网联汽车、智能机器人等新设备将促进应用爆发性增长。

2017年6月，工信部发布《关于全面推进移动物联网（NB-IoT）建设发展的通知》，全面推进建设广覆盖、大连接、低功耗移动物联网（NB-IoT）基础设施、发展基于NB-IoT技术的应用，到2017年年末实现基站规模40万个；11月，工信部发布《关于第五代移动通信系统使用频段相关事宜的通知》，规划5G通信系统频段。

2018年12月，工信部公布《2018年物联网集成创新与融合应用项目名单》，显示中国物联网产业在2018年做出的创新贡献。

可以说，中国政府的政策指导为中国物联网的发展提供了极大的助力，推动了中国物联网逐渐产业化、体系化，物联网技术和产业发展水平快速提升，走向国际一流水平。同时，在政策指引下，学界和行业也在不断努力推进物联网发展。

2010年1月，无锡物联网产业研究院签约中国首批三个物联网示范项目；同年，我国企业研制出全球首颗二维码解码芯片，研发了具有国际先进水平的光纤传感器，TD-LTE技术展开规模技术实验。

2011年3月，"国家首个物联网产业示范基地"重庆市南岸区授牌。

2013年12月，4G商用牌照发放；同年，物联网、云计算、大数据、移动互联网融合发展，物联网应用进入实质推进阶段。智慧城市进入加速阶段，物联网架构组成部分竞争激烈。

2014年，智慧城市进一步发展，物联网产业体系逐步完善齐全。

2015年9月，重庆邮电大学发布全球首款433/470M赫兹频段工业物联网核心芯片——CY4520；同年，智能家居开始市场推广，可视化大数据萌芽，智能手表进入市场，互联网汽车兴起，前端感知与数据采集触点大幅增加，为大数据精准营销提供了海量数据触点，并促进大数据整理和分析能力的提升。

2016年6月，NB-IoT标准被冻结，同时蓝牙技术联盟正式发布第五代蓝牙技术，为物联网的发展提供更强的传输效率。

2017年，中国三大网络运营商启动NB-IoT网络建设，截至2017年年末全国基站超40万个；11月，海尔发布了世界上首个智慧家庭操作系统——UHomeOS；12月，非独立组网（NSA）被冻结。

2018年6月，5G独立组网标准完成，随着5G的逐步落地，移动互联时代将转向万物互联时代。

2019年6月，5G商用牌照发放，万物互联时代即将到来。

从数据上来看，中国物联网产业规模增长速度极快。据工信部数据，中国物联网产业规模已从2009年的1700亿元快速增长到2018年的1.5万亿元，年复合增长率超过25%。快速增长的市场规模仍然没有到达天花板，中国物联网产业的发展依旧方兴未艾，需要社会各方力量共同努力，促进技术创新，扩大市场规模，推动万物互联时代的降临。

从这十年来的发展，我们大致可以将物联网广泛应用的领域划分为以下十大应用领域，其中包括：智能制造、智慧物流、智能交通、智能医疗、智能家居、智能安防、智能零售、智能能源、智慧建筑、智慧农业。

3.6.2 万物互联，万物皆媒

物联网作为在原有技术基础上进行融合的一种技术，它对于数字营销的影响与其他技术既有重叠，又有自身突出的方面。

最明显的，物联网技术延伸出的应用终端和传输器等大幅度增加了消费者触媒的数量和效率，在智能家电、智能手表、智能音箱等智能设备的普及下，营销人员可以通过这些智能设备收集到消费者的有用数据，为大数据精准营销提供数据支持；同时，物联网借助大数据、云计算、人工智能等技术帮助营销人员整理分析用户的消费需求、品牌期望等，让企业的营销人员为消费者提供更好的客户体验，也让营销人员在一定程度上更加专注营销创意层面。

物联网的发展和延展大大丰富了消费者的触媒场景，也从更私密的层面上为企业带来了消费者的个人心理和行为上的洞察，对于数字营销尤其是精准营销的效率具有极大的提升。但现阶段仍然受制于相关技术的发展，对于物联网相关场景的营销不太明显，需要等待。

第 4 章

重塑视野
——中国数字营销十年媒介沉浮透视

媒介在人类传播阶段一直充当着非常重要的角色,在口语传播时期,人与人还只能口耳相传,到印刷传播媒介突破人本身的局限性,让信息成为固态留了下来,媒介才真正走上了空间流通;然后电子传播时期,广播、电视等媒介的兴起极大程度地改变了人们的生活;最后再到网络传播时期,网络媒介打破了空间与时间的限制,使人与人之间的关系更紧密。自此,媒介不再是虚拟的现实,而成为现实的一部分。

媒介形态的更迭代表着流量场地的转移,一直以来流量入口在哪里,营销的风口就在哪里。流量客源一直是营销的终极目标,而媒介优势是流量客源必经之"桥",所以媒介的每个阶段都会直接导致营销的变革。

在去中心化的信息洪流中,这座"桥"一直变换着形式,有纸质、有广播、有视频、有社区等。随着互联网与技术的发展,微信、微博、抖音等各种新兴平台在不断地涌现,带给了营销界翻天覆地的变化。

4.1 门户网站：在式微的路上，永不放弃探索

门户网站是指通向某类综合性互联网信息资源并提供有关信息服务的应用系统。在全球范围内，著名的门户网站是谷歌以及雅虎，而中国早期的四大门户网站为新浪、网易、搜狐、腾讯，另外还有新华网、人民网、凤凰网等网站。

1994 年，对于互联网、广告业、企业品牌等领域来说，是一个重要的转折点。这一年的 10 月 14 日，美国著名的《WIREDS》杂志推出网络版的 HotWired，其主页开始有 AT&T 等在内的 14 个客户的广告 banner，并取得了优异的成绩。这意味着门户网站开始走进营销界的视野。

紧跟世界的步伐，在 1997 年 3 月，中国的门户网站 ChinaByte.com 接到一则由 IBM 投下的商业性广告。

自此，中国的门户网站的黄金时代正式开始。

4.1.1 门户——中国互联网早期成果代表

时光荏苒，互联网已经在我国走过了 20 多年的时间。门户网站是互联网进入我国之后最早期的成果，具有非常显著的互联网基因和优势，与传统媒体对比形成了一道十分鲜明的分界线。在强大的历史机遇下，中国四大门户网站应运而生，那些先嗅到互联网红利的公司，一度赚得盆满钵满。如今，那些赶上

第一批时代浪潮的互联网公司也不断地扩大自己的布局，与互联网一同进步着。

门户网站之所以能成为中国互联网早期成果的代表，一是因为其具有近趋于零的成本特点，面对全国市场汇集海量的信息，搭建起数以亿计用户的平台，为他们提供丰富的信息资讯；二是因为自门户网站诞生之日起，就彻底颠覆了传统媒体长期以来形成的分众传播优势，这种"多点对多点、病毒式、全立体"的传播方式是一大进步特点，使得用户量巨大；三是因为门户网站采取的是"免费+收费"的商业模式，区别于传统媒体的"二次销售"商业模式，即通过免费的新闻来吸引大量的用户，再通过增值服务或者第三方买单来实现自身的商业价值。

门户产品从单一的网站信息模式发展到现在的多样化门户模式，而对于最早我们看到的单一门户也已经不再是主流流量，唯一不变的是，"门户"不仅仅是一个概念，而是代表着用户需求的集合地。随着电脑终端在中国的普及和网民快速增长，人们的注意力从传统纸媒转移到了网络上，门户广告就这样被催生出来了。

4.1.2 门户广告，应运而生

1998年，门户网站掀起一波建设浪潮，利用文字、声音、图像、动画、三维空间等多种手段，将产品全面真实地展示给用户，至今已形成多种门户广告类型：横幅广告、对联广告、背投广告、文本链接广告、通栏广告、全屏广告、弹出式广告等。

其中横幅广告、对联广告、文本链接广告这三类是对用户影响较小的广告形式。横幅广告属于banner的一种，是最早的网络广告形式，相信经常上门户网站浏览的人对它的存在并不陌生；对联广告，顾名思义，与民间春节对联一样"贴"在门户网站入口两边，这种广告不干涉用户浏览页面，并且随着网页滚动，当用户点阅时，才能查看其传播的信息；背投广告是打开网站页面时在当前页面的背后弹出的一个窗口广告；文字链接广告，则是以一排文字作为一个广告，点击进入相应的广告页面，这是一种浏览者干扰最少，却较为有效的网络广告形式。

而剩下的三种广告形式对于浏览网站的用户来说有一定强制性和干扰性。通栏广告以横贯页面的形式出现，该广告形式尺寸较大，视觉冲击力强；全屏广告是在用户打开网页时强制插入的一个广告页面；弹出式广告是指当人们浏览网页时，网页会自动弹出一个小对话框。

我们能看到，门户网站的这些营利的广告形式还处于一个非常基础的阶段，就好像只是将报纸上的广告照搬到了网站上而已，套着传统广告的"里子"和互联网的"外衣"，发展至今，我们看到门户网站的广告依旧脱不去这些旧形式的影子。所以在后来的互联网泡沫中，门户网站依靠在线广告作为单一收入来源的商业模式被广泛质疑，在盈利压力下，它们开始了自己的多元之路。

4.1.3 门户已"变"，路在何方

从门户网站的发展阶段来看，1998年到2000年是门户网站的培育期，2001年到2013年是快速发展期，而到了2014年则进入衰落期，开始出现下滑。在培育期阶段，门户网站凭借其海量的空间，内容快速丰富，用户数量快速增加，如何用这些大量廉价的流量，去孵化出变现效率更高的业务而提升整体的盈利状况，就成了当时门户网站急于思考的问题。在快速发展期阶段，门户网站纷纷上市，其总收入与广告收入呈现飞速增长。新浪于2000年4月13日在纳斯达克上市，搜狐于2000年7月12日在纳斯达克上市，网易于2000年6月30日在纳斯达克上市，腾讯于2004年6月16日在香港证交所上市，凤凰新媒体于2010年5月12日在纽交所上市。

对于普通民众来说，由于门户网站的准入门槛低，其本质是准公共信息平台，在普及知识和开发民智方面起到了巨大的作用，远超传统媒体的作用。但它的渠道能力慢慢地被新兴的互联网巨头瓜分，内容能力面临越来越多的垂直网站挑战，这也是当时门户网站地位逐渐式微的一大客观原因。

日渐密集覆盖的公共 WiFi，大幅降低的 4G 资费，使得人们可以更加便捷地利用掌中的移动设备。购物、看视频、听音乐、阅读、游戏、资讯、社交等都可以借助移动设备轻而易举的完成。门户网站在大环境的夹缝中声量越来越小，连四大门户巨头也都弃帅保车，纷纷找另外的出路。

网易率先在游戏业务上取得了成功，将门户的根基挖到了游戏、电商等金矿领域，现在主战场仍在游戏和电商；新浪也做了很多尝试，最后抱紧了微博这条"大腿"，新浪微博成为新浪最重要的产业；搜狐经过多年的折腾，形成了四大业务，分别是游戏（畅游）、搜索（搜狗）、视频（搜狐视频）、信息流（搜狐新闻），最值得一提的是搜狗浏览器和输入法，以其便捷快速而闻名；腾讯则围绕社交建设了一条新通路，积极开发各种技术软件，通讯软件QQ 及微信成为社交圈巨头。

这些年来，关于各种媒体形式互相取代的声音一直都存在，一会这个媒体必死，一会那个媒体消亡，但灾难一直没有如期而至。每种媒体都在努力地生存着，在融合的路上摸索着，只要没有消失，就一定有其残留的优势。

门户网站作为 PC 时代的代表，某些功能移动端还是无法完全替代。无论是专业信息、访问体验，还是曾经积累下来的 PC 端忠实粉丝，在新媒体时代都是不可多得的财富。即使门户网站的式微是不争的事实，但只要相信一个广告业亘古不变的原理——"注意力在哪，广告就在哪"，在探索路上就会有希望。

4.2 社会化媒体：倾斜的广告投放天平

近年来，伴随着 Web 2.0 互联网技术发展的突飞猛进，基于互联网平台应运而生的社会化媒体逐渐从虚拟走向现实，从线上走向线下，颠覆传统信息传播方式的同时，也正深刻地改变和影响着我们的生活。

社会化媒体以人为核心，凭借用户产生内容的特点，带来了流量和注意力，广告投放的天平也自然而然地开始向社会化媒体倾斜。

4.2.1　社会化媒体：微博营销的迭代

尽管社会化媒体涵盖非常多，从大众化的"双微一抖"，到偏垂直的豆瓣、小红书、知乎等平台，不同媒体所扮演的营销角色并不相同。但如果观察大家所谈论的话题可以发现，微博依旧是品牌破圈传播的主要阵地，因此有必要先梳理一下微博营销在这些年发生的变化。

在早期的2011~2013年，微博作为新兴媒体能够让品牌方与用户进行直接沟通，这个时间段品牌的基础营销策略为：立人设与做互动。大品牌是最先有社会化营销的嗅觉，比如宝洁旗下品牌、MINI中国都为其官方微博账号设计人格化角色，与用户做互动沟通。在这个时期比较常见的内容运营技巧是做日常话题运营，然后植入品牌信息，还有做"夜聊"之类的用户互动玩法。

到了2014~2016年，用户已经对日常互动产生了审美疲劳，对线上营销套路也开始脱敏，品牌方开始投入越来越多的精力在热点借势营销和创意营销上，通过参与热门话题讨论、制作借势海报、执行特定宣传活动等方式做品牌推广。

到2017~2018年，早晚问候的日常运营玩法已经开始大幅度失效了，与此同时"种草"的概念出现了，线上营销越来越注重转化和销售，所以抽奖这种营销手法以更强大的方式复兴了，比较有代表性的案例是支付宝的锦鲤活动。

从用户端来看，可以发现用户的注意力不断在被瓜分。从2011年左右刚上微博，用户对一切感到新奇，到2018年信息过载，用户对营销活动应接不暇。而微博平台本身也发生过定位上的转变，早期微博主打社会议题，发声的多为意见领袖，而如今微博转型为侧重娱乐的互动平台，发声的多为娱乐明星与饭圈粉丝。

4.2.2 社会化媒体，在广告营销中"左右逢源"

随着移动互联网的发展，中国的社交网络开始呈现多元化、复杂化的特点，在不到 5 年的时间内，除微博、微信，相继诞生了陌陌、知乎、秒拍、映客直播等社交属性的应用，它们共同构成了移动互联网时代社交媒体的新生态。

回顾中国的互联网广告发展史，第一阶段是门户广告，内容控制权在门户网站；第二阶段是搜索广告，关键点在于用户，用户搜索什么就推送什么；第三阶段是社交时代，根据用户手机产生的社交数据，后台大数据负责推送与社交行为相匹配的广告，在降低广告成本的同时，又能达到广告投放精准的最大值，集创新、主动、精细于一身，将广告最大限度地投放给目标受众，得到广告主的极大青睐。

社会化媒体作为广告传播的一把利剑在广告界早不稀奇，但是中国如云海一般多的品牌想要通过社交媒体传播脱颖而出，这不是谁都能做到的。当前青年人作为消费市场的主力军，是品牌传播力求突破的关键点。在社交媒体时代，想要影响新消费环境下的年轻人，就需要找到适合的桥梁或通道，通过好的内容、好的玩法，直击核心用户的内心，产生情感连接，影响他们的消费决策。因此，品牌在社会化媒体传播中需带着年轻人愉快地"玩起来"。

但在社交媒体时代，情感共鸣的最优解从来不是咆哮式倾倒，而是润物细无声式的打法。

相对国外的社交媒体环境，国内的社交媒体环境进化更快，也更复杂，总体来讲主要有短文章、图片、问答、短视频、长视频、直播这几种形式。

常见的微信广告形式主要有公众号广告、微信群广告、朋友圈广告。公众号广告又分为订阅号和服务号，它们与微信群广告一样，通过消息的形式推送给已订阅的用户。而企业广告向所在的朋友圈定向推送是从 2015 年 1 月 25 日开始的，它突破了朋友圈好友可见障碍，且根据微信团队对用户信息数据的分析以推广形式分类精准地出现在企业潜在用户的朋友圈信息中，内容形式较为简短,多以图文或小视频的形式展示,"营销性"较弱,用户可进行点赞、评论,甚至通过超链接实现购买行为的转化。

中国社会化媒体平台一直都是日新月异地发展的。广告主在拥有好的内容、有趣的互动、在跨平台推送或投放的同时,更需要用全局观来进行全面监测和评估,最终完善整个社会化媒体生态系统。中国社会化媒体格局不仅复杂,而且竞争非常激烈。如果广告能够及时了解其背后的趋势,并巧妙地运用到日常的执行和品牌策略中,定能事半功倍。

4.3 自媒体:一个时代的大步迈进

在移动互联网时代,越来越多的社交自媒体产生。这些自媒体成为人们社会化生活的重要方面,在给人们的社交生活带来便利的同时,积累了大量的流量,为企业的流量化线上营销带来了意想不到的效果。

自媒体是继报刊、广播、电视等传统媒体之后发展起来的新媒体形态,又称"公民媒体"或"个人媒体",是组织机构或个人通过网络途径对外发布自己的观点与新闻的传播方式。自媒体有着平民化、个性化、交互强、传播快的特点。随着互联网的普及,受众获取信息的方式更加便捷,自媒体行业也得到快速发展。

4.3.1 自媒体代表:微博、微信、今日头条

自媒体平台经过十几年的发展,呈现出各种形态,最有代表性的是社交平台、自媒体平台。目前国内最大、最活跃的社交平台是微博和微信。据新浪微

博数据中心发布的数据显示，2018年微博月活跃用户达4.62亿；微博垂直领域数量扩大至60个，月阅读量过百亿领域达32个。微信是用户数量最多的社交平台，数据显示，2018年，微信月活跃用户达到10.82亿。自媒体平台包括今日头条、百度百家、搜狐自媒体等综合性平台，以及创业邦、钛媒体、虎嗅等垂直领域的平台。

进入21世纪后，人们单纯获取信息的需求减弱，而发表观点的需求逐渐增强，表现在2005年以新浪博客为开端，诞生了许多博客大V，成了国内的第一代自媒体，在2008年达到鼎盛期，典型平台如QQ空间、新浪博客、百度空间等。2008年之后，博客从鼎盛的1亿开通量开始慢慢衰落。2009年，在国外推特火爆的背景下，新浪开始试水微博，微博带有社交属性，开始聚集大量人气，邀请了许多明星大V入驻，提升了人气，同时也打造出了不少网红。新浪微博在2011年左右达到顶峰，为新浪带来了第二波爆发，现在仍然有不少人气，腾讯、搜狐也开通了微博，只是没有新浪微博做的成功。

2011年，微信横空出世，开始只是作为熟人的通信工具，2012年微信推出公众号平台，吸引了大量自媒体入驻。曾命名为"官号平台""媒体平台"、微信公众号，最终定位为"公众平台"，无疑让我们看到微信对其后续发展更大的期望。从2012年到2019年，微信公众平台创造了种种奇迹，自媒体的历史性崛起应归功于它；内容创业的风口也由它造就；整个传播格局的改变，它起到了至关重要的作用。在微信公众号之前，可能很难有一个平台对个人的传播能力赋予这么强大的能量。

早期的公众号引流非常容易，很容易获得10W+的阅读，所以不用做太多的推广，即可获得不断增长的用户关注，享受微信公众号刚推出时的流量红利。随着微信的功能不断完善和拓展，如微信推出了朋友圈、微信支付、微信游戏、生活服务内容、小视频等功能，微信也逐渐发展成了一个互联网入口，成为一个超级平台，通过登录微信，生活场景中的许多事情都可以找到入口，因此吸引了众多的用户。

除微信公众平台外，自媒体平台一个重要代表则是今日头条。今日头条基于个性化推荐引擎技术，根据每个用户的兴趣、位置等多个维度进行个性化推荐，推荐内容不仅包括狭义上的新闻，还包括音乐、电影、游戏、购物等资讯。

自媒体平台以吸引流量获得市场的关注,产生市场影响力。以流量为生存条件的平台,主要的变现渠道不外乎广告、电商、会员收入、知识付费及衍生服务。

4.3.2 不断滋生的自媒体营销模式

自媒体平台以靠广告生存的居多,因为自媒体在发展时,获得了用户的关注,拥有了流量,直接可以和广告主合作,通过投放广告获得收益。伴随自媒体的变现形式也慢慢进化,由最初的广告演变到电商、知识付费和衍生服务。

以微博为例,每一个听众都是潜在的营销对象,企业利用自己的微型博客向网友传播企业信息、产品信息,树立良好的企业形象和产品形象。企业微博每天更新内容就可以跟大家交流互动,或者发布大家感兴趣的话题,这样来达到营销的目的。

面向不同的流量场景,新浪微博布局了不同的产品来触达用户。比如安装包更小、速度更快的微博极速版应用方面,还有目前市面上很火的小程序、快应用、PWA 产品、H5 等。这些产品能更快地触达用户,在新的场景中将用户留住,并且可以帮助主 App 进行用户回流。微博小程序(包括在微信、百度、支付宝等平台)DAU 达到了 1800 万,MAU 达到了 1.5 亿,累计的触达用户达到了 2.9 亿。这种巨大的受众基础为微博带来了巨大的流量。

今日头条 App 通过数据挖掘和对用户的阅读行为记录开展技术营销,获取大量的用户数据。与其他的资讯类 App 不同,每个人看到的推送都是今日头条 App 根据读者平日的浏览关键词和阅读习惯加以算出的。相比传统媒体,新媒体平台可以即时地通过文章的点击量了解受众对哪些话题、哪种风格的文章更为喜爱。今日头条独特的地方在于它所宣称的"秒懂",把不同的信息推送给每位用户,实现精准推送和精准营销。

自媒体经过十几年的发展,由最初的博客、微博等形式发展到现在的百花齐放,自媒体的创作形式越来越多样,用户的体验也越来越丰富。

4.3.3 依附着自媒体的广告现状

对于微信所带来的微商这一营销群体来说,它最终还是无法超越淘宝与京东。微信的广告最终也只是停留在朋友圈,主要覆盖美妆健康等领域。微博已实现了较为稳定的发展,与微信共同成为"两微一端"。2019年微博月活用户达到了4.65亿,日活达到了2.03亿,成了全球第7个MAU超过4亿的社交平台。

至于微信广告,基于LBS的广告表现方式一般有两种。一种是在我们产生对商品服务的需求时,可以利用微信搜索,如我们经过某商业区需要寻找有关服装的商店,就可以通过微信寻找,这是由使用者主动寻求广告的一种方式。另外一种是商家自身通过微信主动搜索周围的用户并向其推送相关广告。广告推送不再是以前的生硬推送,这似乎成为一种潮流。以游戏这种有趣的模式来说,它弱化了广告自身的身份,从而让用户不会产生较多抗拒心。

再看今日头条,简单便捷的大众化平台和精准送达率,吸引了诸多媒体人。今日头条在抖音等短视频的影响下,其活跃度与广告到达率更是达到了前所未有的高峰。2017年10月,今日头条的"头条号"总数超过110万,其中自媒体账号数量达90万,媒体头条号总数超5500个,国家机构及其他组织总数超70000个。如今,今日头条在抖音等短视频的影响下,其活跃度与广告到达率更是达到了前所未有的高峰。今日头条的广告是信息流广告,它和新闻资讯长得一模一样。当用户习惯性阅读新闻标题时,你的标语或活动信息就会自然地融入其中,被用户接受。在推荐信息流中,所有涉及图片的新闻都以小图呈现,是今日头条的一种原生广告产品;大图模式可以让用户在一整屏信息中率先看到你。

同时,今日头条的开屏广告也值得一说。截至2014年年底,每天至少有1800万人在使用今日头条。该广告位可以让你的产品或活动出现在今日头条第一屏,所有打开今日头条的用户都将先看到持续数秒的静态或动态画面展示。

可以感受到自媒体的营销已经从单纯的流量汇聚转移到流量与价值的转化过程之中,流量不再是最重要的方面,流量与价值的转换率将是企业整个营销过程的重心,通过这种"顺民意"的人群定位,"接地气"的营销方式以及"精细化"的营销内容,自媒体营销将成为流量转化为价值的重要平台。

目前来看,自媒体已经从免费时代进入了收费时代,并且朝着视频化、电商化、社群化、互动化的趋势大步迈进。广告对于自媒体来说门槛较低,但是天花板也不高,不具备持续性,客户黏性一直是个问题。

一部分满足不了用户日益增长的多样化需求的自媒体慢慢被淘汰,这也是市场加速洗牌的正常过程。电商具备较好的营利性,但是门槛较高,同时对电商自媒体的店铺运营能力也是一种考验。知识付费和衍生服务是衡量一般自媒体和成熟自媒体的重要工具,也是自媒体向前发展的必经路径,只有打通了知识付费和衍生服务,自身价值才能提高,才能在市场持续生存和获利,而这最终还是取决于自媒体的内容质量。留存下来的新媒体机构更多地聚焦于内容创作,因为持续高效地产出优质内容才是吸引用户的根本。

4.4 视频媒体:
此消彼长的"守业"

近年来,随着移动互联网的快速发展,移动通信和互联网的深度融合,使越来越多的受众从线下转移到了线上,网络视频广告蓬勃发展。与传统广告形式不同,网络视频广告形式更加多样化,内容更直接,得到了更多目标受众的认可。

从网络视频进入人们的视野开始,各种传播平台竞相争辉。从以 UGC 为噱头的优酷、56 网,到主打 PGC 的爱奇艺、优酷土豆,直至如今大行其道的短视频应用,传播平台逐渐朝移动端、社交化方向发力。网络视频发展十多年来,播客、网剧、网综、短视频、移动直播等热点现象都给媒体行业带来了很大的冲击,甚至一度处在风投的风口。

4.4.1 网络视频之溯源

网络视频的概念众说纷纭,中国互联网络信息中心将网络视频定义为"通过互联网,借助浏览器、客户端播放软件等工具,在线观看视频节目的互联网应用"。

随着移动通信和互联网的逐步融合,国内的视频网站经历了多重整合。从 2004 年 11 月国内第一家专业视频网站乐视网的出现,到 2005 年土豆网、PPTV、PPS 等网站的上线,再到 2012 年优酷与土豆网的合并,国内的视频网站经历了巨大的发展与变革,由原来的萌芽期过渡到现阶段的成熟期。自 2005 年起,一些发展较早的视频网站,就开始探索网络视频广告的各种形式,并对其进行实践。2006 年,网络视频在国内开始进入突飞猛进的发展阶段,以网络视频数量及用户数激增为代表。网络视频数量激增以《一个馒头引发的血案》为序曲,用户规模增长则要归功于 2008 年奥运会的召开。2009 年开始,中国网络视频广告行业市场监督体系更加完善,视频受众的规模扩大使得视频广告市场规模迅速扩大,内容成为视频广告媒体发展的主要驱动力量,网络视频广告产业链各环节之间的合作日益紧密。

进入 2008 年以后,随着全球金融危机的爆发,国内视频网站在经历了肆意扩军后问题也集中显现,整个网络视频行业进入低迷调整期。大浪淘沙之后,优酷、搜狐、爱奇艺、腾讯几大龙头得以存活,成为用户渗透度、黏性较高的视频网站。2010 年前后,土豆网、优酷等视频网站相继选择上市来巩固江湖地位。除了融资,视频网站开始根据自己的发展战略和地位形成自己的特色。 比如,主打 UGC 的土豆网和优酷合并,主打影视资源点播的 PPS 和爱奇艺合并,腾讯视频、搜狐视频则主要依靠热门影视的独播、首播来稳固市场。可以说,各大视频网站商业模式更加清晰,用户群体相对固定,同时视频网站对短片的内容、版权也有了更加规范的要求。

4.4.2 视媒：多元化的广告面孔

如今，随着5G时代的到来和用户碎片化观看习惯的养成，对于网络视频平台来说，最好的日子一去不复返了。一方面，爆款缺失、用户增长乏力；另一方面，政策调控之剑高悬，内容创作也处于瓶颈期，曾经"红"极一时的视频平台也陷入了"焦虑圈"。

目前，随着网络视频媒体的发展，其受众收视习惯发生了巨大改变，网络视频广告也呈现一系列的变化。移动网络视频形成阶梯式竞争格局，以腾讯、爱奇艺、优酷等为代表的综合类视频媒体，处于市场较为领先的位置；网络视频媒体的同质化现象导致大众审美疲劳，广告投放端口流量有所局限；广告主对于网络投放KPI的考量越来越严格，从广告曝光到目标受众的触达指标持续升级，广告主越来越看重广告的投放效果；广告形式的寡淡使得其覆盖率越来越低，会员免广告也成为主流发展方向。面临以上问题，各大网络视频平台，在内容与营销方面，都不同程度地展现了更加多元化的面孔。

现阶段国内网络视频广告主要有以下几种类型。

开屏式广告指的是在视频播放之前，会出现一段视频广告。对广告主与视频网站来说，这种广告形式不会浪费视频缓冲的等待时间，因此用户也不会太反感，而且开屏式广告占据了整个视频框，所以视觉冲击力比较大。该广告形式还能使广告主获得持续观看时间、点击率、人均观看成本等数据，适合有品牌强曝光需求的客户。

贴片广告一般出现在视频播放前和播放中，移动端和PC端均有展示，用户正在观看的视频节目内容会停止。视频贴片广告一般分为前插、中插、后插三种形式。视频贴片广告的优点是提升品牌宣传认知；让品牌信息的传达更丰富且立体，内容展示更加完整；超强视觉冲击力，符合用户观看习惯。 角标广告内容与视频是同步出现的，根据用户观影时长进行展现。当用户把鼠标划向广告时，更大的广告画面会出现，点击广告时，品牌网站会被打开。这种广告以用户观看时长为依据进行广告呈现，广告价格低、流量大、性价比较高。 暂停广告展现在视频暂停时,它是一种在播放器上呈现的广告形式。当用户暂停播放视频节目时,广告就会出现在视频上方,以浮层图片形式呈现。暂停广告强曝光,低干扰性,使得其广告到达率较高。

视频植入广告又称 UGA 视频植入式广告,即把广告信息"毫无痕迹"地嵌入到受众喜爱的短视频中,这样,视频内容本身就是广告。它的优点是具有很强的可看性,而且容易通过分享在网络上实现大量的传播。而缺点则是不能通过事先设置好的程序来简单地投放广告,因此制作起来比较复杂,相对而言成本也较高。

在中国广告市场,视频广告已经成为具有主流话语权的广告形式,广告主持续不断地向视频媒体倾斜,但广告主对广告效果的需求发生了变化,不满足于单纯曝光或转化,希望获得双重效果。尤其在经济下滑、消费者变得更加理性的背景下,如何让营销既能战术性地推动销量和增长,又能够战略性地让品牌在消费者的心目中去"种草",是视频平台无法回避的重要课题。

4.4.3　视媒:破局之道,永存之术

从市场和受众的角度看,内容匮乏是限制平台发展的决定性因素,这就迫使平台必须生产更优质的内容来争取新的用户。各家平台在内容定位上的差异化越发明显,布局差异化内容矩阵的重要性就越发显著。只有深耕影视行业,立足社会现实,洞察发力热门网综,精准打中用户痛点,实现内容的差异化与优质化,才是真正的破局之道。

从视频内容到品牌属性、从用户到广告,高度融合的定制化广告营销,给广告主带来的市场潜力不容小觑。精准结合、精细呈现,让传统扁平化的广告形式变得立体丰富,品牌可以根据自身传播需求设置不同形态的广告植入到视频内容之中,真正完成品牌与内容的无缝对接。爱奇艺通过定制"广告歌"加强广告与选秀节目的联结性;腾讯视频通过别具一格的"角色扮演"游戏使品牌主获得存在感,同时提升了消费者与品牌的黏合度;优酷则通过场景化、情景剧场的形式突出品牌特色,结合品牌特性,形成品牌独有的专属文案,定制

化的服务让广告主更有"安全感"。

据《2019 中国网络视听发展研究报告》显示，2018 年 12 月，中国网民平均每天用手机上网 5.69 小时，比 2017 年增加 1 小时，其中有 20 分钟是用来刷短视频的。信息井喷呈现，用户的娱乐时间越来越碎片化、随机化，短小精悍的内容生产开始流行，快手、抖音、西瓜视频等分割短视频市场。

自 2019 年以来，不少人呼喊着短视频将会带来视频平台的"第一个寒冬"，而所谓的"寒冬"降临恰恰是市场迫切需要高质量的内容。目前的社会要求我们结合互联网发展的社会趋势，跳出以往爆款带来的舒适圈，真正走入群众，实现内容落地，做出独特的精品。在保证内容质量的前提下，再去丰富内容形式。无论是"英雄造时势"还是"时势造英雄"，优质内容的生产永远是不变的方向，也是未来视频平台竞争的最大利器。

随着网民总量接近天花板，视频网站的竞争进入了此消彼长的"守业"阶段，谁能从用户的总流量池中抓取更多的份额，谁有更创新的营销手段和价值转化，谁就有能力突破这种"胶着"。

4.5 短视频：生逢其时的井喷式发展

在 PC 互联网时代，视频网站内容仍以传统电视的内容上线为主，短视频还只是一个补充。进入移动互联网时代之后，短视频的发展才拉开序幕。

随着移动互联网时代的到来，信息的不断碎片化，内容制作门槛不断降低，符合人们娱乐习惯的短视频得到了喜爱。2012 年，快手转型短视频社区，刚开始的时候并没有得到大量用户的关注。2014 年，随着智能手机的普及，视频拍摄变得简单，人人都可以随时随地制作短视频，给短视频的发展提供了硬件条件，伴随无线网络的成熟，分享自己拍摄的短视频也成了一种流行文化。

4.5.1 短视频——晋升新媒介之王

2011 年,移动短视频社交鼻祖 Viddy 发布了用户即录即分享的短视频应用,此后短视频经历了 2014 年的发育期和 2015 年的调整期,直到 2016 年,短视频行业才正式崛起。

2016 年,随着抖音的诞生,短视频行业迎来爆发式井喷的一年,各大公司合力完成了超过 30 笔的资金运作,短视频市场的融资也高达 50 多亿元,一时间各类短视频 App 蜂拥而出。用户的媒介习惯已经从横屏观看转换成了竖屏观看,平台和用户对优质内容的需求日益激增。越来越多的短视频创作者纷纷涌入,将短视频市场不断地拆分细化,内容价值也成为支撑短视频行业持续发展的主要动力。

2016 年,新浪以 3.2 亿美元入股秒拍,秒拍与微博的战略合作进一步加强;2017 年,短视频行业盛况空前,各大平台纷纷把短视频设定为平台发展的核心战略之一,资本豪强密集入局,互联网巨头们掀起亿元级补贴大战,吸引众多短视频创业者纷纷进入。 今日头条提出 10 亿元的短视频补贴计划;腾讯拿出 10 亿元现金来补贴原创和短视频内容创作者;百度宣布 2017 年将累计向内容生产者分成 100 亿元;快手宣布获得腾讯领投的 3.5 亿美元战略投资;土豆网全面转型为短视频平台,并将投入 20 亿元补贴扶持短视频内容创作;随后,火山小视频发布 10 亿元补贴小视频作者计划,意图快速聚拢优质内容;搜狐视频和百度视频宣布强强联手加速布局 PGC 短视频内容,首期投入资金 2 亿元,扶持视频创作自媒体人;花椒直播也宣布,将投入 1 亿元用于签约短视频达人,并且将对优质内容提供额外的补贴。

快手诞生于 2011 年,美拍上线于 2014 年,抖音上线于 2016 年。相对于快手、美拍来说,抖音推出时间较晚,但从短视频发展阶段来看,抖音的确是生逢其时。数据显示,仅在 2017 年春节期间,抖音的注册用户就暴涨了 3000 万,总数达到 6000 万,在互联网内容生产和消费领域掀起了新的浪潮,也给微博和微信等"传统"新媒体造成了冲击。随着移动互联网的普及,短视频这种媒介形式会因其去中心化、门槛低等特点，集天时地利于一身，晋升新媒介之王。

4.5.2 短视频分类：新鲜不断

纵观近几年的短视频市场发展，根据不同的应用目的，短视频可以分为六类：社交类短视频（抖音、快手等）、资讯媒体类短视频（西瓜视频、秒拍等）、BBS 类短视频（B 站 Bilibili、A 站 AcFun 等）、SNS 类短视频（陌陌、朋友圈视频等）、电商类短视频（淘宝、京东主图视频等）、工具类短视频（小影、VUE 等）。而其中基于移动社交和推荐算法的抖音、快手则成为领跑者。

美拍、秒拍还有腾讯微视都是在 2014 年拔地崛起，而站在风口浪尖的快手和抖音，它们采用的推荐算法模式，使得推送的短视频内容与用户的偏好相匹配，不仅大大增加用户的黏度和兴趣，"短、平、快"的内容消费也更容易满足用户需求，由此让更多的年轻用户沉迷其中。短视频的特点不仅是"短、平、快"，更重要的是 UGC 产出模式，让其拥有源源不断的新鲜内容。

不同于微电影和直播，短视频制作并没有像微电影一样具有特定的表达形式和团队配置要求，而是具有生产流程简单、制作门槛低、参与性强等特点，又比直播更具有传播价值。超短的制作周期和趣味化的内容对短视频制作团队的文案以及策划功底有着一定的挑战，优秀的短视频制作团队通常依托于成熟运营的自媒体或 IP，除了高频稳定的内容输出外，还有强大的粉丝渠道。短视频的出现丰富了新媒体原生广告的形式。

一条、二更是国内出现较早的短视频制作团队，其内容多数以纪录片的形式呈现，内容制作精良，其成功的渠道运营开启了短视频变现的商业模式，被各大资本争相追逐。papi 酱、回忆专用小马甲、艾克里里等网红形象在互联网上具有较高的认知度，其内容制作贴近生活，庞大的粉丝基数和用户黏性背后潜藏着巨大的商业价值。以快手为代表，大量草根素人借助短视频风口在新媒体上输出搞笑内容，为网民提供了不少娱乐谈资，陈翔六点半、报告老板、万万没想到、套路专家(又名套路砖家)等团队制作大多偏向此类内容,视频短剧多以搞笑创意为主,在互联网上有非常广泛的传播。随着短视频热度不断提高,技能分享类短视频也被广泛传播,在今日头条上,短视频认证泛科普自媒体的套路专家在4个月内获得了6亿次的点播;街头采访也是目前短视频的热门表现形式之一,其制作流程简单,话题性强,深受都市年轻群体的喜爱;还有利用剪辑技巧和创意,或制作精美震撼,或搞笑鬼畜,有的还加入了解说、评论等元素,也有不少广告主利用新媒体短视频热潮植入新媒体原生广告。

4.5.3 短视频产业链的成熟

2018年,快手、抖音、美拍相继推出商业平台,短视频产业链条逐步发展起来。据联通沃指数移动App排行榜数据显示,以抖音、快手为代表的短视频平台月活用户数比增长率出现了一定的下降,用户规模即将饱和,用户红利逐步减弱。如何在商业变现模式、内容审核、垂直领域、分发渠道等方面更为成熟,成为短视频行业发展的新目标。

短视频的营销产业链及合作模式虽然还在不断的探索中,但就当前而言,大致由5个角色组成:广告主、平台方、内容方(网红、KOL)、MCN、营销服务商。作为需求方和资金源头的广告主,追求整个短视频产业的规范和稳定,与短视频平台方的直接合作正在成为一种趋势。内容方和平台方在商业模式上依存共生,而在利益空间上相互博弈。持续的优质内容和头部的网红资源是短视频平台的核心竞争力,平台更倾向于"集权式"管理,而内容方为防止在一家平台上孤注一掷风险过大,通常采取多平台共同发展的方式。而MCN和营销服务商业务模式受到上下游挤压,求生欲显著。

如何让短视频实现"内容变现"? 第一是依靠客户付费模式,主要就是广告。基于内容的短视频广告形式可以多种多样,冠名、口播、植入、定制、角标等,并且原生内容广告的形式更容易让用户接受和传播;第二是购买付费模式,即电商。电商变现是目前短视频内容创作者最常用的变现手段,但电商转化率高的平台多集中在时尚、美妆、美食、星座等垂直领域,其他品类的电商转化路径仍在探索之中；第三是知识付费，以及打赏订阅，从长远来看，内容付费可以认为是短视频行业的一种非常可行的盈利模式。

得渠道者得用户，得用户者得时间。如何在有限的用户时间里分得更多的份额，已经成为各个互联网细分行业争夺用户的核心。至今，各个短视频App的平台调性已经基本确定下来，抖音的潮酷年轻态，快手的下沉接地气，还有西瓜视频在文化、三农等领域的垂直打法，都让这些短视频在不同领域吸引了观众的注意力。然而，在这个生而逢时的年代，短视频如何抓住自己的天时地利造就"人和"，还有很长的路要走，值得我们一起期待。

4.6 OTT 大屏：下一站蓝海

OTT 是"Over The Top"的缩写，指通过互联网向用户提供各种应用服务。

随着智能家居以及物联网行业的飞速发展，智能电视替代传统电视占据用户客厅C位。在数字营销领域，OTT 广告一般是指通过智能电视端触达用户的各种形式的广告，如开机广告、贴片广告、频道换肤、通栏、互动式广告等。并且经过数年的技术发展，更多创意类广告应运而生，包括霸屏广告、场景化定制广告等，形式和玩法都变得更多样、更有趣，使之应用于家庭场景下的营销效果获得广告主的广泛认可。

4.6.1 OTT——未来最具价值屏幕之一

《2019 年 Grabyo 全球视频趋势报告》（2019 Grabyo Global Video Trends Report）对来自世界7个市场的1万名消费者进行了调查，发现这些市场中有一半以上的人选择付费购买在线视频服务。消费者观看视频和电视的方式发生了变化,在这 7 个市场中,转向付费在线电视服务的人数超过了接受传统付费电视服务的人数。

媒体消费的转变影响了视频服务的商业模式,在线流媒体服务的付费用户超过了付费电视用户。在这项研究中,所有市场都出现了转向 OTT 的趋势,超过 50% 的消费者选择为在线视频服务付费。

毫无疑问,OTT 大屏是未来最具价值的屏幕之一。

2018 年,家庭 OTT 设备渗透率增长迅速,高收入家庭更愿意购买大尺寸智能电视。一二线城市家庭 OTT 设备渗透率增速远超三四线城市,2018 年一二线城市智能电视/网络盒子渗透率超七成。通过 OTT 设备收看电视的家庭收入高于通过普通方式收看电视的家庭。在有连接互联网智能电视家庭中,观众优先选择收看互联网电视:银河奇异果在家中有联网智能电视人群中的晚间收视率排名第一,在所有人群中的晚间收视率排名 23。OTT 端为网络视频贡献的流量占比越来越高,动漫/少儿类的节目在 OTT 端的流量占比最高。有孩子的家庭在 OTT 设备上和在手机及电脑这两种互联网设备上看动漫少儿节目的占比接近。2018 年,腾讯视频 OTT 端视频内容流量占比为所有视频网站第一。各视频网站的视频内容在 OTT 端同比皆有较大增幅,流量前三的视频媒体中,优酷在 OTT 端的流量占比增幅最大;屏幕越大,头部节目中少儿动漫类份额越高。

截至 2018 年年底,OTT 总激活 1.86 亿,日活 9672 万,日均使用 298 分钟。值得注意的是,5 岁~24 岁、45 岁~54 岁年龄段的人是 OTT 的忠实观众;中产阶级家庭的观看时长也在不断增加。此外,2018 年,OTT 广告市场规模达到了 55 亿元,预计 2019 年将突破 100 亿元,2020 年将达到 300 亿元。

4.6.2 智能电视:跨过彩电行业的护城河

智能电视领域不断地推陈出新,也为 OTT 的跨界探索做出了基础性贡献。

2013年，乐视发布了搭载互联网功能的第一代超级电视后，同年小米电视发布，对整个彩电行业造成了很大的影响。互联网电视开始对电视行业进行了第一轮洗牌，导致最直接的结果就是价格战。随着2017年部分互联网品牌的退出，资本对电视市场的热度减弱，然而低价竞争却难以扭转。前瞻产业研究院数据显示，2015～2018年，中国彩电市场年零售量徘徊在5000万台左右，由于价格战等因素，零售额不增反降。

在智能电视品牌中，小米作为代表表现非常突出。同时，之前被认为是传统家电行业一个新的业务增长点来源的"85后"消费群体，也被小米等新入局者疯抢。这一切的迹象表明，彩电行业的护城河正在逐渐崩塌。2018年，无论是智能电视还是网络电视盒子的渗透率都出现大幅的增加，2018年有超过半数的家庭拥有智能电视。

如今，随着互联网企业纷纷布局IoT（The Internet of Things，简称IoT），智能电视成为业界争夺的强势资源已经是不可阻挡的趋势。

4.6.3　OTT大屏抢回用户注意力

现在所有的公司都在争夺用户的注意力，智能手机近年来逐渐战胜了传统电视，OTT大屏是如何在移动端的强大冲击下一点点抢回用户注意力的？这可能归功于OTT一些与生俱来的优势。

OTT兼顾了尺寸和画质。液晶技术和CPU内存等都遵循了摩尔定律，即随着时间的推移，以后的产品会越来越精细。因此，OTT大屏可以营造出震撼的广告效果。在OTT开机广告投放中，汽车占了50%左右的市场份额，因为它需要这种震撼的效果来抓住消费者的眼球。

OTT摆放的位置很重要，它摆在消费者家里，可以让消费者和家人一起躺在沙发上观看。同时这种场景优势是别的媒体所不能比拟的，其广告带来的价值也是别的场景所不具备的，对家的信仰直接促成了客厅经济的崛起。

OTT的规模优势是逐渐形成的。在2018年上半年，OTT终端数超过了传统付费有线电视和IPTV，OTT大屏真正具有了规模优势，这种优势可以帮广告主实现可观的用户触达。

OTT拥有多样化的广告形式。男性消费者记忆度更高的是开机广告、天气提醒和关机广告；女性消费者记忆度更高的是直播和点播中间的中插广告。此外，OTT还提供丰富的互动广告形式。比如在品牌专区，可以用遥控器跟品牌互动，可以填上自己的电话号码等广告主回电。丰富的广告形式能够满足不同消费者的需求。

最重要的一点——OTT大屏是拥有大数据的。所谓的大数据是指大样本，甚至对于某些品牌来说几乎是全量样本，所有的电视OTT设备都能实现数据的回传，所积累的大数据拥有更丰富的数据维度。

OTT与传统电视的最大区别就在于，它拥有数字媒体和传统媒体的双重优势。因此，OTT营销要想更加深入，就要从广为撒网的强曝光媒体走向精准触达的效果型媒体。

4.6.4　OTT广告是支"潜力股"

2018年是智能电视终端真正爆发的元年，智能电视因其规模效应带来了广告投放几何级的增长。但在更多的广告主和4A（美国广告代理协会）关注到OTT之时，这个领域仍然存在一些挑战。

相比于移动端和PC端千亿元级别的广告预算，OTT广告其实还是一支"潜力股"。

效果难以评估、受众难以真正精准触达、缺乏广告投放经验，是掣肘OTT广告发展的三大因素。广告主对OTT广告第三方监测数据缺失所带来的疑虑也是限制其投放的最大因素。OTT广告缺乏客观评估数据，很难评估效果。由于OTT广告是近些年才发展起来的新型广告形式，因此缺乏广告投放经验也是限制广告主选择该类广告的原因之一。尤其是对于广告投放策略原本就很保守的广告主来说，缺乏经验会给自身带来更多的不确定性。

面对 OTT 广告市场的不确定性，各行各业都在设法"破局"，但解决精准和定向问题的关键，归根结底还在于对大数据的掌控和运用。从数据的归属方来看，OTT 行业的数据可以分为"一家独大"和"抱团取暖"。小米 OTT 突破了 1 亿台，拥有充足的数据，又自建生态形成闭环，选择不和外界合作，称之为"一家独大"。"抱团取暖"则指几个 OTT 厂商、数据公司和第三方机构、平台走到一起，相互合作，共享数据。

服务质量依然是 OTT 当前围绕移动与社交内容生存发展的具有挑战性的地方。5G 时代的蓄势待发，也使得 OTT 在媒介形态上进行更进一步的创新，以增加视频平台用户的沉浸式、个性化的娱乐体验。可见，OTT 将很有可能成为下一个蓝海。

4.7 万物皆媒：润物无声，破土而出

移动互联网技术的成熟，新型数字技术门槛的降低以及随着自媒体蓬勃发展而催生出的各类媒体形式层出不穷，从电梯媒体到高铁媒体、飞机媒体，再到楼宇视频媒体、地铁媒体、影院媒体等。麦克卢汉提出的媒介是人体的延伸这一传播学理论在今天已经扩展为万物皆媒，这也为百花齐放的各类媒介广告提供了可能。除此之外，传统电台借助数字技术升级为网络电台，搜索引擎在既有搜索功能的基础上借助大数据以及人工智能推出广告，这些不同类型的媒介形式丰富了媒介营销。

4.7.1 润物无声：生活圈媒体、交通媒体与搜索引擎

生活圈媒体广告常常依托于各类生活场景，作为城市化的基础设施，电梯

越来越成为都市主流人群工作、生活的核心场景之一。置身于电梯之内对受众来说就是一段无聊的时间，狭小的空间构成了低干扰的空间，在这样的空间里进行密集的广告投放，高频露出更容易引爆品牌。

电梯广告类型多样，以商务电梯、楼宇电梯广告为主，表现形式主要为在电梯轿厢内安装成相框的形式，还有一种是在电梯门上直接安装广告。同时，在新媒体的概念下，围绕着楼宇展开了一系列的广告活动，包括楼宇户外超大液晶屏、电梯等候区的楼宇液晶电视、电梯内部的框架广告等。楼宇、电梯这些属于人们生活圈的媒介形式已经逐渐被广告商所重视。相对于这些固定不变的生活圈媒体，高铁、地铁、飞机也构成了一种交通媒体形式。在地铁上的车厢广告，在高铁上的车体广告等，这些交通媒介形式逐渐在媒介阵营中占有一席之地。

网络电台带来的广告营销模式也逐渐取代了传统电台。网络电台 App 作为自媒体时代一种新的媒介形式，重新将受众进行了聚合和再细分，使人与人之间的感觉距离大大缩小为"声觉空间"，正在战胜文字传播和视觉传播。目前国内具有代表性的网络电台 App 主要有喜马拉雅 FM、荔枝 FM、蜻蜓 FM 等。它们通过这种新型电台进行营销模式的创新，成为除传统电台以外的新型电台媒介形式。而媒体的另一种形式往往被人忽略，就是搜索引擎。

搜索引擎是指根据一定的策略、运用特定的计算机程序从互联网上采集信息，在对信息进行组织和处理后，为用户提供检索服务，将检索的相关信息展示给用户的系统。而今在海量信息的基础上，受众对于信息需求日益旺盛，这使得搜索引擎拥有了巨大的受众基础，成为连接信息与受众的重要媒介。搜索引擎不再只是搜索工具，而变成了具有受众流量以及提供信息功能的媒介。尤其在移动 App 发展迅速的背景下，各种搜索类 App，如百度、UC 以及新出来的夸克，这些搜索引擎在提供搜索服务的同时已成为新的资讯媒介。

4.7.2 破土而出："万物皆媒"营销

现代生活场景多样，各类媒体借助生活空间、交通工具进行了不同的营销。电梯媒介催生出了电梯营销，人们几乎每天都要乘坐电梯。

主流人群、必经、高频与低干扰这四个词构成了电梯这一媒介可以引爆品牌的最核心以及最稀缺的资源。近几年崛起的神州专车、滴滴出行、饿了么等新经济品牌，正是在电梯进行广告投放，对都市主流消费人群形成强制性高频次的送达，从而使品牌得到迅速传播。以神州租车为例，2011年投放电梯广告前仅有600辆车，明显弱于竞争对手，而在电梯广告播放一年后反超对手，并于2014年香港上市，当时罗兰贝格（Roland Berger）的数据显示，神州租车在租车市场已排名第一。2015年，神州租车利润超14亿元。神州租车创始人陆正耀在回顾制胜之道时表示，以电梯广告媒体为核心来引爆品牌对神州租车迅速占领市场，对成为绝对领导品牌起到了至关重要的作用。

同样，对于地铁媒体来说，它带动了一种全新的广告营销模式，地铁作为一个现代和特殊的交通类广告载体，兼有普通户外交通媒体与室内POP、灯箱媒体的传播特性，其优势是非常明显的。反观影院媒体，电影院是在电影开始前通过银幕播放公益广告、其他电影预告片以及商业广告。

从影院媒体，再扩展到电影广告。其中在电影片中以情节、道具形式出现的广告，其实是一种体验营销，让消费者产生身在其中并且难以忘怀的体验。剧情将剧中人物及其使用的物品和服务的某种情趣与体验赋予消费者，产生心理互动，让消费者对该商品或服务产生熟悉感、亲切感、认同感和消费欲望。可以看出，电影广告的最大价值体现在该媒介对受众的影响力上。

以喜马拉雅FM为代表的网络电台，通过对音频作品的创新运营，催生了具有自身特色的广告营销模式，即展示类广告营销与音频贴片广告营销。展示类广告营销模式，是指在电台App页面上将广告主所要传达的产品或服务的信息直接、快速地传达给用户，这类广告信息直白易懂，用户只是被动接收，不需要进行复杂的信息处理。同时，它基于音频广告营销模式的创新，带来了品牌软性植入与品牌冠名这两种广告营销模式。例如，主播采采与某果蔬类广告商的合作，她将该广告商所要传达的果蔬类广告信息编成一个情侣对话的段子植入节目中，既达到了营销的目的，也保证了节目的质量。

搜索引擎营销就是基于搜索引擎平台的网络营销，利用人们对搜索引擎的依赖和使用习惯，在人们检索信息的时候将信息传递给目标用户。搜索引擎营销的基本思想是让用户发现信息，并通过点击进入网页，进一步了解所需要的信息。企业通过搜索引擎付费推广，让用户可以直接与公司客服进行交流，了解产品或服务，实现交易。其中最为出名的便是百度竞价搜索，虽然之前因魏则西事件备受批评，没有承担起自己的社会责任，但百度的竞价搜索可以辅助SEO把软文发布到新闻源或者是权重比较高的网站上面，因此会有机会在上面留下链接来指向目标网站，这样既可以提高网址的曝光率又可以提高高质量外链的数量，而且可以引导权重的传递。

4.7.3　未完待续：在你我身边的广告现状

对于地铁广告来说，一方面是地铁经济的如火如荼，另一方面是地铁广告显得有些创意不足。

从广告主的角度看，相当多的广告主未能充分认识到地铁的优势。随着经济水平的提高，越来越多的人在出行时将优先考虑地铁。从广告公司的角度看，主观上国内广告公司门槛低、数量多、水平参差不齐，很多广告公司对地铁媒体缺乏研究，自然也就无法为客户进行广告投放；客观上地铁作为一个新兴媒体，其发展过程比较短，国内广告公司在这方面积累的经验不多。从地铁媒体自身经营来看，从注重技术到开始关注营销，同样是新手上路。由于地铁运营管理的特殊性，地铁台内广告在画面更换上需要避开列车运行和调试，造成了业内对地铁媒体的反应速度有些偏见，认为较其他户外媒体如公交车车身、户外候车亭等来得迟缓。

作为更加直接的表现，地铁广告在地铁文化中扮演了举足轻重的角色。一方面，令人赏心悦目的广告内容及广告形式能够美化环境，很好地点缀站台和车厢；另一方面，由于地铁环境作为一个相对封闭的空间，乘客对广告的注意力会大幅上升，在这种情况下，缺乏创意的广告将会引起乘客的逆反与批判心理。

而楼宇视频广告巨头，以聚众传媒为例，据相关资料显示，其拥有的LCD网络目前已实现了对受众的"全程渗透"，从写字楼到商住公寓，从便利店、银行到高级酒店、高尔夫球场，目标消费者所行所至的所有场所都化为有力的"终端"。可见，楼宇电视广告业的发展与初期相比已有了极大的外延。

可以预见，随着该行业的发展，楼宇液晶广告将会继续扩展至全国各大城市、各个领域。反观影院广告，从1998年国内第一支影院银幕广告出现开始，经过20多年的发展，影院广告经历了全国贴片——区域贴片——包月包厅——银幕巨阵的模式演化，"受众细分化""传播精准化"等方面的精耕细作使影院广告成为电影产业链中非常重要的一环和影院重要的利润来源。但相对于中国广告行业7000亿元的整体规模而言，50～100亿元体量的影院广告，份额实在单薄了些，而现在这种单薄也正反向说明影院广告可提升的空间较大。未来的中国影院广告市场依然会增长，但是这种增长必然植根于票房市场，并与现有的市场趋势基本一致。

至于目前的网络电台，它所催生的广告营销模式已逐渐成熟。喜马拉雅FM《非常不着调》节目的主播就与广州悦世界信息科技有限公司合作开展了一场成功的音频贴片广告营销。主播掉掉亲身体验悦世界的"神域之光"游戏，将游戏融入音频节目中，使其成为一个虚拟现实的游戏衍生品，并带头组建公会玩转音频社交，吸引了众多粉丝的积极参与，取得了意想不到的营销效果。这种营销模式占据着媒介营销市场的一席之地。

最后值得一提的是，由于智能手机的普及，个人的需求会优先在手机上得到满足，而那些无明确目标的娱乐内容在信息流推荐的App上会体验更好。比如头条、抖音、快手等，大家使用电脑搜索的次数日趋变少，再加上搜索引擎越来越多地将排名优先给自己的频道，所以网站对于企业广告来说，越来越像鸡肋，大量的内容提供者将视线转向各种自媒体平台，这进一步降低了搜索引擎的地位。各大搜索引擎平台对索引内容进行完善，朝着整合内容方面发展。因此，搜索引擎在广告营销的发展层面将不得不受到内容的影响。

近十年来，媒体、营销、广告行业经历过异常艰难的日子，也走过风口浪尖的黄金时代，媒体的变革波涛汹涌，但往往营销的机会也隐藏于其中。

当今的数字营销环境中，媒体、社交、电商等模块的边界越来越模糊，消费者信息触点更加复杂；同时，营销手段愈发多样化，品牌间的竞争更趋激烈。传播媒介、形态不断推陈出新，内容和渠道的多重选择，技术工具与新营销思维的轮回驱动，都使得营销战略这本"书"越来越厚。

万物皆媒，谁将屹立潮头，我们拭目以待。

第 5 章

随波不逐流
——中国数字营销十年广告主变化轨迹

中国数字营销十年发展的同时,行业上游的甲方们在广告投放上也在不断变化,一方面是因为自身经营在不同时段对于广告营销有不同的需求,另一方面则与广告营销市场的成长有关系,包括媒介渠道、营销模式、数字技术等。 第 5 章广告主篇,重绘了不同行业的广告主在这些年间的投放规模和投放渠道的轨迹,力图从中找到行业规律。

5.1 交通汽车：传统品牌与新兴平台并进，品效合一成新追求

交通类广告主的类型较为多样化，包括传统的汽车厂商、汽车电商平台、汽车保养维护平台等，同时，汽车电商平台也在具体投放中扮演着媒体的角色，拥有广告主和媒体双重身份。

现在市场上讨论更多的是交通类广告主，而在电商尚不发达的时段，汽车品牌是作为单独的广告主品类被大家所重视的。汽车既是出行工具又是家庭财产的一部分，价格昂贵，与一般消费品的消费模式有着显著的区别，具体表现为参与决策的家庭成员数量多、消费决策过程较长、影响购买的因素较多、与同类品牌进行价值比较等。因此，汽车品牌的广告投放能够在一定程度上加强品牌的特色和传达优势，加强自身在消费者中的认知度，通过多频次全方位的广告宣传来塑造品牌形象，无形中影响消费者的决策。

2010年至今，汽车品类的广告投放在不断发生变化，除了与媒介变化、营销方式变化有关，更大的影响因素是经济环境，换言之是消费者的购车意向。在经济环境向好、消费者有较为强烈的购车意愿时，各大汽车品牌都加大了广告投放力度；在经济寒冬、消费者消费欲望下降时，汽车品类广告的投放规模也随之下跌。而除了汽车之外的其他交通类广告主，自诞生以来一直处于上升阶段，在广告投放上也处于增长期。2010年，汽车交通类广告进入全国广告投放排行前三，2016年排名第三位，2017年排名第四位。其他年份，汽车交通类广告也多排在整个广告投放市场的前十名内。

具体来看，2010~2017年，汽车销售市场处于不断增长中，同时基于

长期以来的习惯，汽车品牌的广告投放青睐于广播、电视和户外等传统媒体。虽然在2013~2016年，传统媒体广告投放市场呈现下降趋势，但汽车类广告主基于品牌市场竞争以及新品上市的宣传推广等目的，持续了多年以来在传统媒体上的投放，只在2015年出现小规模下降，此后又回升。

2018年，中国汽车销售市场出现28年来的首次负增长，这与经济背景和汽车保有量增速放缓相关，但后续广告效应出现延迟，2018年汽车广告投放出现小幅振荡，影响持续到2019年。据CTR媒介智讯广告监测数据显示，2019年汽车广告投放开局不利，首月乘用车全媒体广告投放与上年同期相比呈现9%的负增长。

同时，2011~2018年，交通类特别是汽车广告长期位于展示类广告投放份额的首位，2018~2019年开始呈现放缓趋势，更多地向移动端媒体信息流广告转移，例如汽车资讯平台，热门汽车类App、腾讯、抖音、京东等。其带来的优势是媒介组合更加多元化。相比于传统媒体，信息流广告平台能够更加精准地识别出不同价位和不同车型所对应的目标人群，进行针对性投放。此外，信息流广告可以实现内容的跳转，用丰富的图文和视频吸引眼球，将感兴趣的用户进一步导流至详细信息页面。汽车类（交通类）广告投放从原来单一追求存在感和认知度，向追求"效果"转化，努力实现品效合一。

落实到具体品牌上，尽管行业整体投放规模增速减缓甚至下降，个别企业在投放花费上仍然遥遥领先，据Wind资讯数据显示，2017年，1837家上市公司的广告宣传推广费用统计中，上汽集团以136亿元位居榜首，是排名第二的苏宁易购的2倍，如图5-1所示。

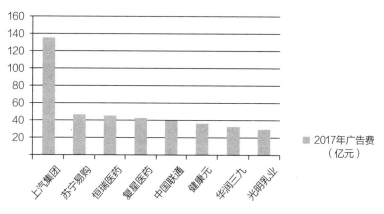

图5-1 2017年广告费超30亿元的公司

值得注意的是，部分新兴汽车平台在广告投放上出现了大规模增长趋势，据艾瑞咨询数据统计显示，O2O 汽车服务平台"瓜子二手车"在 2018 年加大了广告投放力度，其全媒体广告花费同比上涨 26%；汽车新零售平台"弹个车"的全媒体广告花费同比上涨 118.8%。

5.2 房地产：
跟随经济和政策周期性波动

房地产是与国家政策和经济紧密相关的行业之一，房地产行业的发展具有周期性、区域性和季节性三大特征。周期性指的是宏观经济总是处于经济扩张与经济收缩的周期性交替循环之中，房地产行业受其影响也处于这样的周期波动中；区域性指的是各地区房地产消费者的消费需求和消费水平存在差异，同时受地理位置影响，房地产价值衡量存在独特性；季节性指的是房地产行业下半年成交量较上半年活跃。

房地产行业的周期性特征也反映在广告投放上，当房地产调控政策向好时，广告投放更加积极。同样，由于地域限制等原因，房地产行业偏好的是大众媒体和地域性媒体结合的投放模式，即在大型公众媒体上推出连锁性的房地产品牌，抢占消费者认知，但落实到销售层面，通过产业周边的小型媒体进行更为详细且更有针对性的信息展示。

2014 年、2015 年房地产政策放宽，房地产广告也成了我国广告投放最大的行业之一。根据艾诺咨询的研究，2009 年以来我国房地产广告投放额逐年增加，并且在近年来的行业广告投放额排行中，房地产行业也一直名列前茅。

从投放渠道上看，报纸曾是房地产行业主要投放的本地传统媒体，一度占到房地产传统广告投放量的六成。2010 年以后的报纸房地产广告投放明显下滑，到 2015 年降幅达 26%。

此消彼长。网络、移动端、数字电视、电梯、地铁等形式的数字媒体广告越来越受到广告主的认可,房地产在电视和户外媒体投放份额逐年增加,网络广告逐渐成为投放重心。一方面,房地产行业竞争加大,相关企业对于塑造品牌形象的需求较大。2018年房地产市场回温后,上半年其在上星频道广告的花费就达到了20.8亿元,相比2017年同期上涨15.1亿元。另一方面,随着互联网广告平台的发展,互联网广告也能够更加精准地寻找到地域性的消费者群体,更加以现代人习惯的阅读方式进行房产信息传达和分享,手机App等移动端的广告曝光率较高,转化效果更好。

从具体品牌来看,碧桂园集团和恒大地产是房地产广告行业公认的最大甲方,常年位于广告投放排行榜前两名。据网络调查显示,碧桂园和恒大地产在广告投放选择上也存在不同的偏好。恒大地产的广告投放花费走势与中国房地产市场发展走势一致,在市场热度高、居民购房意愿强以及有相关购房政策落实的背景下,加大广告宣传力度。碧桂园则更多关注房地产的季节性特点,季节投放存在差异,年度投放较为平衡。

5.3 化妆品/浴室用品:巨头发力,引领增长

化妆品/浴室用品行业在中国广告投放市场排名中一直靠前,最主要的原因是作为快消品,化妆品/浴室用品的购买频次较高,但与食品饮料相比,化妆品/浴室用品的用户黏性更高,消费者会筛选出最适合自己的产品并长期回购。所以,通过广告的形式占领用户心智、增强品牌认知、传递商品优势促进消费者购买,对于化妆品/浴室用品来说非常重要。

2010年之前,化妆品/浴室用品就多次位列中国广告投放前三大行业,并且投放量处于逐年增长的状态。近几年来,经济飞速发展,人民生活水平提高,对于生活品质有了更高的要求,作为生活重要消费品的化妆品/浴室用品市

场也得到了快速扩张。对品牌曝光的强大需求量,促使化妆品/浴室用品积极尝试多样化的投放渠道和植入方式,形成了一条良性循环产业链。

长期以来,电视媒体一直是化妆品/浴室用品的主打投放渠道,同时化妆品/浴室用品也是电视广告市场的支柱性投放行业。据网络资料显示,2013年,电视广告投放量中有18.6%的份额是由化妆品/浴室用品广告完成。但在2014年左右,互联网等新兴数字媒介的崛起与传统媒体增速减缓并行,化妆品/浴室用品也开始减少电视广告投放量,花费和资源量双双下降,如图5-2所示。

图5-2　2014年电视广告刊例花费TOP5行业增幅

2015年开始,化妆品/浴室用品的电视广告投放模式继续发生改变,放弃了多点撒网、全面开花的形式,主攻影响力大、覆盖面广的主流卫视频道。到2017年后,化妆品/浴室用品作为电视广告"第一金主"的地位出现动摇,其在电视广告中的投放占比,也下降了接近10%。

分析近年来的化妆品/浴室用品投放规律,能够发现,其投放花费一直增长,但是随着广告行业的发展有了更多的变化,从初期的高频次品牌单一曝光向内容植入模式转化。韩束与江苏卫视《非诚勿扰》的合作就是一个不错的案例,在节目中通过角标、压屏条、主持人口播等方式进行植入。而广告方式的变化也带来了化妆品/浴室用品在传统电视投放市场的小幅回升。

综合各年数据来看,其实化妆品/浴室用品存在着巨头效应,第一是投放媒介上的巨头,知名品牌更加愿意与一线卫视或影响力大的综艺节目合作,用巨额的冠名植入费用,将品牌带到更多消费者的眼前;第二是行业内的品牌巨头,化妆品/浴室用品拥有着全世界最大的广告主宝洁集团,其竞争对手联合利华、欧莱雅等也同样位于世界广告主排行的前列,它们的营销趋势影响着整个营销行业。网络资料显示,仅2015年宝洁集团的广告费用已经达到了82亿美元,其中在中国市场消耗的广告费用已经超过了10亿美元。即便在近年来宝洁、联合利华等集体削减广告营销费用,但是庞大的基数支持,使它们仍然为中国广告投放市场贡献了强大的力量。2018年上半年,宝洁在中国市场的广告投放同期相比减少了27%,但其仍然在所有广告主厂商中排名第二,欧莱雅排名第五,联合利华也再次进入了前十名。

多年以来,化妆品/浴室用品一直处于巨头引领增长的广告投放模式中,也一直是广告投放界的"重磅金主",但是随着时代的发展和媒介的更新,化妆品/浴室用品也迎来了新的挑战:一是,行业巨头开始减少广告曝光,是否寻找到了其他"刷脸"营销方式?能否继续占领用户心智? 二是,化妆品/浴室用品不存在投放淡季,但是每个季节都有不同的主打投放品类,比如夏季的美白和防晒产品、冬季的养护保湿产品等,广告内容需要随着季节进行快速更新,对广告制作成本提出了较大的挑战;三是,跨国品牌和国产品牌竞争激烈,在用户已经对常见营销模式产生审美疲劳的情况下,又该如何寻找到新的营销方式?

5.4 金融行业:带着镣铐跳舞

金融行业产品广告品类,据 App Growing 网站统计,主要分为理财、借贷、股票、信用卡、保险等五大品类,涉及的广告主企业涵盖了各大银行、保险公司和互联网金融公司等。

金融行业的特殊性在于,涉及大额资金投入,而且是无实体交易,需要消费者足够的信任。金融行业广告打动消费者,除了靠回报的高昂、交易的方便快捷,更多的是靠资金存储的安全。因此,寻求大平台的背书就成了金融广告投放考虑的重点。

银行类和保险类产品，本身就有国家背景，在受信任度上要天然高于其他类目。而近几年崛起的互联网金融产品，作为新兴品牌既欠缺知名度，又没有强有力的背景平台背书，是最需要通过营销给消费者营造安全感的品类。从营销诉求上来看，金融业广告投放主要集中在形象类，侧重于塑造自身品牌形象和可信度，获得受众的信赖感和品牌好感。

2011~2017年是移动金融市场飞速成长的时期，其规模交易从6.8亿元增长至9983.4亿元，年均复合增长率超过300%。移动金融的参与主体更加丰富，包括了P2P、电商/网络分期平台等，同时用户群体扩展，大学生等年轻用户群体成为移动金融的消费主体。在投放渠道上，具有一定权威性又容易被年轻用户接受的电视媒介颇受青睐。

网络数据显示，金融广告的电视投放比例在2013~2015年期间逐步上升，2015年电视媒体投放占比达到64%。从分层级电视媒体投放选择来看，金融业广告主要集中在省、市级电视频道投放。其中，卫视投放的同比增速最快，2015年投放同比增长达到79.3%。从行业内细分品类来看，银行类广告主更偏好在电视上进行投放，商业保险类广告主则更多采用电视和广播媒体配合的信息传播方式。

2015年是金融行业整体广告投放的小高峰，互联网金融平台爆发，竞争压力增大，行业机构对广告营销更加重视并增加了整体的市场投放。但2015年年底，在央视投放过广告的E租宝暴雷退市，直接影响了央视的口碑，央视出台新规，要求互联网金融广告特别是集资类金融广告，在投放时需要出具银监会的证明文件。从央视开始，自上而下，各大电视台纷纷跟进，对此类广告做出投放限制。2016年开始，虽然交易市场依然火爆，但互联网金融营销广告在电视上投放的规模大大缩小。

金融行业广告投放的紧缩持续到了2017年，这一年被金融业称为"史上最严"监管年，一系列金融监管政策出台，同时金融产品相关的广告审核更加严格，但由于投放习惯等原因，除电视平台投放紧缩外，其他平台的金融投放下降幅度小于预期。据智研咨询整理数据显示，2017年我国广告行业营业额分类别排序中，金融保险行业位列第九，如表5-1所示。

表5-1 智研咨询2017年我国广告行业营业额分类别排序

序号	项目	总额（亿元）	增长（%）
1	食品	886.85	2.96
2	房地产	803.86	3.12
3	化妆品及卫生用品	678.74	3.19
4	汽车	659.77	-4.90
5	家用电器及电子产品	341.84	0.17
6	药品	292.23	-11.36
7	酒类	283.75	14.17
8	信息传播、软件及信息技术服务	278.81	3.86
9	金融保险	230.46	8.71
10	服装服饰及珠宝首饰	206.39	15.36
11	旅游	193.19	12.44
12	批发和零售服务	165.86	13.51
13	生活美容、休闲服务	157.23	10.18
14	医疗服务	112.77	-9.91
15	教育	78.84	5.56
16	招工招聘及其他劳务	69.81	-2.53
17	医疗器械	65.51	-14.78
18	收藏品	34.46	-6.99
19	农业生产资料	32.14	-17.25
20	出入境中介	24.38	-17.72
21	烟草	8.12	-56.34
22	其他	1291.31	31.13

而2018年，金融市场逐渐走向规范化，金融行业再次发力竞争，金融广告投放也恢复正常的市场行为，开始呈现上升趋势。同时，广告投放渠道开始从传统的电视和广播转向以信息流广告为主。据App Growing网站追踪到的2018年上半年的金融广告数据表明，金融广告创意的形式以信息流广告为主，而超七成的金融广告创意的素材类型为图片，便于在较短时间内向用户全面展示产品细节与优惠信息。

综上所述，十年间，金融行业的广告投放受政策管控、渠道投放限制，甚至在创意文案及素材上也有较高的审核要求，投放成本高。但是，出于行业竞争等原因，金融理财广告仍然愿意"带着镣铐跳舞"。

5.5 邮电通信：差异性媒体成主要投放渠道

在讨论邮电通信行业广告投放之前，我们必须先厘清"邮电通信"的词义概念，行业普遍认为，邮电通信包括了网络服务（网站）、移动通信工具（手机）以及通信运营商三个主要类别以及其他一些较小的分类如网络设备等。

2010年以来，邮电通信行业广告投放一直位于中国广告市场总体投放排行的前列，虽然中间受到广告市场发展趋势和媒介渠道变化的影响，而调整了投放方式和频次，但投放规模一直较为稳定。甚至，作为同样对广告宣传需求较大的行业，相对于汽车、房地产等市场变动不大的行业，而邮电通信的发展呈指数级上升，不断涌现出新的网站和手机品牌，市场竞争更加激烈，且是少有的在传统媒体投放份额上升的品类。

2018年，是邮电通信广告投放的大年，据CTR数据显示，这一年邮电通信占据全媒体广告花费排行的榜首，超过了饮料、药品、食品、商业及服务性行业等，但值得注意的是，从投放规模上来看，邮电通信的投放相对于上一年略有下降，而2018年广告投放的总市场花费是微涨的，邮电通信在排名上的领先，证明了其在该行业广告投放具有长期优势，如图5-3所示。

图5-3　2018年全媒体广告刊例花费TOP5行业的增幅

从投放渠道上看，据北京电通数据显示，2010年~2015年，邮电通信行业在传统媒体（包括杂志、报纸、电台、电视、户外）的投放持续上涨，其中电视仍然是其投放的主要媒体，比例超过50%。到2018年，CTR数据则表明，在进行广告投放时，邮电通信选择了跟自身性质差异较大的媒介，广播媒体、传统户外媒体、生活圈媒体成了主要投放渠道。在其他投放行业纷纷选择向新媒体投放平台进军的时候，邮电通信行业的传统户外广告投放花费不减反增，比上一年上涨了6.1%。选择电梯类媒体投放的广告主中，邮电通信行业占据了首位。

从投放品类上看，邮电通信行业的投放主要集中在三个主类别，落实到具体品牌上，主要是国内三大运营商——中国移动、中国电信和中国联通的广告投放变化最值得研究，相对于其他行业品类和品牌，在坚持电视媒体作为主要投放平台的基础上，这三家广告主愿意选择多样化的投放渠道组合，在电视媒体特别是省级及以上等大型平台上投放的是企业形象塑造类广告，在本地小型媒体以及户外生活圈展示广告上，则宣传推广的更多是地域性的产品服务，如电话卡和宽带套餐等。

5.6　食品饮料："有钱任性"，持续增长

近年来，随着国民可支配收入的增长，人民生活水平的提高，食品饮料行业也一直保持着持续增长态势。由于食品饮料品牌忠诚度低、消费者易受外部影响，为了促进销售，大部分企业愿意进行广告投放。仅2011年，食品饮料行业销售费用排名前十位的上市公司广告费用合计就高达93亿元。

分别来看，饮料行业全媒体投放增长幅度逐年递增，而2014年开始整体投放增速放缓。相关数据显示，2013年饮料行业投放增幅为24%，2014年上半年增幅则接近15%。到2017年，根据尼尔森数据显示，饮料投放继续出现

8.6%的小幅增长,如图5-4所示。

图5-4 2017年全国市场各行业广告花费及增长情况

从投放媒体选择上来看,电视一度是饮料行业的主要投放平台,以2014年的数据为例,该年度饮料行业在电视媒体上的广告投放呈百花齐放状态,在央视各频道均有广告投放,保持着饮料行业一贯的"有钱、任性"派头。CSM数据显示,央视台少儿频道、电影频道、体育频道及综艺频道为饮料行业主要投放频道,投放总量占到58.4%。在央视以下级别的卫视和城市台中,饮料行业的广告花费也要高于其他渠道。饮料在电视广告上的花费远高于其他媒体。

而随着食品饮料消费群体的年轻化趋势,其媒体投放也正向着年轻人的社交媒体迁移。根据广东省广告股份有限公司发布的《2017年上半年饮料行业广告投放分析》显示,饮料行业2014年到2017年的电视媒体投放花费呈现下降趋势,饮料行业广告投放量以卫视频道为主,因为卫视频道更有活力,更贴合受众群体。同时社交媒体也作为有力竞争者,分割了一大部分市场。

2017年后,视频开始占据国民的休闲时间,食品饮料行业逐渐以视频贴片广告作为主要投放形式。从投放模式上来看,根据艾瑞咨询数据显示,软性广告植入与展示类营销成了食品饮料营销行业的两大投放模式。2018年,食品饮料行业在展示类网络广告营销投入指数中位列第三位。2019上半年的投放数据则表明,食品饮料的季节周期性波动依旧明显,优化调整营销资源分配成为趋势。2018年下半年以来,食品饮料行业以9.1亿元的营销花费成为软性植入领域的重量级玩家,植入的IP包括网剧、网综和动漫。

具体到行业内部细分类别和品牌上，据好耶统计数据显示，2015年，食品饮料行业中百威英博广告投放花费位居首位，可口可乐和伊利分列第二位和第三位。此后，可口可乐广告投放长期领先于行业其他品牌。

2016年之后，乳制品品类进入相对成熟阶段，伊利和蒙牛的双寡头垄断竞争格局形成，在投放上也呈双王争霸的模式，持续成为食品饮料乳制品行业的投放冠亚军。2016年仅上半年，伊利的广告宣传费用就高达40.7亿元，占总营收的13.85%；蒙牛的广告投放花费为28.26亿元，占总营收的10.37%。2018年，为进一步拉开行业营收差距，伊利再度选择加大广告投入，进行布局冬奥营销以及连续冠名《歌手2018》《明星大侦探》等多个头部综艺栏目，带动食品饮料行业广告投放的全面增长。

与饮料分割后，食品行业的广告投放增长也不容小觑，尤其值得注意的是，休闲零食领域的逐鹿之战。2016年线上休闲零食三大龙头格局基本形成，三只松鼠、百草味、良品铺子等销售规模可观，行业处于高速成长之中，也更加愿意在广告营销上划拨预算。但2019年以来，以往占据投放榜前列的糖果及零食、方便食品行业在广告投放上出现大小不等的降幅，从广告投放角度也反映了当下消费者热爱健康饮食理念的潮流。

5.7 药品：逆势增长，回归理性

健康，越来越成为现代人的追求，这不仅包括了生活方式的健康，更包括了在生病时需要好的医疗和好的药品。药品属于刚性需求行业，除受自然灾害影响之外，一般情况下趋势都较为稳定。我国的药品行业随着经济的发展、人口的增长出现稳步上升，而人口老龄化的社会结构变动、民间特别是乡村医疗制度的完善以及人们健康意识的提升，也对我国医药市场的发展带来了较为积极的影响。与之相对应的，因为药品行业销售的稳定增长，在广告投放方面，药品行业也长期处于增量状态，处于我国广告市场投放排名的前列，在广告市场整体遇冷的年份里也能逆势上扬。

同时，相比于其他行业，药品行业对建立消费者信任有更高的要求。因为药品领域有专业壁垒，普通消费者很难完全厘清不同品牌的同一品类药品的功能性和性价比差异，在同样都通过相关部门质量检测的情况下，消费者更愿意选购自己信任的药品品牌。

这些特殊属性决定了电视是药品的广告投放媒介的首选平台，电视媒介相较于其他媒介而言，拥有着更大的受众信任度，同时能通过动态画面更为直观地介绍药品功能。长期以来，药品在传统平台上的广告投放量稳居前列，在传统广告逐渐走向低迷，甚至开始萎缩的时候，药品行业却成为增长率最高的行业。网络数据显示，省级上星与非上星媒体一度是药品行业电视广告投放的主战场，在中国广告市场遭遇寒冬之际，仍能逆势增长。

与其他行业一致，药品每年都保持着在电视上的大量曝光，药品品牌也遭遇了用户"疲劳"问题，普通的宣传和推广方式不仅不能充分吸引消费者，反而激发了"反感"和"躲避"等问题。在流量轰炸之后，药品行业投放开始逐渐回归理性。首先是营销方式的多元化，2013年，三九医药冠名《爸爸去哪儿》，这是药品行业进行的一次大胆的尝试，也取得了良好的反馈。此次内容营销的成功，也引发了药品企业之间的争相模仿，甚至已经不局限于电视平台，而把重心放在了内容或者IP本身上。例如，吴太感康在2015年年初与芒果TV进行合作，网络冠名《我是歌手》（第3季）等。

除了同样冠名植入热门节目外，在多次探索之后，各家厂商都慢慢摸索到了最适合自己的差异化的广告营销模式，但其中最关键的一点，是对消费者的重新洞察和挖掘。药品行业越来越意识到，除了要关注对该品类需求比较大的中老年人之外，年轻人也成为药品主要消费者群体中一股不可忽视的力量。而对于这部分群体而言，电视平台已经不是主要获取信息的方式。但是，在三四线城市以及更为下沉的地域，仍然存在很大一部分缺乏足够的医疗资源且对互联网信任度低的群体，他们还在使用电台"寻医问药"。

因此，十年间，药品行业广告投放的趋势可归纳为两点：一是针对固有的中老年和下沉市场消费群体，保持着在传统电视和广播电台的大量投放。据尼尔森网联数据显示，2017年，在传统媒体进一步走向衰弱之际，药品行业仍然保持着对电台广告的大量投入，当年的药品及健康产品行业电台广告投放增长达到了69.17%，与此相对应的是其在电视平台的投放增长只有2.85%，报纸和杂志渠道的投放则为负数，如图5-5所示；二是针对新兴年轻消费者群体，药品行业广告表现得更加"亲民"，积极拥抱互联网潮流，身影出现在网络综艺、网络视频贴片广告、网剧植入和创意中插等。

广告投放花费趋势（2017年与2016年对比）	电视	报纸	杂志	电台
药品及健康产品	+2.85%	-6.61%	-3.76%	+69.17%
饮料	+8.03%	+3.14%	+30.91%	+27.58%
食品	-11.18%	-18.50%	-45.57%	+37.90%
化妆品/个人卫生用品	-17.13%	-49.87%	-22.51%	+57.83%
商业/工业/农业	-9.45%	+1.31%	+3.38%	+37.26%
零售服务	-2.88%	-31.56%	+5.13%	+39.28%
汽车及有关产品	-5.92%	-24.89%	-22.54%	+17.13%
家居用品	-17.89%	-47.41%	-4.08%	+42.95%
旅行/运输	+12.66%	-29.17%	+7.71%	+25.20%
电信	+1.21%	-20.27%	+29.26%	+22.03%

图5-5 尼尔森网联AIS全媒体广告监测

第 6 章

未有穷期
——中国数字营销十年政策解读

　　数字营销的生态在不断完善，过去十年间，中国广告市场规模总体增长近 4 倍，但是，互联网广告却增长了 17.6 倍。根据国家市场监管总局的数据，2009 年，中国广告行业市场规模超过 2000 亿元，到 2018 年这一数字为 7991.48 亿元，其中，互联网广告收入达 3694 亿元，占整体广告收入的 46.2%。十年来，我国数字营销行业持续发展，互联网的普及、技术的进步、营销环境的利好，以及国家出台了一系列的政策扶持，推动我国数字营销行业又快又好的发展。

6.1 广告产业规划：行业建设积极推进，广告法治不断加强

广告行业是国民经济的晴雨表，广告市场增速与 GDP 保持正向波动。由于广告市场的投放主要来自于国民经济各行各业的广告主，因此广告市场的整体增速与 GDP 增速有着较强的同步性。随着经济趋稳，中国广告市场的变化主要来源于广告格局内部结构的变化，由消费者行为习惯的变化和国内经济结构的变化导致了不同广告主投放意愿和方向的变化。

- 国家发展和改革委员会 2011 年第 9 号令发布，要求自 2011 年 6 月 1 日起实行《产业结构调整指导目录(2011 年本)》。"广告创意、广告策划、广告设计、广告制作"列为鼓励类，这是广告业第一次享受国家鼓励类政策，为广告业发展提供了强有力的政策支持依据。

- 2011 年 10 月 15 日，党的十七届六中全会通过的《中共中央关于深化文化体制改革推动社会主义文化大发展大繁荣若干重大问题的决定》指出，壮大广告等传统文化产业。

- 2014 年 8 月，中央全面深化改革领导小组发布《关于推动传统媒体和新媒体融合发展的指导意见》，提出要推动传统媒体和新媒体融合发展，着力打造一批形态多样、手段先进、具有竞争力的新型主流媒体。

- 上海市工商局和上海市发改委联合发布《关于进一步促进本市广告业发展指导意见》，提出力争到 2015 年将上海建设成为亚太地区的广告创意设计中心、广告资源交易中心、广告人才培育中心、广告科技创新高地。

- 国家工商总局和北京市政府签署《推动首都广告业发展战略合作协议》，确定将建设国家级广告业示范区；党的十七届六中全会明确指出文化产

业将成为国民经济的支柱性产业，广告业作为文化产业的重要组成部分，也将成为国家重点支持和发展的行业。

- 2016 年，《广告产业发展"十三五"规划》提出要建立新的数字广告生态，这为促进数字营销的快速发展创造了更加良好的政策环境。

6.2 数字经济：数字化进程加速，推动实体经济融合发展

党的十九大报告总结了十八大以来中国经济建设取得的重大成就，肯定了数字经济等新兴产业蓬勃发展对经济结构优化的深远影响。习近平总书记在中共中央政治局第二次集体学习时的讲话中指出，要加快发展数字经济，推动实体经济和数字经济融合发展，推动互联网、大数据、人工智能同实体经济深度融合。

- 2015 年 1 月，李克强总理在全国两会上做政府工作报告时，首次提出"互联网＋"行动计划。

- 2015 年 7 月发布的《国务院关于积极推进"互联网＋"行动的指导意见》为重要开端，习近平总书记围绕数字经济相关议题发表了一系列重要讲话，同时各部委密集出台了鼓励数字经济发展的相关政策和指导意见。

- 2015 年 12 月，习近平总书记在第二届世界互联网大会上发表主旨演讲，指出中国将推进"数字中国"建设，发展分享经济，支持基于互联网的各类创新，通过发展跨境电子商务、建设信息经济示范区等，促进世界范围内投资和贸易发展，推动全球数字经济发展。

- 2016 年 4 月，国务院发布了《国务院办公厅关于加快推进广播电视村村通向户户通升级工作的通知》，提出明确的工作目标：到 2020 年，基本实现数字广播电视户户通，形成覆盖城乡、便捷高效、功能完备、服务到户的新

型广播电视覆盖服务体系。

- 2016 年 11 月，国务院发布《"十三五"国家战略性新兴产业发展规划》，新增了数字创意产业。

- 2017 年 3 月，李克强总理在政府工作报告中提及数字经济，进一步体现了中国国家层面对数字经济的高度关注，同时表明数字经济发展已经上升到国家战略高度。

- 2017 年 12 月，习近平总书记在中共中央政治局第二次集体学习时的讲话中指出，要加快发展数字经济，推动实体经济和数字经济融合发展。

6.3 大数据：坚持创新驱动发展，深化大数据应用

推动大数据产业持续健康发展，是党中央、国务院做出的重大战略部署，是实施国家大数据战略、实现我国从数据大国向数据强国转变的重要举措。

- 2013 年 7 月，重庆发布《重庆市大数据行动计划》为开端；贵州出台《贵州省大数据产业发展应用规划纲要 (2014 – 2020 年)》《关于加快大数据产业发展应用若干政策的意见》等，对政务大数据应用展开实质性探索；浙江、江苏、福建、北京等地也在政策文件中引入"大数据"的概念。

- 2015 年 9 月，国务院印发《促进大数据发展行动纲要》，系统部署大数据发展工作，坚持创新驱动发展，加快大数据部署，深化大数据应用，已成为稳增长、促改革、调结构、惠民生和推动政府治理能力现代化的内在需要和必然选择。

- 2015 年 11 月，工业和信息化部办公厅印发《云计算综合标准化体系建设指南》，旨在加快推进云计算标准化工作，提升标准对构建云计算生态系统和云计算产业发展的整体支撑作用。

- 2016年1月,国家发改委印发《关于组织实施促进大数据发展重大工程的通知》提出,将重点支持大数据示范应用、共享开放、基础设施统筹发展,以及数据要素流通。

- 2016年3月,环境保护部办公厅正式发布"关于印发《生态环境大数据建设总体方案》的通知",党中央、国务院高度重视大数据在推进生态文明建设中的地位和作用,对生态环境大数据的建设和应用提出明确要求。

- 2016年6月,国务院办公厅印发《关于促进和规范健康医疗大数据应用发展的指导意见》,部署通过"互联网+健康医疗"探索服务新模式、培育发展新业态,努力建设人民满意的医疗卫生事业,为打造健康中国提供有力支撑。

- 2016年7月,国土资源部发布《关于促进国土资源大数据应用发展的实施意见》,将全面贯彻落党的十八大和十八届三中、四中、五中全会精神及习近平总书记系列重要讲话精神,以创新、协调、绿色、开放、共享的新发展理念为指引,按照实施国家大数据战略部署。

- 2016年,我国先后批复建设八个国家级大数据综合试验区,分别包括贵州国家大数据综合试验区;京津冀、珠江三角洲两个跨区域类大数据综合试验区;上海、河南、重庆、沈阳等四个区域示范类综合试验区;内蒙古大数据基础设施统筹发展类综合试验区。

6.4 工业互联网:加快部署工业互联网力度,推动制造业转型升级

2015年以来,国家陆续出台了"中国制造2025""互联网+"等产业政策,以推动我国制造业转型升级。进入2018年,工业互联网相关政策更是持续加码,从年初的政府工作报告到年末的中央经济工作会议,国家和地方无不在加快工业互联网决策部署的力度和速度。

- 2015年5月，国务院发布《中国制造2025》，推出加快推进新一代信息技术与制造技术融合发展，强化工业基础能力。

- 2015年7月，国务院发布《关于积极推进"互联网+"行动指导意见》提出，充分发挥我国互联网的规模优势和应用优势，推动互联网在消费领域向生产领域拓展。

- 2016年5月，国务院发布《关于深化制造业与互联网融合发展的指导意见》提出，以建设制造业与互联网融合"双创"平台为抓手，围绕制造业与互联网融合关键环节，积极培育新模式新业态。

- 2017年11月，国务院发布《关于深化"互联网+先进制造业"发展工业互联网的指导意见》提出，加快建设和发展工业互联网，推动互联网、大数据、人工智能和实体经济深度结合，发展先进制造业，支持传统产业优化升级。

- 2018年2月，工信部发布《工业互联网"323"行动》，打造网络、平台、安全三大体系，推进两类运用，一是大型企业集成创新；二是中小企业应用普及，构建产业、生态、国际化三大支撑。

- 2019年1月，工信部发布《工业互联网网络建设及推广指南》，到2020年形成相对完善的工业互联网网络顶层设计，初步建设工业互联网基础设施和技术产业体系。

- 2019年3月5日，国务院总理李克强代表国务院做政府工作报告。工作报告提出，要打造工业互联网平台，拓展"智能+"，为制造业转型升级赋能。这是工业互联网被首次写入政府工作报告，行业发展再迎政策利好。

6.5 视听传播：推动媒体融合发展，构建全媒体传播格局

万物皆视听的新图景正在徐徐展开，互联网新媒体的发展正在成为重塑社会政治、经济、文化等各个方面的革新性力量，其中视听传播以活跃的创新、

高速的增长、广泛的辐射深度融入社会经济文化生活领域，成为舆论宣传的阵地、文化传承的载体、经济发展的动能、国际交流的桥梁。

- 2010年1月，国家广播电影电视总局发布《广播电视广告播出管理办法》提出，规范广播电视广告播出秩序，促进广播电视广告业健康发展，保障公民合法权益。

- 2010年1月，国务院发布《关于印发推进三网融合总体方案的通知》，鼓励广电、电信企业及其他内容服务、增值服务企业，充分利用三网融合有利条件，大力创新产业形态和市场推广模式，推动移动多媒体广播电视、IPTV、手机电视、数字电视宽带上网等三网统合相关业务的应用，促进文化产业、信息内容产业、信息服务业和其他现代服务业快速发展。

- 2012年2月，中共中央办公厅、国务院办公厅发布《国家"十二五"时期文化改革发展规划纲要》，进一步明确文化产业的重要地位和作用，要求加强文化传播渠道建设，积极推进下一代广播电视网等网络基础设施建设，推进三网融合，创新业务形态，发挥各类信息网络设施的文化传播作用，实现互联互通、有序运行。

- 2012年8月，广电总局发布《广电总局关于鼓励和引导民间资本投资广播影视产业的实施意见》，鼓励和引导民间资本投资广播电视节目制作领域，从事广播电视节目制作经营活动。

- 2013年8月，国务院发布《国务院关于印发"宽带中国"战略及实施方案的通知》，明确提出了继续推进下一代广播电视网建设，进一步扩大下一代广播电视网覆盖范围，加速互联互通。

- 2014年1月，国家广电总局出台《关于进一步完善网络剧、微电影等网络视听节目管理的补充通知》，就网络自制剧、微电影的制作、审查、监管、市场准入等方面做了规范化管理。

- 2014年4月，广电总局出台"一剧两星、一晚两集"政策，该政策通过对电视剧播出模式的调控，辐射到电视剧的创作、生产、播出、销售等各个环节，促进电视剧产业运营由粗放式经营向精细化经营转变，实现优胜劣汰，产能升级。

● 2015年8月，国务院办公厅印发《三网融合推广方案》，要求在总结试点经验的基础上，加快在全国全面推进三网融合，推动信息网络基础设施互联互通和资源共享；提出在全国范围推动广电、电信业务双向进入。加快宽带网络建设改造和统筹规划。

● 2016年7月，广电总局印发《关于进一步加快广播电视媒体与新兴媒体融合发展的意见》提出，加快融合型传播体系、融合型服务体系、融合型技术体系等八个融合型体系建设；大力开展综合信息服务，积极融入现代服务业。

● 2017年5月，中共中央办公厅、国务院办公厅印发《国家"十三五"时期文化发展改革规划纲要》提出，强化文化科技支撑，推动"三网融合"，加快全国有线电视网络整合和智能化建设，建立互联互通、安全可控的全国性数字化文化传播渠道。

● 2018年3月16日，国家新闻出版广电总局下发《关于进一步规范网络视听节目传播秩序的通知》，坚决禁止非法抓取、剪拼改编视听节目的行为。

今天的广告行业正处于重重迷雾之中。KOL宣称要取代广告公司，咨询公司不断向广告业渗透，大平台带来了全新的游戏规则。 但迷雾的制造者并非是这些显而易见的外部挑战者，而是我们所处的时代。

十年间，营销产业链也发生了巨大变化，数字营销从十年前的门户网站展示广告、搜索营销，逐步拓展到社会化营销、视频营销、内容营销等形态，并不断融入新的技术元素，可以说，数字营销重构了整个营销生态。

第 7 章

浓墨重彩
——中国数字营销十年案例集锦

  案例，常规意义来说，就是人们对生产生活当中所经历的典型、富有多种意义的事件陈述，是人们所经历的故事当中的有意截取。根据案例，我们可以对相关问题进行深入的研究分析挖掘，从中寻找带有规律性、普遍性的成分。

  广告营销行业的每一件案例作品，更是凝聚无数广告人的心血和智慧，本章通过对过去十年间广告营销代表案例的回顾与梳理，带你快速浏览汇聚业界创意精粹的作品记录，见证时代广告的成长，回味过去，认识现在，思考未来。

7.1 给消费者一个选择你的理由

7.1.1 2010年代表性案例

- 肯德基秒杀门

2010年4月6日,肯德基在中国淘宝网发布了"超值星期二"三轮秒杀活动的广告,64元的外带全家桶只需32元,于是引爆全国,但活动进行一轮后,很多半价优惠券却被告知无效,肯德基发表声明称部分优惠券是假的,所以取消优惠兑现。

- 凡客诚品病毒营销

2010年7月,凡客诚品选择韩寒和王珞丹作为品牌代言人,以自我表达和极富个性的口吻创作了两则平面广告并投放市场。如韩寒的文案"爱网络、爱自由、爱晚起、爱夜间大排档、爱赛车、也爱29块的T-shirt,我不是什么旗手,不是谁的代言,我是韩寒,我只代表我自己。我和你一样,我是凡客。""凡客体"一经出现,带动各种"凡客体"造句涌现,病毒营销迎合了年轻人真实、自然、个性化的口吻,极具吸引力。

- "黄加李泡"踢出世界波

作为一档互联网报道南非世界杯足球赛的节目,"黄加李泡"开创了原创视频节目之风潮,还将原创内容输出给传统媒体。7家户外媒体,数十家网站,24家电视媒体,23家广播媒体跨媒介立体传播,首次实现互联网为电视输出节目的颠覆转变，开创了互联网与传统媒体新的合作模式。

- **去哪儿网招募万元月薪"酒店试睡员"**

2009 年年底，电视剧《蜗居》播出后引发社会广泛讨论，去哪儿网利用这个契机，创新性尝试利用草根效应和病毒营销的突破性做法，创造了"酒店试睡员"这一新兴互联网职业。

- **《唐山大地震》与《让子弹飞》热卖，营销事关重大**

《唐山大地震》与《让子弹飞》的成功，很大程度上归结于营销的成功，一方面产品定位符合消费者心理需求；另一方面卖点的传播不断塑造观众对电影的关注和想象。

- **耐克广告球星演绎南非世界杯足球赛集体出局悲剧**

耐克南非世界杯足球赛"踢出传奇"为主题的精彩广告创意虽然记忆犹新，可惜全球民众并不买账，甚至还将其视为莫大讽刺。因为在世界杯的比赛中，几位球星所在的球队大多提前出局，所有参演该广告球星随队早早下课。雅虎体育评论说"踢出传奇"广告的轰动效应和旗下球星的惨淡表现可能是广告营销史上为数不多的巧合案例。

- **寻梦红楼——台网联跨媒体联合营销**

在安徽卫视高价购得《新红楼梦》全国上星首播权，并确定与搜狐视频联合首播新版《红楼梦》后，持续升温的"新红楼热"再次成为万众瞩目的焦点。2010 年 7 月 22 日，搜狐视频联合安徽卫视在京举行了"台网联动 寻梦红楼——安徽卫视·搜狐视频新版《红楼梦》联合推广会"，开创"互联网＋电视台"的跨媒体联合营销，并首创总冠联合招商新模式，此举在中国互联网与电视业界均尚属首次。

- **优衣库全方位创意，吸引 40 多万人排队**

2010 年 12 月 10 日，一场疯狂的虚拟排队在中国内地悄然开展，迅速引发网络热潮。这是著名的日本休闲服装品牌优衣库与人人网独家合作推出的

"UNIQLO LUCK LINE"网上排队活动,让网友在优衣库网站虚拟优衣库店铺排队购物,即有机会获得 iPhone4、iPad、旅游券、特别版纪念 T-shirt、九折优惠券等礼物。这是优衣库在中国开展的又一次"全民排队乐",沿用先前在日本和中国台湾地区分别创下 14 万和 63 万参与人次纪录的活动理念。

7.1.2　2011 年代表性案例

- 第九课堂爆橙实验——芬达

在不借助外力的情况下,多少个橙子的压力才能挤出一滴橙汁来?芬达的官方网站变成了一个实验课堂,以宣传芬达的橙汁新配方。芬达此次营销的目标受众定位为 13~18 岁孩子的家长们,让他们认为自己孩子喝的不再是不健康的碳酸饮料。这次营销活动期间,有 430 万名青少年在网上观看了这个实验,而芬达的品牌效应也因此提高了 155%。

- 小米饥饿营销

2011 年 8 月 16 日,小米科技在北京发布国内首款双核 1.5GHz 主频手机——小米手机。2011 年 9 月 5 日,小米手机正式开放网络预订,从 9 月 5 日 13 时到 9 月 6 日晚上 23:40,不到两天时间预订超过 30 万台,小米网站便立刻宣布停止预定并关闭了购买通道。由于首批预订人数过多,预计前 10 万名用户将在 10 月份收到小米手机,排名 10 万至 20 万的用户则需要等到 11 月才能收到手机,20 万以后的用户则可能要在 12 月份才能得到小米手机。

- 凡客"非演技派"

2011 年 5 月,凡客邀约黄晓明代言帆布鞋系列,让其自我调侃并承认"非演技派",10 月 10 日,凡客诚品正式对外宣布,签约李宇春为品牌形象代言人。当天,李宇春代言的广告海报亮相 VANCL 粉丝团微博之后,李宇春的"生于1984,我们是凡客"被疯狂转发,8 小时转发量已超过 16 万,其火爆程度丝毫不输于"凡客体"。

- 《乔布斯传》营销

乔布斯辞世的消息传出后,他生前全力配合写作的《乔布斯传》开始备受关注。中国的各地书店选择 2011 年 10 月 24 日上午 10:05 同步发售,希望借此向 10 月 5 日离去的乔布斯表达敬意和怀念。《乔布斯传》的热销对出版行业的影响是震撼的,该书成为当年销量最大的畅销书,销售额超过同年上海书展的销售总额。

- 苹果 Siri:令人们的生活更轻松

2011 年,苹果公司以一支主推 Siri 功能的广告发布了最新的 iPhone 4S 手机。Siri 是一个能够听懂用户语音指令的个人智能助理功能,能够协助使用者安排约会、发送邮件、进行网络信息搜索,以及帮助用户定位最近的星巴克等功能。一支 30 秒的电视广告向消费者展示了 Siri 从协助家庭主妇到公司 CEO 的各种使用者安排生活的功能,并向消费者展示了苹果公司一直以来所努力的目标:令人们的生活更轻松。

7.1.3　2012 年代表性案例

- MINI 历险季

随着 MINI COUPE 与 MINI ROADSTER 在 2012 年 2 月正式登陆中国,MINI 与优酷进行合作,在专门推出的"MINI 历险季"主题页面中陆续推出了六支新意十足的互动视频。六支视频中,每一支都和观众进行了充分的互动——无论是蕴含其中的小游戏、点击按钮延续剧情发展的功能,还是通过整个网页产生的特殊视频效果,都让网友在观看视频的同时,得到了更加生动有趣的体验。

- 微信携手星巴克,推出特惠二维码

只要用户扫描星巴克咖啡杯上的二维码,就有机会获得星巴克全国门店优惠券，成为星巴克 VIP 会员。同时，星巴克微信订阅平台同步上线，收听星巴克微信官方账号，只需发送一个表情符号，用户就能即刻享有星巴克《自然醒》音乐专辑，获得专门为个人心情调配的曲目。

- 中国好声音开播空前火热

席卷海外的荷兰音乐节目《The Voice of Holland》的中国版——《中国好声音》，开播虽然不到半年，却已经获得空前成功。四大明星导师那英、刘欢、杨坤、庾澄庆坐镇现场，选择最具潜力的好声音。《中国好声音》以其新颖的节目形式、攀升的收视率吸引品牌纷纷与之合作。

- 《舌尖上的中国》引起社会广泛关注

《舌尖上的中国》自 2012 年 5 月在央视首播后，引起社会广泛关注，在不同年龄段的受众中皆产生巨大影响，作为一部纪录片其收视率甚至超过了同时段的电视剧，成为老百姓茶余饭后热议的焦点，为央视纪录频道与中国纪录片业界的发展，为传播中国饮食文化，塑造中国良好的国际形象做出了突破性贡献。

- 雀巢捧红"笨 NANA"

雀巢推出"史上第一支可以剥开吃的冰淇淋"，一时之间在微博上疯传，关于"笨 NANA"的价格，哪里可以买到这款史上最独特的冰淇淋，"笨 NANA"的几种吃法等一系列话题同时被制造出来，在微博上引起热烈讨论并引起疯狂转发。网友的好奇加上雀巢精心引导的微博营销，微博上关于这款冰淇淋的相关信息超过 38 万条，就此捧红了"笨 NANA"。

- 小米利用微博商务冲金

自 2012 年 12 月 21 日至 12 月 23 日，新浪微博用户可以通过小米微博页面直接订购促销中的 5 万部 Mi2 智能手机中的一台。所有订单必须以转发的形式提交，由此使整个运作得到了极高的曝光率。用户的整个订购和付款的过程都可通过新浪微博进行，无须离开页面。这一活动的结果令人惊讶，小米发售的仅 5 万台手机得到了超过 130 万元的订单、81 万条评论和 2.33 亿次转发。

- **六神发布系列网络视频**

2012 年，六神为追求品牌年轻化，改变以往传统的品牌形象，发布了一系列网络视频《花露水的前世今生》，突破之前的营销方式，采用动画的形式，风趣幽默地将花露水的历史娓娓道来，得到年轻消费者巨大欢迎。这几则视频都是通过品牌具有高人气的新浪微博账号进行推广的，在网络上被评论了超过 30 万次，超过 1800 万的视频点击量以及 30 多万条的百度搜索结果。

7.1.4　2013 年代表性案例

- **999 感冒灵"爸爸去哪儿"**

2013 年最火的节目无疑是《爸爸去哪儿》，999 感冒灵作为独家冠名商，《爸爸去哪儿》自上线以来便一举成为全国各大卫视周五黄金档收视冠军。对于 999 感冒灵与《爸爸去哪儿》来说，这无疑是非常成功的双赢局面。

- **加多宝"对不起"系列**

2013 年 2 月 4 日，加多宝在官方微博发布以哭泣孩童为主画面的"对不起"系列海报，随即带来 4 万多的转发量，形成网上热潮。网友甚至还照此模板制作出了广药版"没关系"、可口可乐版"都怪我"以及百事可乐版"别闹了"。

- **可口可乐"卖萌"**

2013 年，可口可乐新包装"萌翻"大众。小萝莉、小清新、高富帅、纯爷们、文艺青年……据网友不完全统计，这些标签差不多涵盖了近一两年以来的所有网络流行称呼。

- **恒大冰泉"亚冠"**

2013 年 11 月 9 日，广州恒大在亚冠赛场上的胜利震惊了亚洲足坛，恒大获得比赛的胜利便是对自身品牌的最大广告。

- 易迅"快快显灵"系列

为了迎接"双12"的到来,易迅官微于2013年12月10日发布了"易迅易迅快快显灵"系列广告,并直言"不管你说哪种方言,易迅都最懂你!"

7.1.5　2014年代表性案例

- 百度线下事件线上营销

百度输入法iPhone版作为中国第一个亮相纽约时代广场的移动互联网产品,其面向全球华人邀约的线下广告文案:"Hi,约吗?"成为流行一时的网络流行语,并引发大量网友的热议和跟风。

- 滴滴打车有钱任性

微信的滴滴打车投入10亿元巨额补贴打起营销战,众多中小规模的打车软件纷纷落马。滴滴打车与微信支付合作已经启动第三轮营销,不仅将立减的金额从5元涨回到10元,还推出了新用户首单立减15元的优惠。

- 河狸家再掀明星营销风暴

明星营销在快消品、时尚界等领域屡见不鲜,但在目前大热的移动互联网领域似乎并不多见,"上门美甲第一大"的河狸家App独树一帜。众多明星和时尚人士的追捧对于时尚女性的影响显而易见,河狸家App的用户数从无到有迅速膨胀至数十万,并成为时尚女性圈中热点话题。

- 魅族MX4一次非典型营销

魅族,一改以前营销的弱势,以"自黑"的营销路数拿到了首播当日百度搜索风云榜TOP1。在微博平台,魅族科技"2014魅族新品发布会""魅族MX4"两大话题累计7亿阅读量。发布会开始仅40分钟,两个话题就成功占据微博话题排行榜榜首，包揽综合热搜榜冠亚军。

- **小米"神文案"**

小米在产品的文案策划和画面表达上有两个要求：一要直接，简单易懂，让用户一听就明白；二要切中要害，可感知，能打动用户。三个经典案例："小米手机就是快""小米活塞耳机"和"小米移动电源，10400毫安时，69元"。

- **阿里巴巴一堂社会化营销课**

阿里巴巴上市前，不论是《阿里巴巴上市路演宣传片》在微信中的传播分分钟破10万阅读量，还是马云用一口流利的英语告诉大家阿里巴巴是什么，都不出意外地博得一片满堂喝彩。简单总结如下：首先，明暗线传播互补；其次，注重关键意见领袖；最后，注意传播调性。

- **"五环变四环"**

俄罗斯索契冬奥会的开幕式上，由于技术失误，代表奥运五环的五朵雪绒花有一朵却始终没有成功绽开，2014年的借势营销也因此拉开了序幕，关注冬奥会的世界各地的人们开始了一场欢乐的"五环变四环"事件营销活动，根本停不下来！

7.2 让消费者和品牌一起活跃起来

7.2.1 2015年代表性案例

- **春晚微信摇红包**

微信与春晚达成合作，春晚直播期间用户可在微信"摇一摇"除夕定制入口,开抢由各企业赞助商提供的现金红包,其总价值超过 5 亿元人民币。用户摇红包的惊喜时间也与春晚的节目环节紧密相关,实现屏幕内外的同步。

- 《大圣归来》自来水营销

虽然电影《大圣归来》宣传不足,上映前几天排片低,但口碑不错。口碑逐渐发酵后,不少观众主动在社交网络上讨论并推荐这部电影,要求院线给到更多的排片量,同时号召广大影迷支持国产动画片。

- 故宫淘宝周边热

故宫淘宝发布了一篇题为《朕有个好爸爸》的内容,推广以雍正时《胤禛耕织图》为蓝本设计的记事本。此后,故宫淘宝不断推出颠覆形象的反差萌的产品和宣传方式。2015 年,故宫淘宝也正式开通了故宫淘宝店。

- 优信二手车

在"中国好声音"的总决赛上,优信二手车进行了广告投放,广告主要内容就是一句烧脑的重复性歌曲:"上上上上上优信二手车"。由于"中国好声音"的极高热度,这句广告语也因此刷屏了社交网络。

- 大疆无人机强势出镜汪峰求婚现场

在章子怡生日派对上,汪峰用无人机送戒指下跪求婚,章子怡激动落泪说出"我愿意"。两人的求婚事件受到了网民极大的关注,而汪峰当时使用的无人机为大疆产品,相关新闻稿的传播,极大地提高了大疆的品牌知名度。

- 天天 P 图推出武媚娘妆

范冰冰主演的长篇电视剧《武媚娘传奇》开播,武则天特殊的妆容引发关注。照片美化类 App 天天 P 图推出新功能"武则天妆",使用该 App 自拍或者修饰照片,可以一键自带武媚娘妆容。

- 可口可乐跨界台词瓶

可口可乐与优酷合作联合推出 49 款可口可乐"台词瓶",网友可以个性定制独一无二的专属台词瓶,在"我们结婚吧""如果爱,请深爱"等经典台词的前面加上恋人和朋友的名字,让优酷和可口可乐替你表白。

7.2.2　2016 年代表性案例

- 支付宝集福活动

2016 年春节前,支付宝发布集福活动,通过扫码等形式集齐"爱国福""敬业福""和谐福""富强福""友善福"即可瓜分 2.15 亿元人民币,支付宝好友还可以互相赠送不同类型的福,一时间集福成为热潮。

- 新世相"逃离北上广"

新世相联合"一直播"和"航班管家"发起逃离北上广活动,前 500 名回复的网友能收到地址通知,只要在 4 小时内赶到北京、上海、广州 3 个城市的机场,就有机会得到 30 张免费往返机票中的一张,去往位置目的地。

- 百事可乐猴王

时值"猴年"到来,百事可乐以用户情感为纽带,请来了"80 后""90 后"的童年偶像六小龄童拍摄广告,推出微电影《把乐带回家之猴王世家》。广告上线期间,恰逢六小龄童参与春晚的节目被取消,热度暴涨。

- 淘宝深夜食堂《一千零一夜》

淘宝通过大数据发现,晚上 10 点钟左右是一天流量的最高峰,于是淘宝 App 推出了"淘宝二楼"季播节目,晚间从淘宝 App 首页向上滑动可进入页面观看,到早上相关页面就会消失。第一季"一千零一夜"以淘宝美食为主题,每一集短片讲述一个趣味小故事,引出一款美食。

- 今日头条线下广告刷屏

今日头条在北上广等 14 个城市的地铁和公交站台投放了广告,"今天睡不着,看今日头条"等"今天体"广告在线下疯狂刷屏,提高品牌认知度。

- 卫龙推出苹果风广告

知名辣条品牌卫龙在 iPhone7 发布会的当天推出了辣条新品"Hotstrip 7",成功蹭热度。卫龙将淘宝官方旗舰店改造成苹果风格,按照苹果常用的图片和文案格式来设计,同时还开设线下苹果风专卖店,将苹果风进行到底。

- 宝马 M2 新品上市 H5

为了新车 BMW M2 的上市,宝马发布了一条 H5 进行预热,该 H5 从微信图文的静态开始,后面会变成炫酷的动态视频,页面看起来像纸张被弄皱和撕破,文字也被扫飞出去。炫酷的视觉效果吸引大量点击和转发。

7.2.3 2017 年代表性案例

- 网易云音乐地铁专列

2017 年 3 月 20 日,网易云音乐把 App 上点赞数最高的数百条乐评印满了杭州市地铁 1 号线和整个江陵路地铁站,红底白字非常抢眼。乐评内容条条扎心,网友直呼戳泪,一时间在网上引起轰动。

- 肯德基携手薛之谦上演"神广告"

2017 年 3 月开始,肯德基就携手薛之谦为大家带来了一波又一波的神广告,各种无厘头风格,配上段子手薛之谦的影响力,加上新颖的创意,每一支广告都引起了刷屏。

- 丧茶较量分手花店

"五一"长假期间,网易新闻联盟饿了么开启了一家"丧茶"快闪店——"世界充满恶意,请丧着活下去"。在当年"520"那天,一家分手花店却又横空出世,别人都在忙着表白,这家花店却独独面向失恋人士,只营业一天,却被粉丝们挤到爆——"生活不止眼前的苟且,还有前任的请帖"。

- **百雀羚逆天神广告**

2017年5月,百雀羚凭借一组一镜到底的神广告刷遍朋友圈,一名1931年老上海时期的摩登女郎,看似街头漫步,实则是完成一项谋杀任务,万万没想到最后神转折广告植入,才发现是来自百雀羚的广告,网友惊呼简直脑洞大开。

- **芝麻信用地铁"长长长长长长"文案**

2017年6月6日,芝麻信用在上海地铁投放了一组"长长长长长长"广告,新颖的形式很快在朋友圈刷屏。

- **小黄人定制版"ofo大眼车"正式发布**

2017年6月3日,ofo小黄车正式宣布与环球影业官方合作,ofo小黄车获得环球影业旗下著名品牌小黄人的形象授权,基于小黄人形象设计推出的定制版"ofo大眼车"也正式亮相,吸引了北京国贸周边人士的关注。

- **江小白联合同道大叔推出十二星座瓶身限量版包装**

2017年7月,靠低成本瓶身营销起家的江小白联合同道大师推出了一款江小白十二星座瓶。其包装采用了鲜明的蓝白配色,上面是同道大叔团队绘制的不同星座卡通图案及匹配文案。有人说这些文案简直句句扎心,可以被业界奉为经典。

- **网易云音乐×农夫山泉 "乐评水"**

2017年8月,网易云音乐和农夫山泉宣布达成战略合作,联合推出合作限量款"乐瓶"。网易云音乐精选30条用户乐评,印制在4亿瓶农夫山泉饮用天然水瓶身,让每一瓶水都自带音乐和故事,在北京、上海、杭州等全国69个城市首发,京东同步联合发售。

- **腾讯公益小朋友画廊"1元最美公益"**

2017年8月底,朋友圈猝不及防地被一组"小朋友"画作刷屏,大家纷纷表示画作相当"惊艳"。用户看到 H5，参与扫描二维码后，只要 1 元或输入任意金额，就可以"购买"心仪的画作，爱心画作可以保存到手机做屏保。

- 有道翻译官"深夜男同事问我睡了吗"H5 刷爆朋友圈

2017 年 9 月，一支朋友圈"深夜男同事问我睡了吗"H5 脱颖而出，被迅速疯转。内容一步步引人入胜，讲了一个大龄女青年在面对这种问题时的各种心理及行动上的纠结，最后却抛出产品宣传点，原来那个男同事只是想让那个女生完成翻译稿，结果翻译稿 3 秒钟被搞定了，借助的工具就是"有道翻译官"。

- 招行"番茄炒鸡蛋"广告深夜刷屏

2017 年 11 月，一个广告突然受到热议："世界再大，大不过一盘番茄炒鸡蛋。"这则招商银行留学生信用卡广告，讲述了一个有关母爱的故事：初到美国的留学生不知该如何做番茄炒鸡蛋。为了招待他的朋友，男孩发微信向母亲求助。母亲耐心教他，然而他却忘记了中国和美国有时差，当时在中国已是深夜了。

- 杜蕾斯感恩节"十三撩"文案引爆网络

2017 年 11 月 23 日是西方的感恩节，杜蕾斯一口气使用文案海报撩了 13 个品牌，包括绿箭、德芙、士力架、宜家等，被撩的品牌们也纷纷机智回应，随后还有不少品牌主动加入，打造了一场文案狂欢。

7.2.4　2018 年代表性案例

- 五芳斋神创意广告

2018 年重阳佳节，五芳斋邀来代理商环时互动拍摄了一支复古广告片。使用 20 世纪 80 年代复古风（播音腔）+网络化的沙雕文案，一跃成为旧款泥石流广告，引发网友关注。

- 杜蕾斯春日诗集

2018年春天，杜蕾斯发布了自己的诗集《我是一个没有感情的杀手》。文案上线后迅速刷爆各大社交媒体。

- 天天P图：前世青年照

2018年"五四"青年节期间，天天P图上线了一个新玩法，测试你的"前世"模样，朋友圈网友纷纷"换装"，"穿越百年"后变成温润如玉的文人雅士、神采奕奕的侯门公子、婉约灵秀的上海名媛、举止优雅的留学生、足智多谋的商贾贵族等，一时间朋友圈刮起一股怀旧风。

- 毛不易代言霸王洗发水

2018年8月，毛不易代言霸王洗发水的消息在社交网上纷纷刷屏。利用了明星名字与产品功能的无缝衔接，吸引了众多关注。

- 蒙牛"我不是天生强大，我只是天生要强"

2018年世界杯足球赛期间，蒙牛发布神文案"天生要强"及系列TVC，将品牌价值和用户情绪紧密连接，不仅带出一波年轻人的情感共鸣，更是引发了大众对文案"天生要强"的高效传播。

- 法国队得冠，华帝退全款

几乎在法国队摘下2018年俄罗斯世界杯足球赛冠军的同时，"法国队夺冠，华帝退全款"，在社交媒体上刷屏。虽然后来7900万元退的不是现金，而是购物卡，但是华帝的此次营销不乏是一个出奇制胜的成功案例。

- 天猫国潮跨界：老干妈卫衣、六神花露水等

2018年，天猫国潮跨界行动掀起了一阵又一阵热浪。先是老干妈卫衣，之后是农夫山泉的T-shirt、云南白药的黑色帽衫和九阳豆浆机的轻奢卫衣等。网友纷纷表示，从中华土味变身成为纽约时尚，只需参与一次天猫策划的"国潮行动"。

- 戴森：《wow 戴森自动卷发棒来了 这才是今年的终极草单》

2018 年 10 月初，自媒体"Camelia 山茶花"发布文章《wow 戴森自动卷发棒来了 这才是今年的终极草单》，阅读量达 1000 W ＋，一夜之间，无论男女，人们的朋友圈都被这条消息刷屏。

- 神州专车"Michael 王今早赶飞机迟到了"

2018 年，由氢互动出品的"Michael 王今早赶飞机迟到了"成为开年第一刷屏 H5，吸引了无数"自来水"的主动扩散，短短两分钟的 H5 视频用一个小小的"赶飞机"片段，夸张地刻画了 Michael 王的遭遇，营造一出"谁敢比我惨"的闹剧，却也真实地表达出新人初入职场的焦虑感。

- 网易 H5 "你的使用说明书"

网易云音乐推出了"你的使用说明书"互动 H5，一上线就被大规模刷屏。该 H5 采用文字问答形式，用户上传信息，即可生成测试结果。同时，通过对所听到的音乐进行答题，对用户进行分析，从侧面也表达出音乐更懂你这个理念。

- 故宫彩妆系列

2018 年"双 12"前，故宫淘宝放了大招，在官方微博发出了一篇《假如故宫进军美妆界》，推出了故宫彩妆系列，短短几天，文章已经被转载超过 6 万次，文章的阅读量更是超过了 858 万，在彩妆界实实在在火了一把。

- Apple ×陈可辛

2018 年春运第一天，陈可辛与苹果合作拍摄的短片《三分钟》，一经上线就刷爆了朋友圈。陈可辛导演用 iPhone X 全程摄制，讲述了一个只有三分钟的团圆故事，看得人既揪心又感动。恰逢春运前夕，这部短片的确是戳中了大多数人的心。

7.2.5 2019年代表性案例

- 电影《地球最后的夜晚》"一吻跨年"错位营销

文艺电影《地球最后的夜晚》于2018年12月31日晚上映。在官方的前期宣传中,爱情成了宣传的主要元素,"一吻定情"的概念频繁出现在电影海报、官方微博等平台上,借助"一吻跨年"的仪式感吸引了许多年轻人的目光。错位营销的方式让这部电影首日收获2.53亿元的票房。

- MAC × 王者荣耀五款限量口红

2019年1月5日,王者荣耀与MAC联名出了口红,全新王者荣耀 × MAC魅可限量系列共推出五款子弹头唇膏色号,分别与王者荣耀网络游戏中5位性格鲜明、倾国倾城,姿态万千的巾帼女英雄花木兰、公孙离、貂蝉、大乔和露娜一一对应。这款口红还请了火箭少女队的5位成员代言:公孙离"彤枫色"——孟美岐、貂蝉"嫣桃色"——吴宣仪、大乔"绯鲤色"——赖美云、花木兰"赤蓝色"——Yamy、露娜"黛月色"——傅菁。

- 张大鹏《啥是佩奇》

2019年1月17日,《啥是佩奇》作为张大鹏导演的电影《小猪佩奇过大年》的先导片上线。全片仅耗时两天,便达到了刷屏朋友圈的传播效果。这部先导片瞄准返乡城市父母过年回家陪孩子看电影的场景,再加上《小猪佩奇》这部动画片的火爆,以及春节团圆的氛围,引起了受众的广泛共鸣。

- 耐克"管什么分寸"广告片和系列海报

2019年2月25日,奥斯卡颁奖典礼上耐克插播了一则全新广告片《Dream Crazier》,同期整合传播的还包括一组主文案为"管什么分寸"的平面海报,从女性角度阐释女性参与运动的决心,让整个世界看到女性的力量。

- **星巴克樱花猫爪杯**

2019年2月26日,星巴克线下门店正式发行樱花猫爪杯。由于粉丝的热情,使得此次星巴克樱花猫爪杯的营销获得持续高涨的营销热度,自发转播的网络媒体让热度在28日达到峰值。同时,营销事件中还出现很自发的UGC内容,共同推动事件的发酵。

- **杜蕾斯×喜茶海报翻车**

2019年4月19日,在杜蕾斯以"不眠夜"为主题的宣传中,由于杜蕾斯和喜茶之间的联名海报文案过于低俗,导致受众普遍不认可,虽然最后杜蕾斯与喜茶方面及时换掉海报文案,但产生的负面影响仍然对品牌形象造成了持续的伤害,也警醒了品牌在涉及敏感话题的营销时需要恪守底线。

- **旺旺56个民族罐**

在新中国成立70周年之际,恰逢旺旺陪伴我们的第40个年头,旺旺顺势推出56个民族系列罐,引起了网友们的热烈追捧。此次,旺旺还采用盲盒销售的方式,在玩法上更添惊喜和趣味性。

- **大白兔×气味图书馆香氛系列**

为了迎合年轻消费者的喜好,已经"60岁"的大白兔又玩起了跨界营销。2019年5月23日,大白兔奶糖联合气味图书馆推出快乐童年香氛系列日化产品。这也是大白兔自推出润唇膏后,在化妆品市场的第二次尝试。这两次跨界都旨在提高大白兔在年轻消费者心目中的认知,加速品牌年轻化。

- **网易哒哒"饲养手册"**

在"六一"这个充满童趣的日子到来前,网易哒哒推出了一支名为"饲养手册"的H5,H5中通过用户和小动物身份置换生成了专属饲养手册,为"六一"节日增添了一份童心,同时在朋友圈又引起一波刷屏。

- **吓脑湿《能进互联网公司的个个都是人才》**

2019年6月13日,微信公众号"吓脑湿"推出一条《能进互联网公司的个个都是人才》的漫画软文,由于其内容戳中互联网面试者的痛点,且画风清奇,在短时间内便得到广泛传播,引起行业内外热烈讨论,为品牌方赢得了较好的传播效果。

- **中国银联"大唐漠北的最后一次转账"**

2019年8月20日,中国银联投放了一支电影级的广告"大唐漠北的最后一次转账",在短短几天时间内,由于广告在立意和细节上面的诚意,在观众群体中掀起一股自发传播的热潮。

第 8 章

颗粒组合
——中国数字营销十年大事记

在漫漫历史长河中,十年也不过转瞬即逝。但是对于数字营销行业,创新的浪潮一波又一波,新生的企业一个接一个,我们的脚步一直没有停歇地往前奔跑,劣币驱逐良币的现象,在广告营销领域也从未消失过。十年之间,当移动互联网与移动数字营销全力加速的时代来临时,任何市场的探索周期都被大大缩短,更为细颗粒化的市场留给所有有志争雄天下的创新者以想象空间。很幸运,我们一起见证和记载了这浓墨重彩的数字营销十年!

8.1 不同个体的数字营销价值产出

8.1.1 2010 年大事记

- 三网融合加速推进

2010 年 1 月 13 日，时任国务院总理温家宝主持召开国务院常务会议，决定加快推进电信网、广播电视网和互联网的三网融合进程。会议指出，目前我国已经基本具备进一步开展三网融合的技术条件、网络基础和市场空间，加快推进三网融合的阶段性目标。

- 谷歌退出中国

2010 年 3 月 23 日凌晨，谷歌公司高级副总裁、首席法律官大卫·德拉蒙德公开发表声明宣布，停止对谷歌中国搜索服务的"过滤审查"。

- 王兴创办美团，千团大战风起云涌

2010 年 3 月 4 日，王兴创立美团网，引起广泛关注，5 月 4 日美团网上海站上线，两天后武汉站上线，7 月 26 日西安站上线，8 月 2 日广州站上线，美团网的推出加速 Groupon 模式在中国遍地开花。

- 本土广告公司接连上市

2010 年 5 月 6 日，广东省广告有限公司登录深交所中小板挂牌上市，收报 43.95 元，涨 10.43%。此外，昌荣传播也于 2010 年 5 月在纳斯达克成功上市，发行价 9.5 美元，此后该股震荡上涨，截至 2010 年 8 月 8 日，收盘价 12.1 美元。

- 视频网站开启世界杯足球赛营销大战

2010 年 5 月，优酷、土豆等 6 家网站获得了 CNTV 世界杯足球赛的点播权，随即展开了形式多样的世界杯足球赛营销大战。

- 四大门户逐鹿微博

截至 2010 年 10 月底，新浪微博用户已达 5000 万人次，平均每天发布超过 2500 万条微博，这一庞大的用户群触动了其他门户敏感的神经，搜狐、网易、凤凰、腾讯等纷纷加入微博阵营。

- 淘宝商城独立运营

淘宝网旗下 B2C 垂直频道淘宝商城，在 2010 年 11 月 1 日正式启用独立域名 "tmall.com"，以替代以前的域名。

- 3Q 大战

2010 年 11 月 3 日晚，腾讯发布公告，在装有 360 软件的电脑上停止运行 QQ 软件，360 随即推出了 Web QQ 的客户端，但腾讯又关闭了 Web QQ 服务，使客户端失效。2010 年 11 月 10 日下午，在工信部等三部委的干预下，腾讯与 360 才实现兼容。

- 京东大战当当

2010 年 11 月，京东商城图书频道正式上线。随后京东商城宣布，每本书的价格都要比竞争对手便宜 20%，这相当于向刚刚在美国上市的当当网直接"宣战"。随后当当网做出"用户更在意服务"的表态，接着也宣布斥资 4000 万元促销。京东紧接着称将斥资 8000 万元。

- 最天价冠名费

2010 年 11 月 10 日，湖南卫视黄金广告资源招标会在长沙湖南国际会展中心酒店举行，《天天向上》突出重围，以1.33亿元的天价刷新了中国电视界综艺节目的冠名费纪录，成为名副其实的标王，也让其成为最具价值的综艺节目。

8.1.2 2011年大事记

- **腾讯推出即时通讯软件——微信**

2011年1月21日，腾讯公司推出一款面向智能终端的即时通讯软件——微信（WeChat）。微信为用户提供聊天、朋友圈、微信支付、公众平台、微信小程序等功能，同时提供城市服务、拦截系统等服务。

- **中国移动在6城市正式启动TD-LTE规模试验布局4G**

经工业和信息化部正式批复同意，中国移动于2011年第一季度正式启动在上海、杭州、南京、广州、深圳、厦门6个城市组织开展的TD-LTE规模技术试验。

- **UC联合支付宝推出移动互联网支付解决方案**

2011年4月20日，国内最大的手机浏览器厂商UCWEB宣布联手支付宝推出移动互联网支付解决方案，并推出一款内置支付宝的浏览器。通过该新版浏览器可以直接在浏览时跳转到支付宝插件完成支付，小额度资金支付无需密码。

- **国内首个应用云计算移动互联网广告平台L-Sense诞生**

2011年4月24日，由国内移动广告服务提供商百分通联研发的L-Sense移动互联网广告平台正式投入商用，这是国内首个应用云计算的移动互联网广告平台，也是国内首个"免费移动应用商业生态圈"的承载平台。

- **腾讯移动广告开放平台上线**

2011年9月26日，腾讯宣布正式推出移动广告平台MobWIN，进军移动广告市场。MobWIN 依托无线用户资源，为广告主提供基于运营体系的广告接入、广告投放和广告分析等服务。目前，移动互联网界较具规模的移动广告平台有谷歌收购的 AdMob 平台和苹果公司的 iAd 平台。

- 谷歌进军社交领域

谷歌在 2011 年发布并对大众开放了 Google+，并将其推到前面并放到中心位置，把它集成到其他产品中，使其拥有了 6500 万用户。

- "罗西门"事件

2011 年 9 月 27 日，自"@罗永浩可爱多"在微博上发布了一条信息对西门子冰箱和洗衣机的质量表示不满意开始，直至 2011 年 12 月 4 日西门子中国区总裁通过西门子的官微发布致歉声明，持续两个多月的战争最终以罗永浩的胜利而告终。"罗西门"不仅记录了自媒体在互联网时代当中的强大力量，也引发了传播行业的思考。

- 光棍节引爆电商

2011 年 11 月 11 日"光棍节"，淘宝商城支付宝交易额突破 33.6 亿元，淘宝网和淘宝商城总支付交易额突破 52 亿元。网购重新激发了消费热情，进而对传统零售渠道发起猛烈攻击。此后，每年的 11 月 11 日都成了电商们的营销狂欢节。

8.1.3 2012 年大事记

- 国家工业和信息化部发布《物联网"十二五"发展规划》

2012 年 2 月 14 日，国家工业和信息化部发布《物联网"十二五"发展规划》，提出到 2015 年，中国在核心技术研发与产业化、关键标准研究与制定、产业链条建立与完善、重大应用示范与推广等方面取得显著成效，初步形成创新驱动、应用牵引、协同发展、安全可控的物联网发展格局的目标。

- **优酷土豆合并**

2012 年 3 月 12 日下午,优酷和土豆宣布双方已签订协议将以 100% 换股的方式合并,新公司名为优酷土豆股份有限公司,土豆网随后将退市,古永锵将担任新公司董事长兼 CEO。视频行业老大和老二的合并让行业集中度陡然提升,也加强了视频网站版权方面的议价能力。

- **加多宝与王老吉品牌之争**

2012 年 5 月 12 日,广州药业发布公告称中国国际经济贸易仲裁委员会已裁决,广药集团与加多宝母公司鸿道集团签订的商标使用补充协议无效,鸿道集团将停止使用王老吉商标。这意味着不管是红罐还是绿盒王老吉,以后只有广药一个姓。始于 2008 年价值 1080 亿元的中国第一商标案终于尘埃落定。

- **广告公司收购热**

2012 年 6 月,WPP 宣布打败日本电通集团(Dentsu Inc),以 5.4 亿美元收购独立数字营销公司 AKQA;7 月初,阳狮集团将另一家独立广告公司百比赫(BBH) 收入囊中。而在竞购 AKQA 失败之后,9 月,日本电通集团宣布以 31.64 亿英镑(合计 40 亿美元)的价格收购英国传播巨头安吉斯集团(Aegis Group)。

- **奇虎 360 综合搜索上线**

2012 年 8 月 16 日,奇虎 360 综合搜索上线,自此引发了百度和 360 的搜索之争。11 月 1 日,在中国互联网协会组织下,百度、奇虎 360 等 12 家搜索引擎服务企业签署了《互联网搜索引擎服务自律公约》,促进了行业规范。

- **《关于加强网络信息保护的决定》表决通过**

2012 年 12 月 28 日,第十一届全国人民代表大会常务委员会第三十次会议通过《关于加强网络信息保护的决定》。决定要求保护个人电子信息、防范垃圾电子信息、确立网络身份管理制度,并赋予了有关主管部门必要的监管权力。

- **互联网公司发力移动终端，不卖硬件卖服务**

2012年，百度、360、腾讯、阿里巴巴、网易、搜狐、小米等相继进军移动终端（智能手机等）市场，绝对称得上是当年互联网行业的一件大事。作为一股潮流，"大佬们"的思路似乎也十分相近，即以"低利润甚至零利润"的销售模式迅速占领移动终端市场，从而实现未来"靠提供内容及服务赚钱"的最终目的。

- **"双11"天猫淘宝创纪录，电商2012年呈现井喷**

2012年可谓电商的"井喷"年，据数据统计显示淘宝和天猫在2012年前11个月销售额突破1万亿元。不仅如此，天猫和淘宝更在11月11日，创下了新的成交纪录。11月12日凌晨经阿里巴巴集团确认，"双11"天猫和淘宝的支付总销售额达到191亿元，是2011年的三倍多，其中仅天猫就完成了132亿元，淘宝则完成了59亿元。

- **鸟叔骑马舞大火，社会化媒体立大功**

发布仅86天，《江南style》视频点阅超过4亿，被世界吉尼斯机构称为奇迹。除了内容制造，在传播阶段有一种加速剂，可以加快人际传播的裂变速度，那就是意见领袖。无论主动模仿也好，还是被邀请模仿也罢，布兰妮、威廉姆斯等各路名人的模仿，在很大程度上推动了《江南style》的全球风靡。

8.1.4　2013年大事记

- **加多宝拿下《中国好声音》第二季独家冠名权**

2013年7月12日，第二季《中国好声音》在经过大规模前期预热之后，重新回归浙江卫视，首期效果良好，这似乎缓和了为此豪赌2亿元的加多宝的紧张情绪。2013年11月，继以6000万冠名《中国好声音》第一季之后，加多宝又从10多个竞标者中突出重围，以2亿元的天价拿下第二季的独家冠名权。

- "QQ"商标大战

2013年7月16日,与"QQ"有关的两家大企业开战。腾讯为了在汽车领域争夺QQ商标,提起诉讼。实际上,就"QQ"的归属问题,双方早在2005年就开始纠缠。经过近10年旷日持久的商标大战,腾讯公司在汽车领域注册的QQ商标因奇瑞公司提出异议而被商评委撤销,等待法院决断。

- 支付宝钱包宣布成为独立品牌,用户数接近1亿

在经历"双11"手机支付考验之后,支付宝手机支付及钱包用户均过亿,支付宝钱包正式宣布成为独立品牌。支付宝钱包是支付宝针对移动互联网推出的手机客户端,用户可以下载安装后实现手机支付、手机理财等服务,包括手机购物、线下支付等主要场景。

- 新浪微博实施短视频战略,重点发展"秒拍"

新浪微博于2013年12月16日正式开启短视频战略,将重点发展官方应用"秒拍",帮助用户更加便捷地拍摄、分享短视频。"秒拍"是新浪微博旗下的短视频应用,允许用户通过手机拍摄10秒短视频,快速分享至新浪微博等社交平台。

- 优酷土豆进军智能电视:联手电视厂商内置视频

2013年12月9日,优酷土豆联合多家牌照持有方及电视机厂商,通过提供内置在线视频服务形式合作,优酷土豆并不计划做贴牌"优酷土豆电视"。

8.1.5　2014年大事记

- 新浪微博携手央视春晚"'码'上有红包"

2014年1月8日,新浪微博宣布成为中央电视台马年春晚二维码独家合作

伙伴，在除夕当晚送出价值 5 亿元的超级红包福利，让数亿网友与电视观众在辞旧迎新之际享受到更多的欢乐与实惠。2014 年央视春晚首次尝试以台网联动的形式与全球网友互动，互动持续整个春节期间。

- **宏盟与阳狮合并获批准，将成全球最大广告公司**

2014 年 1 月 10 日凌晨，欧盟反垄断监管机构周四批准了美国广告业巨头宏盟集团(Omnicom)和法国阳狮集团(Publicis Groupe)总额达 350 亿美元的合并交易，该交易将创造出全球最大的广告公司。欧盟反垄断机构是无条件批准了这一交易。

- **《我是歌手》第二季收官微博网友，共创电视传奇**

2014 年 4 月 4 日晚，湖南卫视《我是歌手》第二季完美收官，总决赛收视率再创新高。据央视索福瑞全国网收视率数据，《我是歌手》第二季歌王之战，全国网收视率为 3.24，同比去年上涨将近 50%，这也是当年综艺节目的最高收视。

- **微信支付正式向企业认证的服务号全面开放**

此前只是试水的微信支付于 2014 年迎来了向认证公共账号全面开放的日子，作为电商中至关重要的支付环节，微信支付的全面开放则意味着微信走出了商业化中的重要一步，移动端的电商航母或将起航。

- **广电总局：境外剧无公映许可证不得上网播放**

2014 年 9 月 5 日，国家新闻出版广电总局下发通知，重申网上境外影视剧管理的有关规定。通知要求，用于互联网等信息网络传播的境外影视剧，必须依法取得《电影片公映许可证》或《电视剧发行许可证》，未取得的境外影视剧一律不得上网播放。

- **阿里上市后首个"双 11"：全球化、无线化、平台化**

2014 年 10 月 13 日，阿里巴巴在杭州宣布其上市后首个天猫"双 11"购物狂欢节战略，将围绕阿里巴巴电商生态圈，发力全球化、无线化和平台化三

- **百度文学正式成立，整合贴吧及 91 无线等资源**

2014 年 11 月 27 日，百度文学宣布成立，并发布了包括"纵横中文网""91 熊猫看书""百度书城"等子品牌在内的架构，整合百度贴吧、游戏、音乐、视频及 91 无线等百度系资源，试图打造完整的产业链。

8.2 提效是永不过时的话题

8.2.1 2015 年大事记

- **"互联网+"写入政府工作报告**

2015 年 3 月，"互联网+"写入政府工作报告，成为我国国家层面的重大举措。7 月，国务院印发了《关于积极推进"互联网+"行动的指导意见》，其中明确指出了"互联网+"创新创业、协同制造、现代农业、电子商务等 11 个重点行动领域将作为发展方向。

- **北京成功申办冬季奥运会**

北京申奥成功，成为 2022 年冬季奥运会举办城市，这也使得北京成为第一个承办过夏奥和冬奥的城市。

- **广告法修订**

2015 年 9 月 1 日起，新版《中华人民共和国广告法》正式实施，这是广告法实施 20 年来首次修订。修订后，广告法完善了保健食品、药品、医疗、医疗器械、教育培训、招商投资、房地产、农作物种子等广告的准则，将原来 7 种商品和服务的广告准则增加到 19 种。

- **阿里巴巴收购优酷土豆**

2015 年 10 月 16 日，阿里巴巴集团宣布，已经向优酷土豆董事会发出邀约。11 月 6 日，阿里巴巴集团和优酷土豆集团宣布，双方已经就收购优酷土豆股份签署并购协议。

- **柴静发布《穹顶之下》关注雾霾问题**

中国多个城市连年遭遇雾霾，民众对空气质量的关注度空前提高。2015 年 2 月 28 日，柴静参与制作的《穹顶之下》在多个视频网站播出，引发网民关注，其中提到的雾霾问题之严重，对人体的有害影响等，被大量讨论。

- **微信朋友圈开启原生信息流广告**

2015 年，微信宣布正式上线朋友圈原生信息流广告，广告将以信息动态的形式出现在用户朋友圈内，"宝马""可口可乐"和"vivo 智能手机"成为最先试水者。

- **范冰冰、李晨公开恋情，"我们"体走红**

范冰冰公布了同李晨的恋情，李晨在社交工具上晒出亲密合影，并写下"我们"，向范冰冰示爱。这种表白模式迅速升温，成为流行文案格式，引起了不少品牌跟风。

8.2.2　2016 年大事记

- **春晚红包大战**

2016 年春晚举办期间，腾讯和阿里巴巴发起红包大战，微信红包推出"照片红包"功能，支付宝推出了"集五福"瓜分现金的红包活动。最终支付宝团队获得大量新用户和用户好友互动流量，共计 79 万人瓜分了 2.15 亿元的红包大奖。

- 知识付费启动

由果壳在行团队开发的分答上线，凭借着"偷听""分成"等颇具创新性的产品机制，以及王思聪、章子怡等众多明星的入驻而刷屏朋友圈，上线仅 42 天便拥有超过 1000 万授权用户，付费用户超过 100 万。

- 直播百团大战

微博、陌陌、网易、腾讯等巨头先后加入了"直播"战局，2016 年上半年出现"直播百团大战"，用户的直播习惯也在慢慢养成，"全民直播"逐渐成了一种趋势和现象。但在 2016 年下半年，资本趋冷，多数直播平台倒闭，直播行业也进入了寡头竞争的阶段。

- 滴滴合并优步

2016 年 8 月，滴滴与 Uber 全球达成协议：滴滴收购 Uber 中国的品牌、业务、数据等全部资产，在中国运营，滴滴出行和 Uber 全球将互相持股。至此，滴滴与优步中国正式合并。

- 微信推出小程序

2016 年 9 月 21 日，微信宣布"小程序"内测，仅有 200 人拿到了首期内测的资格。外界预测，借由小程序的上线，微信如果真的能够接入大量更复杂的交互与更多样化的服务，将能够成为一个承载量庞大的巨无霸，拥有更加可观的商业空间。

- papi 酱获 1200 万元融资

2016 年 3 月，网红 papi 酱被曝获得由真格基金、罗辑思维、光源资本和星图资本等首轮 1200 万元融资。papi 酱是中央戏剧学院导演系学生，于 2015 年 10 月开始在美拍、秒拍等短视频平台上传原创短视频，2016 年其微博粉丝量已经超过 2000 万，网络评价其为"2016 年第一网红"。

- **微信、支付宝移动支付开始收费**

微信发布公告称，对微信支付累计超出 1000 元额度的提现交易收取提现金额 0.1% 的手续费，每笔最少收 0.1 元。支付宝发布公告称，从 2016 年 10 月 12 日起，支付宝将对个人用户超出免费额度的提现将收取一定比例的服务费。

8.2.3　2017 年大事记

- **共享单车的颜色大战**

2017 年，"共享经济"的概念被热炒，共享单车、共享充电宝、共享雨伞、共享健身房，各种共享模式层出不穷。最让人眼花缭乱的，莫过于共享单车颜色大战，网友纷纷调侃：留给共享单车创业者的颜色不多了。

- **《战狼 2》带火国产民族品牌**

2017 年 7 月底，现象级电影《战狼 2》出乎意料地带火了一大批国产民族品牌。例如，电影中吴京"对嘴吹茅台"，为茅台酒做了免费的宣传。在《战狼 2》中，还出现了一系列自主品牌车型，包括长安星豹小货车、厦门金旅海狮客车、吉利优利欧、东风风神 AX7、北汽 BJ40 以及解放 CA141 卡车。

- **网易：未央猪猪小花**

网易味央黑猪凭借"住公寓、听音乐、不吃抗生素""慢养 300 天"等独创养殖模式和高频率的相关营销活动火遍朋友圈。网易味央通过养猪、卖猪、玩猪的创新，也逐渐形成了独有的产业链布局。

- **麦当劳改名"金拱门"**

2017 年 10 月 25 日晚间，工商信息数据显示：10 月 12 日，麦当劳（中国）已正式变更为"金拱门（中国）有限公司"。而后，麦当劳（中国）证明了这一消息的真实性。麦当劳改名为金拱门事件几乎立即引得全网狂欢,大家纷纷建议国际品牌要抓紧时间来一波本土化,比如,必胜客改名"小红帽",星巴克改名"白毛女咖啡",肯德基改名"快乐老爹"。

- **电梯媒体获得关注,生活场景媒体的价值凸现**

2017 年,分众传媒在美国、欧洲、亚洲三个广告节上均代表中国媒体首次斩获大奖。分众传媒作为中国原创电梯媒体,一年之内拿了三个国际大奖:在全球三大广告节之一的纽约广告节上,获得了品牌传播大奖,这也是中国媒体企业首家在纽约广告节获得大奖;在伦敦国际奖又斩获实效媒体大奖;在釜山广告节十周年之际拿下了数字媒体大奖。

8.2.4 2018 年大事记

- **2018 第一爆款"跳一跳",助日活 1.7 亿的微信成功破局**

2017 年 12 月 28 日,这一天微信推送了最新版本 6.6.1 的更新,开机画面直接推送了小游戏"跳一跳"。简单友好的操作体验、设置精巧的关卡、隐藏彩蛋、朋友圈排行榜等增加趣味性的元素使这款小游戏成功在元旦假期刷屏,成为 2018 年第一个爆款。

- **直播答题——2018 年第一个新风口**

2018 年 1 月 3 日,王思聪的一条微博"我撒币,我乐意",将直播答题《冲顶大会》推到了大众面前。紧接着花椒直播、西瓜视频、一直播纷纷跟进。

- **支付宝锦鲤事件**

2018 年 9 月 29 日,支付宝推出了一个转发中国锦鲤的活动,转发指定的微博,支付宝会抽出 1 位集全球独宠于一身的中国锦鲤。奖品包括鞋包服饰、化妆品、各地美食券、电影票、SPA 券、旅游免单、手机、机票、酒店等。最终"信小呆"成为中奖"锦鲤"。

- **王思聪庆祝 IG 夺冠抽奖**

2018 年 11 月 6 日,"王思聪抽奖"这个话题瞬间冲到微博热搜榜第一,从转发/评论/点赞中抽取 113 人,每人 1 万元现金,总计 113 万元。该微博 2 小时破 300 万转发,1 天破 1900 万转发,成为微博历史上最快破 1000 万和 2000 万的纪录。

- **谷歌:猜画小歌**

2018 年 7 月,谷歌发布了一款叫作"猜画小歌"的微信小程序,3 小时刷爆了朋友圈。朋友圈突然冒出了一堆灵魂画手。

- **天猫国潮**

老干妈出卫衣、六神卖鸡尾酒、大白兔变唇膏、周黑鸭口红、卫龙辣条味粽子等,2018 年老品牌的跨界尤其多,其中大部分来自于天猫"国潮行动"。

- **小猪佩奇 × 优衣库**

优衣库和小猪佩奇推出的联名款,一经亮相就引发了广大社会人的热议。

- **《创造 101》王菊、杨超越爆红效应**

2018 年最火的综艺当属《创造 101》,基本每期节目播出后,都能上微博热搜榜。

- **抖音第一届文物戏精大会**

2018 年 5 月 18 日是国际博物馆节,七大博物馆在抖音发起了第一届文物戏精大会,还做了一个 H5。

- **ofo 遭到千万退押金挤兑**

2018 年 12 月 17 日,在众多用户前往 ofo 总部退押金后,ofo 宣布了退押金新政策,称将按照用户申请顺序依次处理。排队用户已超 1000 万人,若以每位用户 99 元押金计算,待退押金至少 10 亿元。

- **支付宝年度账单**

除了出于对自己今年消费总体情况的好奇，年度账单更多的是满足消费者对于自我的展现。无论是哭穷、炫富、从众等心理，都促使着消费者将自己的年度账单分享出来。

8.2.5 2019年大事记

- **宝洁寻找新广告代理形式**

2019 年 1 月的 CES［（Internationl Consumer Electronics Show，国际消费类电子产品展览会，简称 CES）］上，宝洁全球首席品牌官表示"我们需要思考的是一个没有广告的'世界'"。作为全球最大的广告主之一，宝洁一直在减少品牌对广告的依赖，并希望通过创新的方式与消费者建立连接，给用户带来更好的体验。

- **社交应用"三英战吕布"**

2019 年 1 月 15 日，王欣云歌智能、张一鸣字节跳动、罗永浩快如科技分别发布马桶 MT、多闪、聊天室三款社交应用，试图"围剿"微信，创造新一轮的流量奇迹，但最终雷声大雨点小。社交应用市场微信仍处于绝对优势，想要从这一个细分市场突破，难度较大，且微信后续也在不断扩展微信生态，巩固自己的流量池。

- **自媒体监管收紧，内容风险加剧**

2019 年 2 月到 3 月期间，"咪蒙"公众号注销及其在各大平台运营账号永久关闭，"咪蒙"运营主体解散。自媒体正进入追求内容质量与价值输出的合规化时期。自媒体发展转型升级，内容风险剧增。

- **传统 4A 积极拥抱数字营销**

2019 年 4 月 15 日，阳狮集团宣布以约 44 亿美元的价格收购数据情报公司艾斯隆（Epsilon），以此来补充在创意、媒体和业务转型方面的优势，同时加速阳狮集团对数字营销业务的转型。可以看出，传统4A正积极拥抱数字营销业务，通过合并或转型等方式来避免被淘汰。

- **裂变红利结束**

2019年5月到6月，微信官方政策收紧，5月中旬，发文重申对裂变营销的封杀；6月中旬，发出公告打击营销外挂。裂变营销红利结束，内容发布平台管控力度加大。

- **5G商用指日可待**

2019年6月6日，工业和信息化部向中国电信、中国移动、中国联通、中国广电颁发5G商用牌照。此举标志中国电信产业正式进入5G时代，也意味着中国5G技术的不断成熟。

- **数字中台将成未来主流**

2019年6月11日，由中国软件网主办的"中国首个数字企业中台应用峰会"在世界互联网中心北京中关村软件园召开。峰会围绕"中台的定位与价值"展开讨论。尽管经济遇冷，但行业前景仍被看好。比如，Wakedata获得千万元人民币A轮融资，数澜科技获1亿元A+轮融资，商越获3900万元天使轮融资。

- **数据中台驱动增长**

2019年6月22日，由浙江省数字经济学会、浙江省工业互联网产业联盟、杭州数字经济联合会、数澜科技等联合主办的"2019首届数栖大会"围绕"让数据用起来"探讨数据中台如何驱动业务转型，推动企业创新变革。

- **国漫《哪吒之魔童降世》**

2019年7月26日，一部承载着国人对国漫期许的电影《哪吒之魔童降世》上映，上映后由于内容具有争议性，因此在网络上引起广大观众的热议，同时也让中国电影市场看到国人对好内容的支持力度。

附 录

虎啸实录
——中国数字营销十年风云榜

"中国数字营销十年风云榜"是由中国商务广告协会委托数委会设立,从发起到类别设置,从提名到评审,都由其经过层层严谨筛选,广泛征集各方意见,根据综合因素一再慎重投票评分,才得出的最终获奖名单。此次虎啸独家实录,正是基于中国数字营销十年风云榜获奖名单,对获奖人物与机构进行深入访谈,力图还原中国数字营销十年风起云涌的真实历程。

特别感谢此次参与采访的各位实战专家和行业机构,他们是最能够感知行业变化、最能够代表市场发展、最能够体会时代变迁的一批人;他们是数字营销行业发展到现在,最为真实、直接、有效的重要推动力量。篇幅有限,若想了解更多内容,欢迎关注微信公众号虎啸奖(ID:hooxiaojiang)获取更多实录访谈。

人物类

陈一枬　WE Marketing Group 创始人兼 CEO

这十年来，我觉得中国数字营销最大的改变是"销售传播一体化"。由于新媒体不断出现，传播环境空前复杂，广告与营销传播实现了一体化趋势；而产品竞争更加激烈，市场环境复杂多变，单一的广告已无法有效地到达消费者。在这样的背景下，广告主急需采取新的传播模式、整合各种营销传播工具来触达消费者，以实现品牌传播的需求。

陈亮途　WE MARKETING GROUP 首席创新官，威动营销执行合伙人

未来根本无法预测，或者说未来的每一天都会有变化发生。对于营销人而言，唯一要做的就是不要跟着大浪走，要走在浪尖，带领趋势，这才是创新的意义。我们可以预测到很多想象不到的新事物都会不断涌现，然后迅速普及，同时也会很快再被取代，但是我们大部分人根本不知道这些新事物会是什么。这才是营销的挑战，也是最有趣的地方。

池小燕　凤凰网高级副总裁

热爱、坚守、激励、自由。十多年中，对媒体理想的热爱、坚守，让凤凰网得以发展壮大，让我也得到了成长。来自社会、公司的激励，让凤凰网的团队拥有了突破、创新的力量，让彼此更加信赖，也给予了我更大的发挥空间和更重的责任。对自由的向往，让我们更为自律，在不断学习中提升自我，回报社会。

顾明毅　上海外国语大学副教授

数字营销是从互联网广告行业、数字广告行业里面发展起来的，是源于数字互联网飞速发展而来的流量集客术。深度数字化拓展则是具体到行业层面进行考量的，企业需要建立品牌智能传播，企业的营销流程要重构，企业的管理后台，企业的数字化品牌，都需要在数字化道路上面进行重建。

贺克刚　NDC（纽克互联）创意中心创意长

广告圈生态的变化很明显。移动互联网对传播方式产生根本性的改变，改变了广告公司，改变了广告人的专业构成，改变了甲乙方关系。没有改变的是广告的意义和增加品牌价值，创意环境最大的变化是系统性的培养不存在了，一个好的团队，一个好的小生态也非常难得，有心的广告人要会自学。

黄　亮　致趣联媒创始人兼 CEO

随着技术的发展，数字媒介变得越来越碎片化，而碎片化的媒介反过来更需要基于大数据的精准有效投放。未来精准数据的标准建立和媒介数据的开放分享可能成为程序化广告发展的里程碑。总之，数字营销在技术、创意、数据、媒介的发展组合下会有无限种可能，谁能掌握好技术的趋势且有效地利用在优质创意上，谁就掌握了数字营销的主动权。

黄小川　华谊嘉信集团董事长、迪思传媒董事长

大方无隅，大象无形。公关、广告、社会化公司的价值体现在服务客户上，媒体环境、客户的需求都在变化，公关营销从业者当然不能自我设限。现在传播环境早已碎片化、移动化、去中心化，广告、公关、营销的界限势必越来越模糊。但我也想强调一点，公关行业无论发展到什么阶段，趋势都是一定要有优质内容——用有势能的内容在短时间内吸引消费者的关注和互动，并促进销售。

郝　炜　凤凰网全国营销中心总经理

以前是分工协同，如今分工的边界不再清晰了，谁在链条上通过创新为客户带来的价值越大，或者能满足更多的客户需求，谁就能成为主导。换句话说，数字营销的趋势可能发生在链条中的任意一个环节上。从功能上看，以前是为当下的需求服务，而现在要着眼于未来的需求甚至是和广告主一起创造用户需求。

蒋　浩　蓝色光标旗下蓝标传媒首席技术官

对于程序化广告来说，一个典型的标志，就是"OCPC（点击付费广告）"或者"OCPM（每个人成本）"逐渐替代了"CPC"。CPC模式下，交易的主体是一批流量，大家讨论的是每一批流量值多少钱。OCPC模式下，交易的主体是每次"潜在转化机会"，价值判断体现在人与人、场景与场景的差异上，需要以转化数据反馈为前提，以模型为技术基础，数据和模型价值才能得以更好地体现。这次变革，让程序化广告进入了以"人"和"需求"为中心的阶段。

李　东　芝麻西瓜创始人

好的创意能洞悉人性，技术的加持能使创意在互联网时代有新的惊喜，但技术总归要为创意服务。社交媒体越来越重要，它的快餐化属性，要求品牌主以更快速、更经济、更抓人眼球的创意来达到低投入高产出的目的。同时，在当前快营销、快创意环境下，对广告的理解，对人性的把握，对社会价值观的把握等，这些决定着是否能快速做出正确判断。

李三水　W创始人

不做创意人，只做创造者。

廖秉宜　武汉大学副教授

如果说数字技术颠覆了传统广告产业的格局，那么智能技术正在重构数字营销产业的生态。人工智能技术已经深度嵌入数字营销产业之中，智能技术的应用正在深刻改变数字营销产业的竞争格局。未来数字营销的趋势表现为：智能营销传播的发展、数字整合营销的发展、国际数字营销的发展。

刘风华　凤凰网副总裁

人工智能时代将给网络媒体带来机会和挑战，同时，也有很多不确定性。媒体提供的不是无人机、平衡车和手机，而是信息，这些信息能影响到公众观点，影响到公众对世界的认知，以及整个国民素质。因此，要意识到肩上的使命，避免以纯点击驱动对稀缺的注意力进行不负媒体责任、不计社会成本的掠夺性挖掘，形成一种垃圾式的阅读。

刘彦宏　上海师范大学广告系副教授、硕士生导师、多媒体计教研室主任

技术的发展、渠道的多元化使得广告传播有了更多的操作空间，压缩了广告创意的重要性，加上社交媒体流量带来的巨大资本利益，使得广告营销界忽视了长期的品牌美誉度建设，而把眼光聚焦在短期流量和利益上。广告营销界应该树立警觉，回归广告内容——渠道为水、技术是舟、内容是桨，优质且牢固可靠的"桨"决定了技术的"舟"能够在渠道的"水"上划多远。

马千里　RedBank 红岸创始人兼 CEO

这个时代好创意不少，但烂创意更多，好在我们还有一些坚持好作品、好创意的长期创意工作者在努力。策略是目标，创意是灵魂，数字媒介是载体，科技是重要的连接，只有把策略、创意、数字媒介、科技完美地结合，才能推动整个商业市场实现精确落地的更大效能。

陆承恩　酷云互动合伙人兼 CTO

数字营销现在正处于升级转型阶段，伴随新技术的迭代，品牌方以更精准的技术和媒介渠道，影响着更多用户，尤其传统媒体也利用新技术像互联网媒体一样做到精准营销，实现真实的投资回报率（ROI）评估。过去以流量为核心，强调的是广告、曝光、渠道，而以数据驱动的智能营销时代则更多强调的是获得流量后的精细化运作，其核心是不断深挖用户价值。以数据还原用户真实画像，洞察用户生活形态，聚焦用户本身。

曲伟海　北京新意互动数字技术有限公司董事长兼 CEO

不同的客户营销诉求不尽相同，就算是同一个品牌，在各个营销阶段的诉求也是不一样的。但是总体而言，客户在实际创意收集和销售转化等 KPI 考核上的压力越来越大，这与经济环境下行、人口和流量红利消失有关。

沈　阳　万达宝贝王集团品牌运营中心品牌管理总经理

数字逐渐变成营销的主流。一切场景数字化，一切营销数字化，一切人群数字化。随着数字化的潮流越来越明显，驱动有效利用数据的决策方法会越来越重要。不仅仅是算法，或者是数据构架，更重要的是围绕人性和品牌目标，甚至生意目标的数字化决策方法会越来越重要。

沈　翔　生米组成首席创意官/执行合伙人

我从来不担心创意会被技术主导，反而因为有技术的加持，创意能有更好和更多元的表现。人工智能或许能取代某些低阶的画面和文案执行工作，但这不是我们理解的创意，在一个好的创意策略和创意概念下产出的作品，能直指人心，让品牌和原本无关的消费大众产生关联，而人心多变，无法搜集全部参数作为计算依据，所以创意不会消失。

宋　喵　妈妈网副总裁

随着移动互联网的快速发展，消费者的注意力会进一步被分散，同时在数字营销场景下，消费者也更容易被卷入所谓的精准推送所设计的信息茧房，被一些低质量的程序化信息裹挟。由于各平台信息缺乏有效监管，每个平台的内容、各个专家的观点杂乱不成体系，消费者容易困惑迷失，决策效率越来越低。

石　一　DotC United Group 创始人兼 CEO

一个好的社会化媒体营销的关键应该是内容，因为好的内容可以赋予品牌价值，是一个向用户发声的有效途径。在这个社会化媒体的时代，企业首先需要结合自己的需求去选择适合自己的平台，同时要有侧重点，应该更精准聚焦自己的核心用户，有针对性和方向性展开一系列 PR 内容或活动。在创新和技术方面，不能局限于表面，需要通过技术手段去展现产品及高度相关性，并充分利用，这样才有可能把社会化营销做得更好。

孙　学　华扬联众首席运营官

从 PC 到移动、从流量到内容、从在线互动到社会化、从用户聚合到社交裂变、从网红到 KOL 到 KOC、从程序化到 IP 定制、从边看边买到直播带货，等等，中国数字营销有太多创新，也有太多种代际定义。每天都可能会有新的物种和新的玩法出现,这就是中国数字营销的独特之处。

田　宇　沈阳工业大学新闻传播系主任,广告教研室主任

数字技术的发展不断推动着营销技术及方式的变革,同时,营销也反作用于技术的发展。彼此携手共进,不断地增强数字营销的魅力及扩大数字营销的版图。

王天慧　氢互动 CEO

随着中国移动互联网的高速发展,广告营销已经不是传统的自说自话式的广告,互联网下的广告营销自身就带着换位思考的基因,不再仅仅着眼于品牌或产品自身,而更多的转向去寻找场景、痛点,来形成与消费者的共鸣,从而传达品牌理念及产品优势。同时,营销的本质应该是为企业和品牌解决商业难题,这是营销的基本点,也是一切营销行为的出发点。

王艳红　蔚蓝集团总裁兼 VLAND DIGITAL CEO

在中国的程序化广告技术数次变革中,让我印象最深刻的是 OTT 程序化购买生态变革。从 2017 年开始发展到现在,各家 OTT 平台能够提供程序化接口,进入程序化采购阶段,虽然在第三方效果监测、用户交互等方面还有待进一步优化,但对户外广告的程序化已有了一些初步的探索。户外广告的投放更多的是面向群体而不是单独的个体,程序化接入更多的是在资源管理和线上交易环节。

吴　荻　美团点评战略客户发展部市场总经理

移动互联网的发展和技术的创新使得消费场所和消费方式发生了很多改变,有很多线下的消费行为迁移到了线上,消费信息的传递和消费决策也更多地依赖于互联网提供的丰富信息和大数据推荐,消费者的选择变得更多样,决策也更加理性,这些场景的变化对品牌而言是一个新的机遇,在新的消费形态和消费决策过程中抓住消费场景的变化、达成更加高效的品牌建设和用户触达是品牌的营销必修课。

吴盛刚　欢网科技 CEO

大屏智能化普及使大批用户从传统电视迁移至智能终端，用户迁移意味着价值流动，传统电视广告营销、电视购物、付费频道等变现模式将批量转移到智能大屏端，同时，得以优化落地成为新的商业模式，使整体智能大屏价值迅速提升。智能大屏拥有可寻址、可画像、可互动、可留存四大能力，技术能力将成为突破行业价值空间的关键。大屏广告行业持续上扬，精准投放、品效协同以及程序化发展都将成为大屏营销增长的助推器。

叶　青　BITONE CEO

在数字技术行业发展的十年中，我认为比较明显的变化主要体现在两大方面：一是互联网 PC 的普及，网民数量的大量增加，数字媒体逐渐取代传统媒体而成为主流；二是移动互联网取代 PC 成为大部分网民触网的终端。从传统到数字、从 PC 到移动、从 2G 到 5G，每一次互联网技术的升级，都能为我们带来新的机会与挑战。

吴孝明　资深广告人，数字营销专家

即将到来的 5G 时代，将会是一个翻天覆地的时代，当所有的传输效率大为提升，营销的思路与效果也必须跟着改变。我们即将从移动互联网跨进物联网时代。物联网将会再次改变消费者的生活、阅读与视听习惯，场景营销将变得自然且随时，所谓的场景包括视频、音频、交互、虚拟等，都是必须且有效的营销内容或手段。

徐亚波　数说故事创始人兼 CEO

对于有一定数据积累的品牌企业来说，要重新梳理打通内/外部数据、建立标签体系、挖掘现有数据价值，能够开发更多的商业场景。集团型的公司做大数据一定要背靠产业、深度垂直来思考。就快消而言，围绕"人、货、场、介"这四个核心要素，"人、货"属于内功，应以数据洞察类为短期切入点，长期考虑适合的数据运营策略；"场、介"是外功，效果相对直观可见，可以打包数据＋策略＋行动。

徐志斌　见实科技创始人兼 CEO

这是一个媒介触点无限爆发的时代，碎片化的营销环境让广告主饱受困扰。虽然现在接触用户的路径越来越多，但是品牌信息的有效传达却越来越难。如何让品牌能够真正地深入人心且被用户接受才是广告主和品牌主最大的难题。在营销多变的时代，只有通过营销方式创新，让用户对品牌的记忆变得更加深刻，才能提升营销效能。

杨炯纬　360 集团高级副总裁

中国数字营销行业最大的变化是正在从流量经营思维逐渐转向用户管理思维。对企业来说，消费者的身份更加多元化，每个消费者都可能成为商品的设计者、投资者、传播者。营销不仅仅局限在销售的单一环节，而是扩大到设计、生产、销售、售后的全链条上，每个节点都有可能成为营销的战场。

杨　涛　新意互动联席总裁兼 NDC（纽克互联）CEO

在未来万物互联的 5G 时代，汽车行业的数字化，首先在数字营销领域会有两个显著趋势：一个是虚拟现实，会创造更丰富的用户体验，尤其是在汽车产品常规情境下无法实现的体验；另一个是会产生海量的 UGC 内容，对汽车客户的用户运营和内容管理，提供丰富的想象空间。

阳　翼　暨南大学新闻与传播学院广告学系教授、数字营销研究中心主任

对大数据与人工智能时代消费者的洞察要与时俱进，充分利用新技术对消费者特征进行全面深入的解读；而小数据时代的问卷调查、深度访谈等传统方法，在过渡阶段仍有其价值，可以作为补充，但未来发展的大趋势是这些传统的消费者洞察方法会逐渐式微，直至淡出历史舞台。

姚晓洁　好耶集团 CEO

我所认为的品牌沟通，其实是在情感上去和消费者产生共鸣，拉近与消费者的关系，而不单单依靠纯粹的现实利益，毕竟"情感"维系所带来的认同感，在某种程度上比单纯的"利益"更牢靠一些。品牌，对于一个企业和产品

的价值不言而喻，它既是一个与消费者沟通中带有特殊烙印的标识，同时也因为这种特殊的标记，在销售中能够形成一定的溢价空间，从而给企业带来更多的价值。

姚　俊　生米组成执行合伙人

品牌传播运作模式的创新离不开背后创新主体的实践。技术、内容和服务三大因素构成了当前品牌传播运作模式创新的核心驱动力。技术是贯穿，内容是血肉，服务是框架。

袁　俊　虎啸商学院 CEO

数字营销的最核心构件是内容＋流量，而数字技术的突飞猛进，则对内容＋流量同时赋能增效，同时达成消费者体验提升与广告主利益提效。数字营销业务尽管带有极强的技术领先性，却必须服从于企业面临的战略格局以及法律、伦理与环境，优秀的数字营销作品，应该是匹配企业战略方向的，同时应该兼顾到良性的社会效应，而不应该是哗众取宠的或与主流价值相悖的。

袁　潇　博士、南京邮电大学传媒与艺术学院　副院长

数字营销的本质在于如何将信息更好地到达消费者，与消费者建立起一种彼此"舒服"的沟通关联。营销 3.0 时代，也就是科特勒所称的"人文中心主义"的时代，一个好的营销案例应该具有人文关怀精神。营销推广的重点在于充分尊重消费者的个性化选择，挖掘其潜在需求，为其提供具有价值性的内容信息。

郑晓东　利欧数字 CEO、MediaV 总裁

移动互联网大发展的时代，商品、品牌和消费者之间的关系越来越密切，且消费者普遍拥有积极主观能动性，所以品牌、消费者和营销之间会变成一个共创的过程，品牌会保持与核心消费者的观念一致，不再是以前单方向的信息传递，品牌慢慢变成了一个属于消费者自己意愿的展现形式。这种营销本身为消费者、品牌之间带来的三者生态关系，即"共创"。

周映红　哇棒移动传媒集团副总裁

如今，数字化已经变成基础设施，传统企业的数字化转型不是新技术或新平台的应用那么简单，而是需要在数字化的基础设施上，重新分析消费者需求、分析行业、分析自身以及供应链等，再次拆分关键要素，根据市场需求和自身定位完全重组。相当于基于互联网的新环境，用数字时代的思维和方法，把生意重做一遍。

机构类

Analysys 易观

在数字化浪潮席卷全球，用户成为核心数字资产的时代，企业需要建立以数字用户为中心的产品开发和运营大数据体系，以数据智能来辅助优化产品设计、改善运营效率和提高营销投资回报，但数据分析是矗立在用户面前的一道门槛，常常让有需求但不懂技术的用户敬而远之。我们相信，将用户需求注入技术中去，呈现出一个产品爱用、技术易用、服务管用的解决方案，让技术造福更多广大的用户，是技术真正的归宿。

北京百孚思广告有限公司

汽车客户对服务价格日益敏感，对价值的要求却越来越高，这对广告代理商的成本结构提出了巨大的考验。单纯的营销传播已经无法满足客户的要求，汽车厂商更加关注整合式的解决方案、销售的达成及线索的转化；同时，媒体也出现了分化，一些头部媒体表现出极强的进攻性，越过广告代理公司与主机厂直接发生生意往来。作为代理公司，必须拥有更快的反应速度，更强的产品及技术，更有创意的人才储备，更强的成本控制能力，更有效的销售产品达成工具。

北京酷云互动科技有限公司

从传统电视到大屏，其变化对品牌主而言无疑是巨大的。过去，由于内容获取渠道有限，电视广告凭借触达面广、能快速形成品牌影响力的优势而迅速引爆品牌广告投放热潮，但传统电视是单向传递的信息孤岛，无法计算 ROI、下沉流量也难以触达。进入大屏时代后，大屏将传统电视这种信息孤岛数字化，转变为可以交互的新媒体，并利用技术手段解决了行业痛点，借助大屏的智能精准营销，品牌可实现品效合一的投放目标。

北京派瑞威行广告有限公司

如何抓住 5G 与人工智能的技术优势，如何抢占用户心智，已成为行业中各大营销公司的命门。聚焦数字营销解决方案、深入发掘行业应用，这两点共同构建了派瑞威行"内生＋外延"的数字营销成长模式。作为国内领先的数字营销集团之一，派瑞威行旨在对现有客户领域提供专业服务之外，也开始向外延领域做更精准、更垂直的深耕。

北京腾信创新网络营销技术股份有限公司

从 PC 时代走进移动应用时代，从定向单一网站浏览新闻到各种新闻推送手段，用户接触媒体的习惯悄然改变，对媒体的依赖度也在不断下降。这对用户而言，意味着媒体跟品牌的对等度开始下降。对广告主而言，在选择媒体进行广告投放时会顾虑更多。

北京新意互动数字技术有限公司

众所周知，汽车的购买决策周期相比快消等品牌是比较长的，如果不能在用户感兴趣阶段持续进行影响，用户流失是必然结局。所以，汽车营销更加需要以用户为中心，用更精细化的方式与用户沟通，让品牌与用户的每一次连接都能高效击中用户需求，提升营销效率。而这背后，需要以专业海量的大数据及强大的数据分析和挖掘能力作为支撑。

迪思传媒

从过去 20 年中国公关行业和迪思的发展历史来看，"变"是常态，"转型"也是常态，适应这种变化和转型，应该是公关人职业素养的一部分。面临即将到来的 5G 时代，公关人也要与时俱进，拥抱变化，拥抱技术，用好大数据算法和数字化技术，同时，加强在内容创作领域的能力，讲好故事，和消费者充分互动。

电通公共关系顾问（北京）有限公司

在传统公关工作中，媒介本身就一直是重要的传播源头之一。互联网时代，大批优秀的内容制作者从传统媒介体系中走出来，更加专注于内容生产，他们是不容忽视的重要媒介和传播源头。

凤凰网

凤凰网在原生营销理论的基础上，构建"内容＋技术"双轮驱动营销体系，并于2017年年底提出"品牌主场"营销服务体系，于2018年年底迎来首批15家国内顶级企业入驻，共建内容、共创价值，开启新型媒企关系。2019年，品牌主场在内容创新、品牌建设、企业发展、企业圈层四大赋能体系中继续发展，与品牌共同进入主场时代。

勾正数据

家庭是人与人之间连接最稳定的一种关系，也是中国人非常看重的一点。现在大多数人忙于工作、奔波，但最后都会回归家庭，重视家庭，这也是家庭客厅经济应运而生的原因。我们认为家庭场景下，大数据很重要，是基础，可以帮助企业更好地服务用户。比如，优化产品和广告，让用户在家庭场景下享受优质生活。随着大数据和人工智能及5G技术的发展，家庭场景下积累的应用势能会倍增，未来它将是不容忽视的重要应用场景之一。

极链科技

极链科技的底层基因是人工智能技术，所以技术是我们的底盘。在技术基础之上，极链科技注重技术的垂直深度应用。在巨变的环境面前，极链科技既有因势利导的变化，也有恪守原则的坚持。比如，在各种新风口面前，极链科技一直坚守"视频"这一核心垂直领域，从未拓展其他无关领域。随着公司不断发展，视频人工智能技术应用也在不断深化。

精准科技

精准科技对于用户群体的定位是高净值人群。近十年来，互联网电商极速发展，让新零售和消费升级成为新商业的聚焦，高端服务全球化时代带来的是数据洞察背后的价值，在千亿市场中高净值人群对"理想生活"的追求下，以数据智慧营销为主旋律的科技领域打开了一个更大规模的市场。

灵思云途营销顾问股份有限公司

触点即媒体，媒体的变革推动了营销的变革，从传统媒体的平面、电波、网络，到今天的"两微一抖"，媒体的变革还在继续中，变得是媒体的通路形态，不变的是信息（内容）的载体。这就是灵思云途对当下媒介环境的认知。

MediaV

纵观这几年来数字营销的核心变化，我们可以说是"精准"，也可以说是大数据的充分使用，这对于整个数字营销的变化影响是很大的。为什么头条系近年来增长很快？因为它把所有的用户都打上了标签，针对不同的标签进行投放。近年来数字营销的变化重点还是对大数据的运用，以及大数据对精准营销的推动。

氢互动

与大多数营销公司"大数据＋媒介资源"的传播打法不同，氢互动奉行"创意＋技术＋福利"的内容运营体系。氢互动认为：创意是引爆传播的导火索，有趣且优质的创意内容能为受众提供话题，在思考创意的时候要预留传播爆点，这样在内容传播的过程中，就可以形成一个创意有多处引爆的效果。

圣达广告

广告是一项长期事业，也是一门高度灵活性的事业。想做好，必须要满足客户的多元化需求，更要注重营销实效，对我们来说，一方面必须精耕细作，苦练内功，满足客户日益增长的营销需求；另一方面，也需要我们随时关注新的广告资源、新技术的开发和运用，找到一些新玩法、新思路，为客户提供新

数说故事

目前数字化转型的本质是数据驱动下的基础设施和 IT 架构变革、组织架构和管理模式变革,最终随之而来的是业务模式变革。规划的事情很多咨询公司可以胜任;IT 的事情也不缺人做,云+大数据+人工智能及基础设施越来越成熟;而以应用场景为驱动,以整体解决方案一步到位是目前市场最缺乏的,这个需要新物种来完成。

上海麟动市场营销策划有限公司

在市场化进程加快的背景下,回归价值是大趋势。公关是服务行业,同样无法回避市场整体的价值升级要求。公关行业的增长点,就是技术、模式、效率、团队的融合能力所形成的创新性价值。因此,对从业者在知识结构、创新思维、学习能力上提出更高的要求。

上海申通德高地铁广告有限公司

数字化媒介下一步很大的机会在户外,这已经是行业普遍的认知。但对于地铁媒体来说,不管是数字营销行业还是地铁媒体主,需要突破两层障碍:第一层是互联网广告思维与户外数字广告特性的对接;第二层是地铁数字广告特性与户外数字广告之间的差异。这两层障碍是挑战,但同时也是申通德高帮助数字营销行业突破瓶颈,拓展户外领地的机会。

时趣互动(北京)科技有限公司

未来中国新品牌的真正的机会和驱动力将是:第一,新一代消费者的底层文化自信形成。"90 后"、特别是"00 后"的消费者,成长于改革开放的红利期,也有国际化的信息输入,发自内心相信中国文化和实力;第二,更智能的品牌建设能力和数字渠道运营能力;第三,更综合、更平衡、更有创造力的品牌缔造者和配套的品牌建设能力体系生态。

WE Marketing Group(威汉营销传播集团)

十年来,我们一直秉承"国际品牌本土化、本土品牌专业化"的信念,为雅诗兰黛、汉莎航空、加州旅游局、奔驰、捷豹、路虎、荣威、丹麦蓝罐曲奇、神州租车、中国工商银行等国内外领先品牌提供以品牌策略为中心的整合营销传播服务。

WeMedia

WeMedia自媒体联盟作为国内最早的自媒体专业社群，经过六年的积累与优化，汇聚了500多位关注新消费、新科技、新商业的权威媒体人，我们希望在媒体生态及商业环境急剧变化的时代，能够为自媒体、新媒体人提供更为多元化相互学习交流、资源支持的分享平台。

新好耶数字技术（上海）有限公司

DMI是帮助品牌汇聚潜在用户，实现品牌与用户多维互动的智能营销平台。DMI可以做到的就是把企业的所有潜客，看到你的、关注你的、参与你的、购买你的都收集起来，并且让企业直接了解到哪个渠道好、哪个时间段好、哪个人群有针对性、哪些营销方案更适合自己。解决"和谁沟通"以及"怎么沟通"的DMI，不仅是新好耶的战略产品，同时也是数字营销的未来。

致趣联媒

致趣联媒公司近几年有三个方向的变化：从兴趣联盟到整合营销专家定位的变化，从兴趣营销到"艺术+技术"营销理念的变化，从全媒体整合到"2+1"行业深耕的战略变化。未来，致趣联媒将继续保持发展活力，在实战中成长，并坚守致趣的原则和目标——做有品质、有价值的营销，使广告"有趣且有效"。

智子云

品牌要与消费者之间建立真正有效的连接，前提就在于建立一个完整的客户数据管理平台（CDP）。CDP使得品牌能够在合法合规的框架内收集客户在各个触点的交互数据，帮助品牌管理从"感知→兴趣→了解→消费→忠诚→流失"全生命周期的客户行为，并为客户制定个性化的旅程。

后　记

如果说，只用一个汉字，概括中国数字营销这十年来的精彩纷呈，一个"变"字足矣，以变应势，以变谋势，以变趋势。在这之间，不仅人在变，物在变，行业在变，虎啸在变，虎啸连接数字营销行业的方式也在变，虎啸引领数字营销行业的角色更在变。

2019年是第十届虎啸奖，十年之间虎啸从启蒙到崛起，见证的不仅是自身品牌厚度与张力的提升，更是中国数字营销产业从加速到全速的璀璨历程。

值此十年之际，虎啸奖组委会和中国商务广告协会数字营销委员会共同编著的《中国数字营销十年风云录》正是虎啸奖秉承专业乃立身之本的最好见证，因为虎啸奖不仅是一个行业奖项，更是数字营销领域的一个生态系统平台。在品牌主——虎啸——行业这个链条上，纽带是专业性，虎啸奖以专业标准评估评选，企业通过虎啸奖实现自我评估和专业研判，行业随着专业性的提升而扩大发展，这是一个循环往复的体系。

从观察者，到融合者；从记录者，到参与者；从实验者，到创新者；虎啸的十年，是精彩的十年，虎啸过去十年扮演的角色，在未来十年，还会变得更为值得期盼。

感谢中国商务广告协会，感谢中国商务广告协会数字营销委员会，感谢虎啸奖组委会及其领导下的全体评委会成员，感谢十年来对虎啸的成长给予无私支持和关心的各家行业机构，感谢为《中国数字营销十年风云录》的诞生做出贡献的所有伙伴，谢谢你们！

任他桃李争观赏，不为繁华易素心，与君共勉！